清 張廷玉等撰

明史

第一八册

卷二〇二至卷二一二（傳）

中華書局

明史卷二百二

列傳第九十

廖紀　王時中　周期雍　唐龍子汝楫　王杲王暐

周用宋景　屠僑　聞淵　劉訒胡纘宗　孫應奎

餘姚孫應奎　方鈍　聶豹　李默萬鏜　周延

潘恩　賈應春　張永明　胡松績溪胡松

趙炳然

廖紀，字時陳，〔一〕東光人。弘治三年進士。授考功主事，屢遷文選郎中。正德中，歷工部右侍郎。提督易州山廠，羨金無所私。遷吏部左、右侍郎。世宗立，拜南京吏部尚書。調兵部，參贊機務。被論解職。

嘉靖三年，「大禮」議既定，吏部尚書楊旦赴召，道劾張璁、桂萼。璁、萼之黨陳洸遂劾旦而薦紀。帝罷旦，以紀代之。紀疏辭，言：「臣年已七十，精力不如喬宇，聰明不如楊旦。時宇、旦方爲帝所惡，不許。光祿署丞何淵請建世室，祀興獻帝，下廷議。紀等執不可，帝弗從。紀力爭曰：「淵所言，干君臣之分，亂昭穆之倫，蔑祖宗之制，臣謹昧死請罷勿議。」不納。會廷臣多諍者，議竟寢。

已，條奏三事。其末言人材當惜，謂：「正德之季，宗社幾危。議者但知平定逆藩之功，而不知保護京師之力。自陛下繼統，老成接踵去，新進連茹登，以出位喜事爲賢，以凌分犯禮爲貴。伏望陛下於昔年致仕大臣，念其保護之勳，量行召用。其他降職、除名、遣戍者，使得以才自効。」帝但納其正士風、重守令二事而已。三邊總督楊一清召還內閣，璁等欲起王瓊，紀推彭澤、王守仁，帝不允。復以鄧璋、王憲名上，竟用憲。

五年正月，御史張袞、喻茂堅、朱實昌以世廟禮成，請宥議禮得罪諸臣，璁、萼亦以爲請，章俱下吏部。紀等列上四十七人，卒報罷。御史魏有本以劾郭勛、救馬永謫官，給事中沈漢等論救，帝不聽。紀從容爲言，且薦永及楊銳。帝納之，有本得無謫。紀在南都，持議與璁合，坐是劾罷。璁輩欲引助己，遂首六卿。而紀顧數與牴牾，璁輩亦不喜。年老稱病乞歸，許之去。初，獻皇實錄成，加太子太保。至是進少保，賜敕乘傳，夫廩視故事有加。

卒，贈少傅，〔三〕謚僖靖。

王時中，字道夫，黄縣人。弘治三年進士。授鄢陵知縣。嘗出郊，旋風擁馬首。時中曰：「冤氣也。」跡得屍眢井，乃婦與所私者殺之，遂伏辜。召拜御史，督察畿輔馬政。正德初，請革近畿皇莊，不報。吏部尚書馬文升致仕，時望屬劉大夏、閔珪。時中詆珪和媚，大夏昏耄。兩人各求退，焦芳遂得之，衆咸咎時中。出按宣、大，逮繫武職貪汚者百餘，爲東廠太監丘聚所奏。劉瑾捕時中下詔獄，荷重枷於都察院門。時中病甚，其妻往省，遇都御史劉宇，哭且詬。宇不得已言於瑾，釋之，謫戍鐵嶺衞。瑾誅，起四川副使，遷湖廣按察使。十二年以右僉都御史巡撫寧夏。

世宗立，召爲右副都御史。父喪除，起故官。會上章聖太后尊號，時中言本生二字不當去。及上册寶，百官陪列不至者九人，時中與焉。帝責對狀，已而貰之。

歷兵部左侍郎，代李鉞爲尚書。中官黄英等多所陳請，時中皆執不可。敍薊州平盜功，濫及通州守備鄢祐，爲言官李鳴鶴等所劾。時中乞休，且詆言者。給事中劉世揚等言時中不當逞忿箝言官，帝乃切責時中，令歸聽勘。

嘉靖十年四月起復爲兵部尚書。御史郭希愈請重兵部侍郎之選，以邊臣有才者兩人分掌邊方、內地軍務。吏部議從之。時中言非祖宗臨時遣將意，帝遂從其議。帝欲用王憲於兵部，乃調時中刑部尚書。坐論御史馮恩獄，落職閒住。始，恩疏詆時中，及是以寬恩得罪，時稱爲長者。久之，遇赦，復官致仕。

周期雍，字汝和，江西寧州人。正德三年進士。授南京御史。劉瑾既誅，爲瑾斥者悉起，而給事中李光翰、任惠、徐蕃、牧相、徐暹、趙士賢，御史貢安甫、史良佐、曹閔、王弘、葛浩、姚學禮、張鳴鳳、王良臣、徐鈺、趙佑、楊璋、朱廷聲、劉玉，部郎李夢陽、王綸、孫磐等，以兼劾羣閹未得錄。期雍偕同官王佩力請，皆召用。兵部尚書王敞附瑾進，期雍請斥之。焦芳、劉宇猶在列，而劉大夏、韓文、楊守隨、林瀚、張敷華未雪，期雍皆極論。陳金討江西賊，縱苗殺掠，期雍發其狀。尋清軍廣東，劾鎭守武定侯郭勛，金與勛皆被責。出爲福建僉事。宸濠反，簡銳卒赴討。會賊平乃還。

嘉靖初，爲浙江參議。討平溫、處礦盜，予一子官。再遷湖廣按察使。九年擢右僉都御史，巡撫順天。薊州、密雲關堡數十，以避寇警移入內地，關外益無備，期雍悉修復之。數列上便宜。入爲大理卿，歷刑部左、右侍郎，右都御史，拜刑部尚書。大計京官，言官劾期雍納賄。吏部白其誣，詔爲飭言者。

十九年，郭勛修前郤，因風霾勸帝罷免大臣，期雍遂去位。家居十年卒。

唐龍，字虞佐，蘭谿人。受業於同縣章懋，登正德三年進士。除郯城知縣。禦大盜劉六，數敗之，加俸二等。

父喪，服除，徵授御史，出按雲南。錢寧義父參將盧和坐罪當死，寧爲奏辯，下鎭撫覆勘。會遣官錄囚，受寧屬欲出和，爲龍所持，卒正其罪。土官鳳朝明坐罪死，革世職。寧令滇人爲保舉，而矯旨許之。龍抗疏爭，寢其事。再按江西，疏趣張忠、許泰班師。三司官從宸濠叛者猶居位，龍召數之曰：「脅從罔治，謂凡民耳。若輩讀書食祿，何靦顏乃爾。」立收其印綬。擢陝西提學副使，遷山西按察使，召爲太僕卿。

嘉靖七年改右僉都御史，總督漕運兼巡撫鳳陽諸府。奏罷淮西官馬種牛，罷壽州正陽關榷稅，通、泰二州虛田租及漕卒船料，民甚德之。召拜左副都御史，歷吏部左、右侍郎。

十一年，陝西大饑。吉囊擁衆臨邊，延綏告警。詔進龍兵部尚書，總制三邊軍務兼理振濟，齎帑金三十萬以行。龍奏行救荒十四事。時吉囊居套中，西抵賀蘭山，限以黃河不得渡，用牛皮爲渾脫，渡入山後。俺答亦自豐州入套爲患。龍用總兵官王效、梁震，數敗敵，屢被奬賚。

召爲刑部尚書。大猾劉東山搆陷建昌侯張延齡，興大獄。延齡，昭聖皇太后母弟，帝所惡也。吏坐獄不窮竟去者數十人，龍獨執正東山罪。「大禮」大獄及諸建言獲罪者，廷臣屢請寬，不能得。會九廟成，覃恩，龍錄上充軍應赦者百四十人，卒得宥，所不原惟豐熙、楊愼、王元正、馬錄、呂經、馮恩、劉濟、邵經邦而已。考尚書六年滿，加太子少保。以母老乞歸侍養。久之，用薦起南京刑部尚書，就改吏部。兵部尚書戴金罷，召龍代之。太廟成，加太子太保。

尋代熊浹爲吏部尚書。龍有才，居官著勞績。及爲吏部，每事咨僚佐。年老多疾，輒爲所欺。御史陳九德劾前選郎高簡罔上行私，幷論龍衰暮，乃下簡詔獄。龍引疾，未報。吏科楊上林、徐良輔復論簡。詔杖簡六十遣戍。上林、良輔以不早言罷職，龍黜爲民。龍已有疾，輿出國門卒。

後數年，子修撰汝楫疏辯。詔復官，贈少保，謚文襄。龍故與嚴嵩善。龍之罷，實夏言主之。而汝楫素附嵩，得第一人及第。官至左諭德。後坐嵩黨奪官。

王杲，字景初，汶上人。正德九年進士。授臨汾知縣。擢御史，巡視陝西茶馬。帝遣中官分守蘭、靖。杲言窮邊饑歲，不宜設官累民，不報。

嘉靖三年，帝將遣中官督織造於蘇、杭，杲疏諫，不納。久之，擢太僕少卿，改大理，再遷左副都御史，進戶部右侍郎。河南大饑，命杲往振。杲請急發帑金，詔齎臨清倉銀五萬兩以行。既至，復請發十五萬兩。全活不可勝計。事竣，賜銀幣。尋以右都御史總督漕運。故事，繕運艘，軍三民七。總兵官顧寰以軍民困敝，請發兩淮餘鹽銀七十萬，戶部尚書李如圭不可。杲請改折兩年漕運十之三，以所省轉輸費治運艘，勿重困軍民，報可。

踰年，入爲戶部尙書。后父安平侯方銳乞張家莊馬房地。杲言此地二千餘頃，正供所出，不可許，宜以大慈恩寺入官地二十頃予之。帝從其議。時國儲告匱，諸邊請增餉無虛月，四方多水旱，給事中李文進請議廣儲蓄。杲列九事以獻，已又上制財用十事，帝咸納之。舊制，歲漕四百萬石。杲以粟有餘而用不足，遇災傷率改折以便民。一日，帝見改折者過半，大驚，以詰戶部，杲等引罪。敕自今務遵祖制，毋輕變。

杲掌邦計，事無不辦，帝深倚之。後有詔買龍涎香，久不進，帝以此不悅。給事中馬錫劾杲及巡倉御史艾朴受賄，給事中厲汝進言倉場尚書王暐亦然，並下獄。杲、朴遣戍，暐斥爲民。杲竟卒於雷州戍所。隆慶初，給事中辛自修等訟杲冤。詔復官，賜祭葬，贈太子太保。

王暐，句容人。由進士除吉安推官。從王守仁平宸濠，遷大理寺副。爭「大禮」，下獄廷杖。累遷右副都御史，巡撫江西。歷兩京戶部侍郎，出督漕運，進尚書。歷官著清操。

周用，字行之，吳江人。弘治十五年進士。授行人。正德初，擢南京兵科給事中。父憂服闋，留補禮科。已，乞南。改南京兵科。諫迎佛烏斯藏及以中旨遷黜尚書、都給事中等官，且請治鎮守江西中官黎安罪。出爲廣東參議，預平番禺盜，有功。歷浙江、山東副使。擢福建按察使，改河南右布政使。代監司鞫南陽滯獄，獄爲之空。嘉靖八年擢右副都御史，巡撫南、贛。召協理院事。歷吏部左、右侍郎。以起廢不當，尚書汪鋐委罪僚屬，乃調用南京刑部。就遷右都御史，工、刑二部尚書。九廟災，自陳致仕。

用端亮有節概。既罷，中外皆惜之，頻有推薦。久之，以工部尚書起督河道，數月，改漕運。未上，召拜左都御史。二品九年滿，加太子少保。二十五年代唐龍爲吏部尚書。明年卒官。贈太子太保，謚恭肅。曾孫宗建，自有傳。

用掌憲時，愼自持而已，無所獻替。其後宋景、屠僑繼之，大略皆廉潔，與用相似。景未久卒，而僑居職八年。屬嚴嵩柄政，風紀不振。議丁汝夔獄，受杖不能去。

宋景，字以賢，奉新人。弘治十八年進士。知睢州。正德五年入爲河南道御史。故事，知州無改御史者，劉瑾創之也。瑾誅，景引疾去。嘉靖三年以薦補浙江僉事，進山西副使。民饑爲盜，殺守禦指揮。景樹幟，令被脅者赴之。賊咸歸命，乃擒斬其魁。四遷山西左布政使，累官南京吏工二部尚書。改兵部，參贊機務。入爲左都御史。卒，贈太子少保、吏部尚書，謚莊靖。

屠僑，字安卿，吏部尚書滽再從子也。正德六年進士。授御史。巡視居庸諸關。武宗遣中官李嵩等捕虎豹，僑力言不可。世宗時，歷左都御史。卒，贈少保，謚簡肅。

聞淵，字靜中，鄞人。弘治十八年進士。初授禮部主事，已改刑部。楊一清爲吏部，調淵稽勳員外郎。歷考功郎中，改掌文選，遷南京右通政。

嘉靖初，擢應天府尹，改尹順天。累遷南京兵部右侍郎，攝部事。薦馬永等十餘人。召爲刑部右侍郎，遷左。進南京刑部尚書，就移吏部。召爲刑部尚書。周用卒，代爲吏部尚書。

侍郎徐階得帝眷，前尚書率推讓之。淵自以前輩，事取獨斷。大學士夏言柄政，淵老臣，不能委曲徇。及後議言獄，淵謂言事祇任意，跡涉要君，請帝自裁決。帝大怒，切責淵。嚴嵩旣殺言，勢益橫，部權無不侵，數以小故奪淵俸。淵年七十矣，遂乞骸骨歸。家居十四年卒。先累加太子太保，卒贈少保，謚莊簡。

淵居官始終一節。晚拒權相，功名頗損。在南刑部時，張璁先爲曹屬，嘗題詩於壁，屬淵勒石後堂。淵曰：「此尚書堂也，吾敢以相君故，爲郎官勒石耶？」

劉訒，鄢陵人。父璟，刑部尚書。訒登正德十二年進士，爲寧國推官，攝蕪湖縣事。武宗南巡，中貴索賄不得，繫訒詔獄。世宗立，復官。尋擢御史，遷南京通政參議。歷南京刑部尚書，召改北。

初，帝幸承天，河南巡撫胡纘宗嘗以事笞陽武知縣王聯。聯尋爲巡按御史陶欽夔劾罷。聯素兇狡，嘗毆其父良，論死。久之，以良請出獄。復坐殺人，求解不得。知帝喜告訐，乃摭纘宗迎駕詩「穆王八駿」語爲謗詛。言纘宗命己刊布，不從，屬欽夔論黜，羅織成大辟。候長至日，令其子詐爲常朝官，闌入闕門訟冤。凡所不悅，若副都御史劉隅，給事中鮑道明，御史胡植、馮章、張洽，參議朱鴻漸，知府項喬、賈應春等百十人，悉搆入之。帝大怒，立遣官捕纘宗等下獄，命訒會法司嚴訊。訒等盡得其誣罔，仍坐聯死，當其子詐冒朝官律斬，而爲纘宗等乞宥。帝既從法司奏坐聯父子辟，然心嗛纘宗，頗多詰讓，下禮部都察院參議。嚴嵩爲之解，乃革纘宗職，杖四十。訒亦除名，法司正貳停半歲俸，郎官承問者下詔獄。嵩以對制平獄有功，令兼支大學士俸，嵩辭乃允。時法官率骫法徇上意。稍執正，譴責隨至。訒於是獄能持法，身雖黜，而天下稱之。

胡纘宗，陝西秦安人。正德三年進士。由檢討出爲嘉定判官。歷山東巡撫，改河南。

孫應奎，字文宿，洛陽人。正德十六年進士。授章丘知縣。嘉靖四年入爲兵科給事中，上疏言：「輔臣之任，必忠厚鯁亮、純白堅定者乃足當之。今大學士楊一清雖練達國體，而雅性尚通，難以獨任。張璁學博性偏，傷於自恃，猶飭厲功名，當抑其過而用之。至於桂萼以梟雄桀驁之資，作威福，納財賄，阻抑氣節，私比黨與，勢侵六官，氣制言路，天下莫不怨憤。乞鑒別三臣賢否，以定用舍。」其意特右璁。而帝因其奏，慰留一清，戒諭璁、萼。既而同官王準、陸粲劾璁、萼罷相，準、粲亦下吏遠謫，以應奎首抗章不罪。未幾，劾吏部尚書方獻夫，帝頗納其言。獻夫援汪鋐爲助，遂詘應奎議。再遷戶科左給事中。行人薛侃建言忤旨，下廷訊，詞連張璁。應奎與同官曹汴揖璁避，〔三〕且上疏言狀。帝怒，下之詔獄，尋釋還職。

十一年大計天下庶官，王準謫富民典史。應奎言汪鋐爲璁、萼修郤，誣以不謹而黜之。乞復準官，責鋐，爲黨比戒。吏部尚書王瓊亦言準當黜，乃謫應奎高平縣丞。屢遷湖廣副使，督采大木，坐累復逮繫。尋釋還。歷右副都御史，巡撫順天。召理院事，遷戶部侍郎，進尚書。

俺答犯京師後，羽書旁午徵兵餉。應奎乃建議加派。自北方諸府暨廣西、貴州外，其他量地貧富，驟增銀一百十五萬有奇，而蘇州一府乃八萬五千。御史郭仁，吳人也，詆應奎請減，不從。仁遂劾奏，應奎疏辨。帝以仁不當私屬，調之外。旣而國用猶不足，應奎言：「今歲入二百萬，而諸邊費六百餘萬，一切取財法行之已盡。請令諸曹所隸官吏、儒士、廚役、校卒，悉去其冗者。而臣部出入贏縮之數，亦綜其大綱，列籍進御，使百司庶府咸知爲國惜財。」報可。

三十一年正月命應奎條上京邊備用芻糧之數。應奎言：「自臣入都至今，計正稅、加賦、餘鹽五百餘萬外，他所搜括又四百餘萬。而所出自諸邊年例二百八十萬外，新增二百四十五萬有奇，修邊振濟諸役又八百餘萬。」帝以耗費多，疑有侵冒，分遣科道官往諸邊覈實。給事中徐公遴劾應奎粗疏自用，遂改南京工部尚書，以方鈍代。諸邊餉銀益增。鈍計無所出，請令諸臣條上理財策。議行二十九事，益纖屑傷大體。應奎就移戶部，致仕歸，卒。應奎爲諫官，屢犯權貴，以風節自厲。晚官計曹，一切爲苟且計，功名大損於前。

有與應奎同姓名者，餘姚人，字文卿。由進士授行人，擢禮科給事中。疏劾汪鋐奸，忤旨下詔獄。已復杖闕下，謫華亭縣丞。鋐亦罷去。兩孫給諫之名，並震於朝廷。累官右副都御史，總理河道。踰年罷歸。爲山東布政時，有創開膠萊河議者，應奎力言不可。入覲，與吏部尚書爭官屬賢否，時稱其直。

方鈍，巴陵人。掌戶部七年，廉愼無過。嚴嵩中之，詔改南京，遂乞骸骨歸。

聶豹，字文蔚，吉安永豐人。正德十二年進士。除華亭知縣。濬陂塘，民復業者三千餘戶。嘉靖四年召拜御史，巡按福建。出爲蘇州知府。憂歸，補平陽知府。山西頻中寇，民無寧居。豹令富民出錢，罪疑者贖，得萬餘金，修郭家溝、冷泉、靈石諸關隘，練鄉勇六千守之。寇却，廷議以豹爲知兵。給事中劉繪、大學士嚴嵩皆薦之。擢陝西副使，備兵潼關。大計拾遺，言官論豹在平陽乾沒，大學士夏言亦惡豹，逮下詔獄，落職歸。

二十九年秋，都城被寇。禮部尚書徐階，豹知華亭時所取士也，爲豹訟冤，言其才可大用。立召拜右僉都御史，巡撫順天。未赴，擢兵部右侍郎，尋轉左。仇鸞請調宣、大兵入衞，豹陳四慮，謂宜固守宣、大，宣、大安則京師安。鸞怒。伺豹過無所得，乃已。三十一年召翁萬達爲兵部尚書，未至，卒，以豹代之。奏上防秋事宜，又請增築京師外城，皆報可。明年秋，〔四〕寇大入山西，覆總兵官李淶軍，大掠二十日而去。總督蘇祐反以大捷聞，爲巡按御史毛鵬所發，章下兵部。豹言：「寇雖有所掠，而我師斬獲過當，實上玄垂祐，陛下威靈所致。宜擇吉祭告，論功行賞。」帝喜。進秩任子者數十人，豹亦加太子少保，廕錦衣世千戶。京師外城成，進太子少傅。南北屢奏捷，及類奏諸邊功，豹率歸功玄祐。祭告行賞如初，豹亦進太子太保。

當是時，西北邊數遭寇，東南倭又起，羽書日數至。豹本無應變才，而大學士嵩與豹鄉里，徐階亦入政府，故豹甚爲帝所倚。久之，寇患日棘，帝深以爲憂。豹卒無所謀畫，條奏皆具文，帝漸知其短。會侍郎趙文華陳七事致仕，侍郎朱隆禧請設巡視福建大臣，開海濱互市禁，豹皆格不行。帝大怒切責。豹震慴請罪，復辨增官、開市之非，再下詔譙讓。豹愈惶懼，條便宜五事以獻。帝意終不懌，降俸二級。頃之，竟以中旨罷，而用楊博代之。歸數年卒，年七十七。隆慶初，贈少保，諡貞襄。

豹初好王守仁良知之說，與辨難，心益服。後聞守仁歿，爲位哭，以弟子自處。及繫獄，著困辨錄，於王守仁說頗有異同云。

李默，字時言，甌寧人。正德十六年進士。選庶吉士。嘉靖初，改戶部主事，進兵部員外郎。調吏部，歷驗封郎中。眞人邵元節貴幸，請封誥，默執不予。十一年爲武會試同考宦。及宴兵部，默據賓席，欲坐尙書王憲上。憲劾其不遜，謫寧國同知。屢遷浙江左布政使，入爲太常卿，掌南京國子監事。博士等官得與科道選，自默發之。歷吏部左、右侍郎，代夏邦謨爲尙書。自正德初焦芳、張綵後，吏部無侍郎拜尙書者。默出帝特簡，蓋異數也。嚴嵩柄政，擅黜陟權。默每持己意，嵩銜之。會推遼東巡撫，列布政使張臬、謝存儒以上。帝問嵩，嵩言其不任。奪默職爲民，以萬鏜代。默掌銓僅七月。逾年，鏜罷，特旨復用默。已，命入直西內，賜直廬，許苑中乘馬。尋進太子少保。未幾，復命兼翰林學士。給事中梁夢龍劾默徇私，帝爲責夢龍。會大計羣吏，默戒門下謝賓客，同直大臣亦不得燕見，嵩甚恨。趙文華視師還，默氣折之。總督楊宜罷，嵩、文華欲用胡宗憲，默推王誥代，兩人恨滋甚。

初，文華爲帝言餘倭無幾，而巡按御史周如斗以敗狀聞。帝疑，數詰嵩。文華謀所以自解，稔帝喜告訐，會默試選人策問，言「漢武、唐憲以英睿興盛業，晚節用匪人而敗」，遂奏默誹謗。且言：「殘寇不難滅，以督撫非人，敗衂。由默恨臣劾其同鄉張經，思爲報復。臣論曹邦輔，卽嗾給事中夏栻、孫濬媒孽臣。延今半載，疆事日非。昨推總督，又不用宗憲而用誥。東南塗炭何時解，陛下宵旰憂何時釋。」帝大怒，下禮部及法司議。奏默偏執自用，失大臣體；所引漢、唐事，非所宜言。帝責禮部尙書王用賓等黨護，各奪俸三月，而下默詔獄。刑部尚書何鰲遂引子罵父律絞。帝曰：「律不著臣罵君，謂必無也。今有之，其加等斬。」錮於獄，默竟瘐死。時三十五年二月也。

默博雅有才辨，以氣自豪。同考武試，得陸炳爲門生。炳貴盛，力推轂。默由外吏驟顯，有所恃，不附嵩。凡有銓除，與爭可否，氣甚壯。然性褊淺，用愛憎爲軒輊，頗私鄉舊，以恩威自歸，士論亦不甚附之。默既得罪，繼之者吳鵬、歐陽必進，視嵩父子意，承順惟謹，吏部權盡失。隆慶中，復默官，予祭葬。萬曆中，賜謚文愍。

萬鏜，字仕鳴，進賢人。父福，金華知府。鏜登弘治十八年進士。正德中，由刑部主事屢遷吏部文選郎中。司署火，下獄，贖還職。歷太常、大理少卿。

世宗嗣位，以鏜嘗貽書知縣劉源清，令預防宸濠，賚金幣。尋遷順天府尹，累遷右副都御史。歷兵部侍郎、右都御史，皆南京。彗星見，應詔陳八事。中言：「人邪正相懸，而形迹易混。其大較有四。人主所取於下者，曰任怨，曰任事，曰恭順，曰無私。而邪臣之恣強戾、好紛更、巧逢迎、肆攻訐者，其迹似之。人主所惡於下者，曰避事，曰沽名，曰朋黨，曰矯激。而正臣之守成法、恤公議、體羣情、規君失者，其迹似之。察之不精，則邪正倒置，而國是亂矣，此不可不愼也。治天下貴實不貴文。今陛下議禮制度考文，至明備矣，而於理財用人安民講武之道，或有缺焉。願輟聲容之繁飾，略太平之美觀，而專從事於實用，斯治天下之道得矣。至大禮大獄得罪諸臣，幽錮已久，乞量加寬錄。」帝大怒，斥爲民，令吏部錮勿用。

家居十年，屢推薦，輒報罷。同年生嚴嵩柄政，援引之。湖廣蠟爾山蠻叛，起鏜副都御史，相機勦撫。鏜納土指揮田應朝策，誘致其酋，督兵破之。條上善後七事，帝咸報可。召鏜還。未幾，銅平酋龍子賢復叛，御史繆文龍言鏜勦撫皆失。詔下撫按官勘覆，歸罪於參將李經，事乃解。鏜得爲兵部侍郎。遷南京刑、禮二部尚書。召掌刑部。俄代李默爲吏部尚書。

鏜既爲嵩所引，每事委隨，又頗通饋遺。撫治鄖陽都御史闕，鏜以通政使趙文華名上。會給事中朱伯辰劾文華，文華上言：「納言之職，例不外推。鏜意在出臣，又嗾所親伯辰論劾，欲去臣。且鏜以侍郎起用，乃朦朧奏二品九年滿，得加太子少保。又以不得一品，面謾腹誹，無大臣禮。」帝怒，遂與伯辰並黜爲民。久之卒。隆慶初，復官，贈太子太保。

周延，字南喬，吉水人。嘉靖二年進士。除潛江知縣，改新會。擢兵科給事中。時議新建伯王守仁罪，將奪其爵。延抗疏爲訟，坐謫太倉州判官。歷南京吏部郎中，出爲廣東參政。撫安南，征黎寇，皆預，有功。三遷廣東左布政使。以右副都御史巡撫應天。靖海寇林成亂。進兵部右侍郎，提督兩廣軍務。召爲刑部左侍郎。歷南京右都御史，吏、兵二部尚書。

嘉靖三十四年召爲左都御史。帝用給事中徐浦議，令廷臣及督撫各舉邊才。於是故侍郎郭宗皐，都御史曹邦輔、吳嶽，祭酒鄒守益，修撰羅洪先，御史吳悌、方涯，主事唐樞，參政周大禮、曹亨，參議劉志，知府黃華在舉中。御史羅廷唯駁曰：「浦疏本言邊才，而今廷臣乃以淸修、苦節、實學、懿行舉，去初議遠矣。況又有夤緣進者。是假明詔開倖門。」帝納其言，責吏部濫舉，命與都察院更議。延與尚書吳鵬等言所舉皆人望，公無私。帝終不悅，切責延等，而舉者悉報罷。世宗時，海內賢士大夫被斥者衆，及是舉上，稍冀復用，而爲廷唯所阻，自是皆不復召矣。

延顏面寒峭，砥節奉公。權臣用事，政以賄成，延未嘗有染。然居臺端七年，無諫諍名。卒官，贈太子太保，謚簡肅。

延卒，歐陽必進代。踰月，遷吏部，乃以潘恩繼之。

恩，字子仁，上海人。嘉靖二年進士。授祁州知州，調繁鈞州。鈞，徽王封國也，宗戚豪悍，恩約束之。擢南京刑部員外郎。遷廣西提學僉事，署按察使事。有大猾匿靖江王所，捕之急，王不得已出之。憾恩，誣以事，按無實得免。累遷山東副使。御史葉經以試錄忤旨，並恩下詔獄，謫廣東河源典史。四遷，復爲江西副使，進浙江左參政。按部海鹽，倭猝至，圍城數匝。恩與參將湯克寬、僉事姜廷頤力禦却之。俄遷浙江左布政使，以右副都御史巡撫河南。偕按臣劾徽王載埨貪虐，遂奪國。伊王典楧驕橫，恩一切裁之。河南民素苦藩府，恩制兩悍王，名大著。久之，由刑部尚書改左都御史。

子允端，爲刑部主事。吏部尚書郭朴，恩門生也，調之禮部。給事中張益劾允端奔競，恩溺愛，朴徇私。帝置朴不問，改允端南京工部，令恩致仕。萬曆初，賜存問。卒年八十七。贈太子少保，謚恭定。

賈應春，字東陽，眞定人。嘉靖二年進士。授南陽知縣，遷和州知州。入爲刑部郎中。歷知潞安、開封二府。遷陝西副使。未赴，河南巡按陳蕙劾其貪濫，謫山東鹽運同知，蕙亦坐貶。久之，由漢陽知府復遷陝西副使，進右參政。寧羌賊起，會兵討平之。遷按察使，左、右布政使，皆在陝西。就拜右副都御史，巡撫其地。

三十二年進兵部右侍郎，總督三邊軍務。俺答諸部歲擾邊，應春言：「諸邊間諜不通，每寇入莫測其向，我則無所不備。兵分勢孤，往往失事。夫寇將內犯，必聚衆治器，腊肉餇馬，傳箭祭旗，其形先露。而我民被掠者，間亦臨邊傳報，頗有左驗。使邊臣厚以官賞，令密偵候，視漫然散守者，功相十百。」乃定賞格以請。帝立從之。其秋，寇大入延綏，殺掠五千餘人。應春督諸將邀擊，獲首功二百四十，以捷聞。而巡按御史吉澄極言敗狀。帝竟錄應春功，官其一子。

明年罷宣、大總督蘇祐，以應春代。時秋防將屆，代應春者江東未至，令仍舊任。套寇數萬人屯寧夏山後，先遣騎五百餘入掠。總兵官姜應熊守紅井以綴敵，而密遣精兵薄其營，斬首百四十餘級，進應春右都御史。踰月，寇別部入永昌、西寧，爲守將所破。番人入鎮羌，總兵官王繼祖擊敗之，並賜應春銀幣。久之，寇五千騎犯環慶，爲都督袁正所破，掠莊浪，守將邀斬百二十人，再予應春一子官。在鎮數載，築邊垣萬一千八百餘丈，以花馬池閒田二萬頃給軍屯墾，邊人賴之。

徵拜南京戶部尚書。論邊垣功，進秩一等。旋召爲刑部尚書，改戶部。國用不足，應春以爲言。因命徵不及七分者，所司毋遷官。漕政廢弛，運艘多逋負，亦以應春言重其罰。

歲餘，致仕去。卒，贈太子太保。

張永明，字鍾誠，烏程人。嘉靖十四年進士。除蕪湖知縣。獻皇后梓宮南祔，所過繁費不貲。永明埀江岸佛舍爲殿，供器飾箔金，財用大省。尋擢南京刑科給事中。寇入大同，山西總督樊繼祖，巡撫史道、陳講等不能禦，永明偕同官論其罪。已，又劾兵部尚書張瓚黷貨悞國，又劾大學士嚴嵩及子世蕃貪汚狀。已，又劾兵部尚書戴金爲御史巡鹽時，增餘鹽羨銀，阻壞邊計。疏雖不盡行，中外憚之。出爲江西參議。累遷雲南副使，山西左布政使。以右副都御史巡撫河南。伊王典楧恣橫，永明發其惡，後竟伏辜。

四十年遷刑部右侍郎。未上，改吏部，進左。尋拜刑部尚書。居數月，改左都御史。條上飭厲撫按六事。御史黃廷聘按浙歸，道湘潭，慢知縣陳安。安發其裝，得所攜金銀貨幣。廷聘皇恐謝，乃還之。永明聞，劾罷廷聘。浙江參政劉應箕先爲廷聘論罷，見廷聘敗，摭其陰事自辨。永明惡之，劾應箕，亦斥。

故事，京官考滿，自翰林外皆報名都察院，修庭謁禮。後吏部郎侍權，張濂廢報名，陸光祖廢庭謁。永明榜令遵故事，列儀節奏聞，詔諸司遵守。郎中羅良當考滿，先詣永明邸，約免報名庭謁乃過院。永明怒，疏言：「此禮行百年，非臣所能損益。良輕薄無狀，當罷。又卿貳大臣考滿，詣吏部與堂官相見訖，卽詣四司門揖，司官輒南面答揖，亦非禮，當改正。」良疏辨，奪俸。詔禮部會禮科議之，奏言：「永明議是。自今吏部郎其承舊制。九卿翰林官揖四司，當罷。」詔可。

永明素清謹。掌憲在嚴嵩罷後，以整飭綱維爲己任。會給事中魏時亮劾，永明力求去，詔許馳驛歸。明年卒。贈太子少保，謚莊僖。

胡松，字汝茂，滁人。幼嗜學。嘗輯古名臣章奏，慨然有用世志。登嘉靖八年進士，知東平州。設方略捕盜，民賴以安。再遷南京禮部郎中，歷山西提學副使。

三十年秋，上邊務十二事，謂：

去秋俺答掠興、嵐，卽傳箭徵兵，剋期深入，守臣皆稔聞之。而巡撫史道、總兵官王陞等備禦無素。待其壓境，始以求貢上聞。又陰致賄遺，令勿侵己分地，冀嫁禍他境。今山西之禍，實大同貽之。宜亟置重典，以厲諸鎭。

大同自兵變以來，壯士多逃漠北爲寇用，今宜招使歸。有擕畜產器械來者，聽其自有。更給牛種費，優復數年。則我捐金十萬，可得壯士二萬。揃而用之，皆勁旅也。孰與棄之以資強敵哉。

大同最敵衝，爲鎮巡者較諸邊獨難。今宜不拘資格，精擇其人。豐給祿廩，使得收召猛士，畜養健丁。又久其期，非十年不得代。彼知不可驟遷，必不爲苟且旦夕計，而邊圉自固。又必稍寬文網，非大干憲典，言官毋得輕劾，以壞其成功。

至用間之道，兵家所貴。今寇諜獲於山西者已數十人，他鎮類是。故我之虛實，彼無不知。今宜厚養死士，潛縱遣之。得間則斬其名王、部長及諸用事貴人。否亦可覘強弱虛實，而陰爲備。

又寇貪而好利，我誠不愛金帛。東賂黃、毛三衞以牽其左，西收亦不剌遺種，予善地，以綴其右，使首尾掣曳，自相狼顧，則我可起承其敝，坐收全勝矣。

他所條析，咸切邊計。帝嘉其忠懇，進秩左參政。

松疏上，當事者已惡其侵官。及遷擢，益忌之。不畀以兵柄，令於三關聽用，欲因以陷之。寇大入，抵太原。給事中馮良知遂劾松建言冒賞，無寸功。紀功科道官張堯年、王珩劾總兵官張達等，並論松虛議無補，遂斥爲民。家居十餘年。屢薦，輒報罷。

至三十五年，以趙文華言，起陝西參政，分守平涼。復條嚴保甲、均賦稅、置常平、簡伉健數事。三遷江西左布政使，以右副都御史巡撫其地。所部多盜，松奏設南昌、南豐、萬安三營，遣將討捕，以次削平。進兵部右侍郎，巡撫如故。以會討廣東巨寇張璉及援閩破倭功，兩賜銀幣。

居三年，召理部事。進左侍郎，改吏部。遷南京兵部尚書，參贊機務。代郭朴爲吏部尚書。奏言：「撫按舉劾，每舉數十人，虛譽浮詞，往往失實。所劾犯贓，僅擬降調，罷輭貪殘，僅擬改教。賞罰不當，人何所激勸。且巡撫歲終例有册，第屬吏賢否，今皆寢閣，乞申飭其欺玩者。」帝嘉納之。

松潔己好修，富經術，鬱然有聲望。晚主銓柄，以振拔淹滯爲己任。甫七月，病卒。贈太子少保，謚恭肅。

時又有胡松者，字茂卿，績溪人。正德九年進士。嘉靖時爲御史。桂萼薦王瓊，松論之。忤旨，謫廉州推官。累官工部尚書。伊王欲拓其洛陽府第，計直十萬金，以十二賕嚴嵩，期必得。松據祖制爭，乃止。俺答入寇，仇鸞以邊衆入衞，欲悉召其衆實京師，移武庫仗於營，便給調。松言邊兵外也而內之，武庫仗內也而外之，非所以重肘腋，杜微愼防也，執弗許。尋引疾歸。卒年八十三。居家以孝友稱。

趙炳然，字子晦，劍州人。嘉靖十四年進士。除新喻知縣。徵拜御史。與給事中李文進覈宣、大、山西兵餉。劾前後督撫樊繼祖、史道，監司楊銳，指揮馮世彪等一百七十七人侵冒罪，坐謫有差。條上備邊十二事。歷按雲南、浙江。擢大理寺丞，進少卿。尋改右僉都御史，巡撫湖廣。進左副都御史，協理院事。

浙江、福建總督胡宗憲下獄，詔罷總督毋設。大學士徐階以浙江寇甫平，請設巡撫綏輯，遂進炳然兵部右侍郎兼右僉都御史往任之。浙罹兵燹久，又當宗憲汰侈後，財匱力絀。炳然廉以率下，悉更諸政令不便者，仍奏減軍需之半。民皆尸祝之。

福建巡撫游震得請浙兵剿賊。詔發義烏精兵一萬，命副總兵戚繼光將以往，仍諭炳然協剿。炳然言：「福建所以致亂者，由將吏撫馭無術，民變爲兵，兵變爲盜耳。今又驅浙兵以赴閩急，竊懼浙之復爲閩也。請令一意團練土著，使人各爲用，家自爲守，急則兵，緩則農，然後聚散兩有所歸。即不得已而召募，亦必先本土後鄰壤，庶無釀禍本。」又條上防海八事，中言：「蘇、松、浙江水師皆統於總兵，駐定海，陸師皆統於副總兵，駐金山衞，並受總督節制。今督府既革，則已判爲二鎭，彼此牽制，不得調發。請畫地分轄，各兼水陸軍務。」俱報可。其年，繼光破賊，瀕海餘寇流入浙江。官軍迎戰於連嶼、陡橋、石坪，斬首百餘級。新倭復犯石坪，將士乘勝殲之。炳然以援剿功，再賜金幣，進右都御史兼兵部右侍郎。

給事中辛自修劾罷戎政都御史李燧，請擇素知兵者代之。乃召炳然爲兵部尚書，協理戎政。踰年，詔兼右都御史，總督宣、大、山西軍務。新平、平遠、保平三堡密邇宣府，舊屬大同。天城相去六十里，孤懸塞外，隔崇山，寇騎時出沒。炳然奏添設參將，別爲一營，報可。尋以總兵官馬芳等却敵功，被賚。已，召還部，代楊博爲尚書。考滿，加太子少保。炳然清勤練達，所至有聲績。隆慶初，以病乞休去。卒，贈太子太保，謚恭襄。

贊曰：世宗朝，璁、蕚、言、嵩相繼用事，六卿之長不得其職。大都波流茅靡，淟涊取容。廖紀以下諸人，其矯矯者與。應奎司邦計，不能節以制度，顧務加賦以病民。豹也碌碌，彌無足觀矣。

校勘記

〔一〕廖紀字時陳　時陳，國朝獻徵錄卷二五廖公紀墓誌銘作「廷陳」。

〔二〕贈少傅　少傅，原作「太保」，據世宗實錄卷一四三嘉靖十一年十月甲午條、國朝獻徵錄卷二五廖公紀墓誌銘改。按上文稱「進少保」，少保之上爲少傅，贈官作「少傅」是。

〔三〕應奎與同官曹汴揖璁避　曹汴，原作「曹忭」，據本書卷二〇七薛侃傳、世宗實錄卷一二八嘉靖十年七月戊午條、明進士題名碑錄嘉靖己丑科改。

〔四〕明年秋　明年，原作「是年」，卽三十一年，按本書卷一八世宗紀、世宗實錄卷四〇二嘉靖三十二年九月丙午條都作「三十二年」，據改。

明史卷二百三

列傳第九十一

鄭岳 劉玉子慤 汪元錫邢寰 寇天敘 唐胄

潘珍族子旦 余光 李中李楷 歐陽鐸 陶諧

孫大順大臨 潘塤呂經 歐陽重 朱裳

陳察 孫懋 王儀子緘 王學夔 曾鈞

鄭岳，字汝華，莆田人。弘治六年進士。授戶部主事，改刑部主事。董天錫偕錦衣千戶張福決囚，福坐天錫上，岳言其非體。且言：「糾劾非鎮監職，而董讓行之。太常本禮部屬，而崔志端專之。內外效尤，益無忌憚。」忤旨，繫獄。尚書周經、侍郎許進等救，不聽。贖杖還職。

尋進員外郎。許進督師大同，貴近惡其剛方，議代之。罷職總兵官趙杲謀起用，京軍屢出無功。岳言進不可代，杲不可用，京軍不可出。朝論韙之。

遷湖廣僉事，歸宗藩侵地於民。施州夷民相讎殺者，有司以叛告。岳擒治其魁，餘悉縱遣。荆、岳饑，勸富民出粟，弛河泊禁。屬縣輸糧遠衞，率二石致一石。岳以其直給衞，而留粟備振，民乃獲濟。

正德初，擢廣西副使。土官岑猛當徙福建，據田州不肯徙。岳許爲奏改近地，猛乃請自效。尋改廣東。遷江西按察使，就遷左布政使。宸濠奪民田億萬計，民立砦自保。宸濠欲兵之，岳持不可。會提學副使李夢陽與巡按御史江萬實相訐，岳承檄按之。夢陽執岳親信吏，言岳子沄受賕，欲因以脅岳。宸濠因助夢陽奏其事，囚掠沄。巡撫任漢顧慮不能決，帝遣大理卿燕忠會給事中黎奭按問。忠等奏劾岳子私有迹，而夢陽挾制撫、按，俱宜斥。岳遂奪官爲民。宸濠敗，中外交薦，起四川布政使。以憂不赴。

世宗初，擢右副都御史，巡撫江西。甫兩月，召爲大理卿。嘉靖元年冬，上言內臣有犯，宜聽部院問理，毋從中決，不能從。帝數不豫，岳請遵聖祖寡欲勤治之訓，宮寢有制，進御以時，而退朝即御文華，裁決章奏，日暮還宮，以養壽命之源。報聞。出按甘肅亂卒事，總兵官李隆等皆伏罪。還朝，以災異陳刑獄失平八事。

尋遷兵部右侍郎。時「大禮」未定。岳言若以兩考爲嫌，第稱孝宗廟號，毋稱伯考，以稍存正統。大學士石珤請從之。帝切責珤，奪岳俸兩月。轉左侍郎。請罷山海關稅，弗許。中官崔文欲用其兄子爲副將，岳持不可。寧夏總兵官仲勛行賄京師，御史聶豹以風聞論岳。岳自白，因乞休。歸十五年而卒。

劉玉，字咸栗，萬安人。祖廣衡，永樂末進士。正統間，以刑部郎中出修浙江荒政，積粟數百萬，督治陂塘爲旱澇備。景泰初，歷左副都御史，鎭守陝西。請遇災傷，毋俟勘報，卽除其賦，庶有司不得借覆核陰行科率，從之。還治院事。福建、浙江盜起，命往督兵捕。議創壽寧縣於官臺山，以淸盜窟。討平處州賊。已，復巡撫遼東。居官以廉節稱。終刑部尚書。父喬，成化初進士。累官湖廣左布政使。

玉登弘治九年進士，授輝縣知縣。發粟振饑，奏蠲虛稅，復業者千家。擢御史。初，孫伯堅、金琦、王寧皆以傳奉得官，已，又以指揮胡震爲都指揮，分守通州。玉抗疏言：「傳奉不已，繼之內批，累聖德，乞皆罷之。」不納。

武宗卽位甫四月，災異迭見，玉陳修省六事。出按京畿，中官吳忠奉命選后妃，肆貪虐。玉奏。不問。劉健、謝遷罷，玉馳疏言：「劉瑾等佞幸小臣，巧戲弄，投陛下一笑。顧讒邪而棄輔臣，此亂危所自起。況今白虹貫日，彗見紫微宮，星搖天王之位。民窮財殫，所在空虛，陛下不改圖，天下將殆。乞置瑾等於理，仍留健、遷輔政。」不報。玉遂引疾歸。後瑾榜玉奸黨，復誣搆之。罰輸粟塞下者三，最後逮繫詔獄，削籍放歸。瑾誅，起河南僉事，遷福建副使，皆董學政。正德十五年累擢南京右僉都御史，提督江防。宸濠反，攻安慶，玉以舟師赴援。事定，改撫鄖陽。

世宗卽位，召爲左僉都御史。論遏亂功，進右副都御史。嘉靖元年改左。歷刑部左、右侍郎。初，偕九卿爭興獻帝不宜稱皇，及帝欲考獻帝，又偕廷臣伏闕哭爭。六年秋坐李福達獄削籍，卒於家。

玉所居僅庇風雨。天文、地理、兵制、刑律皆有論著。隆慶初，贈刑部尙書，謚端毅。子嶅，南京工部右侍郎。歷官亦有聲。

汪元錫，字天啓，婺源人。正德六年進士。授兵科給事中。三遷都給事中。陝西鎭守中官廖鑾族子鎧，冒功爲錦衣千戶，隨鑾於陝。元錫爭之，言鎧父鵬已亂中州，勿使鎧復亂陝右。乞徵還鸞，置鎧父子於理。偏頭關之捷，錄功太濫，偕同官言太監張忠、總兵官劉暉等不宜賞。湖廣鎭守太監杜甫請巡歷所部，帝許之，元錫等據祖制力爭。帝幸昌平、宣府、大同，元錫偕同官邢寰累疏諫；復言宣府守將朱振等皆扈從西巡，寇乘虛入塞，何以禦之。已，聞帝將選禁軍親征四海冶部寇，復極陳不可。安遠侯柳文鎭湖廣，奏攜參隨七十餘人，元錫乞寢所奏。車駕還京，以應州之捷大賚文武羣臣。元錫等言：「是役殺邊民無算，六軍多傷。今君臣欣喜交賀，而軍民繫賊庭，南向號哭，臣等何忍受賜。」中旨以納粟都指揮馬昊守備儀眞，復遣內官分守潼關、山海關，駕又幸大喜峯口，欲招三衞花當、把兒孫，元錫等皆抗章諫。

帝欲南幸，舒芬、黃鞏切諫得罪，給事御史遂不敢爭。及帝將親征宸濠，元錫復諫沮。宸濠就執，元錫、寰偕六科馳疏請迴鑾。十五年，帝在南京，元錫等復屢申前請，且言：「供億繁費，使牒旁午。奸宄冒官校，少女充離宮。陛下不以宗社爲重，專事逸遊，豈能長保天下。」語甚危切。

中旨以內官晁進、楊保分守蘭州、肅州，元錫等言：「二州逼强寇，不可增官守，累居民。」羣小不悅，矯旨責之。詔改團營西官廳爲威武團練營，以江彬、許泰等提督之，別擇地爲團營教場。元錫言：「拓地則擾居民，興工則費財力，以朝廷自將之軍而彬等概加提督，則僭名分。」不從。會帝崩，事已。

世宗卽位，疏言：「都督郤永以附江彬下獄，宜釋而用之。錦衣都指揮郭鰲等十人皆彬黨，宜下獄治。」咸報可。張銑、許泰繫獄，帝忽宥其死。元錫爭，不聽。屢遷至太僕卿。嘉靖六年，帝以李福達獄下三法司於理。元錫不能平，有後言，聞於張璁，幷下獄奪職。後用薦起故官。歷戶部左、右侍郎，致仕，卒。

邢寰，黃梅人。正德三年進士。數言事，有直聲。

寇天敘，字子惇，榆次人。由鄉舉入太學。與崔銑、呂柟善。登正德三年進士，除南京大理評事，進寺副。累遷應天府丞。武宗駐南京，從官衞士十餘萬，日費金萬計，近幸求索倍之。尹齊宗道憂懼卒，天敘攝其事，日青衣皁帽坐堂上。江彬使者至，好語之曰：「民窮官帑乏，無可結歡，丞專待譴耳。」彬使累至皆然，彬亦止。他權幸有求，則曰：「俟若奏郎予。」禁軍攫民物，天敘與兵部尙書喬宇選拳勇者與搏戲。禁軍卒受傷，懾且畏，不敢橫。其隨事禁制多類此。駕駐九月，南京不大困者，天敘與宇力也。

嘉靖三年以右僉都御史巡撫宣府。未行，改鄖陽。甫二月，又改甘肅。回賊犯山丹，督將士擒其長脫脫木兒。西域貢獅子、犀牛、西狗，天敍請却之，不聽。

進右副都御史，巡撫陝西。寇入固原，擊敗之，斬首百餘。又討平大盜王居等，累賜銀幣。織造太監至，有司議奏罷之。天敍曰：「甫至遽請罷，卽不罷，焰且益張。」會歲祲，乃請蠲租稅，發粟振饑民；因言織造非儉歲所宜設，帝立召還。歷兵部右侍郎，卒。家貧，喪事不具。天敍在太學時，嘗聞父疾，馳六晝夜抵家，父疾亦瘳。

唐胄，字平侯，瓊山人。弘治十五年進士。授戶部主事。以憂歸。劉瑾斥諸服除久不赴官者，坐奪職。瑾誅，召用，以母老不出。

嘉靖初，起故官。疏諫內官織造，請爲宋死節臣趙與珞追謚立祠。進員外郎，遷廣西提學僉事。令土官及瑤、蠻悉遣子入學。擢金騰副使。土酋莽信虐，計擒之。木邦、孟養搆兵，胄遣使宣諭，木邦遂獻地。屢遷廣西左布政使。官軍討古田賊，久無功，胄遣使撫之，其魁曰：「是前唐使君令吾子入學者。」卽解甲。

擢右副都御史，巡撫南、贛，移山東。遷南京戶部右侍郎。十五年改北部，進左侍郎。帝以安南久不貢，將致討，郭勛復贊之。詔遣錦衣官問狀，中外嚴兵待發。胄上疏諫

曰

今日之事，若欲其修貢而已，兵不必用，官亦無容遣。若欲討之，則有不可者七，請一一陳之。

古帝王不以中國之治治蠻夷，故安南不征，著在祖訓。一也。太宗既滅黎季犛，求陳氏後不得，始郡縣之。後兵連不解，仁廟每以爲恨。章皇帝成先志，棄而不守，今日當率循。二也。

外夷分爭，中國之福。安南自五代至元，更曲、劉、紹、吳、丁、黎、李、陳八姓，迭興迭廢，而嶺南外警遂稀。今紛爭，正不當問，奈何殃赤子以威小醜，割心腹以補四肢，無益有害。三也。

若謂中國近境，宜乘亂取之。臣考馬援南征，深歷浪泊，士卒死亡幾半，所立銅柱爲漢極界，乃近在今思明府耳。先朝雖嘗平之，然屢服屢叛，中國士馬物故者以數十萬計，竭二十餘年之財力，僅得數十郡縣之虛名而止。況又有征之不克，如宋太宗、神宗，元憲宗、世祖朝故事乎？此可爲殷鑒。四也。

外邦入貢，乃彼之利。一則奉正朔以威其鄰，一則通貿易以足其國。故今雖兵亂，尚累累奉表牋、具方物，欵關求入，守臣以姓名不符却之。是彼欲貢不得，非抗不貢也。以此責之，詞不順。五也。

興師則需餉。今四川有採木之役，貴州有凱口之師，而兩廣積儲數十萬，率耗於田州岑猛之役。又大工頻興，所在軍儲悉輸將作，興師數十萬，何以給之。六也。然臣所憂，又不止此。唐之衰也，自明皇南詔之役始。宋之衰也，自神宗伐遼之役始。今北寇日强，據我河套。邊卒屢叛，毀我藩籬。北顧方殷，更啓南征之議，脫有不測，誰任其咎。七也。

錦衣武人，闇於大體。倘稍枉是非之實，致彼不服，反足損威。即令按問得情，伐之不可，不伐不可，進退無據，何以爲謀。且今嚴兵待發之詔初下，而征求騷擾之害已形，是憂不在外夷，而在邦域中矣。請停遣勘官，罷一切征調，天下幸甚。

章下兵部，請從其議。得旨，待勘官還更議。明年四月，帝決計征討。侍郎潘珍、兩廣總督潘旦、巡按御史余光相繼諫，皆不納。後遣毛伯溫往，卒撫降之。

郭勛爲祖英請配享，冑疏爭。帝欲祀獻皇帝明堂，配上帝，冑力言不可。帝大怒，下詔獄拷掠，削籍歸。遇赦復冠帶，卒。隆慶初，贈右都御史。

冑耿介孝友，好學多著述，立朝有執持，爲嶺南人士之冠。

潘珍，字玉卿，婺源人。弘治十五年進士。正德中，歷官山東僉事，分巡兗州。賊劉七等猝至，有備不敢攻，引去，掠曲阜。珍奏徙縣治而城之。遷福建副使，湖廣左布政使。

嘉靖七年以右副都御史巡撫遼東。累遷兵部左侍郎。時議討安南，珍上疏諫曰：「陳暠、莫登庸皆弒逆之賊，黎寧與其父譓不請封入貢亦二十年，揆以大義，皆所當討，何獨徇寧請爲左右。且其地不足郡縣置，叛服無與中國。今北敵日蕃，聯帳萬里，烽警屢聞，顧釋門庭防，遠事瘴蠻，非計之得。宜遣大臣有文武才者，聲言進討。檄數登庸罪，赦其脅從，且令黎寧合剿。賊父子不擒則降，何必勞師。」帝責珍撓成命，褫職歸。尋以恩詔復官，致仕。珍廉直有行誼，中外十餘薦，皆報寢。卒，贈右都御史。

珍族子旦，字希周。弘治十八年進士。知漳州邵武。三遷浙江左布政使。斥羨金不取。嘉靖八年擢右副都御史，撫治鄖陽。數平巨寇。累遷刑部右侍郎。

十五年冬，以兵部左侍郎提督兩廣軍務。詔起復毛伯溫討安南。旦行過其里，語之曰：「安南非門庭寇。公宜以終喪辭。往來之間，少緩師期。俟其聞命求款，因撫之，可百全也。」旦抵廣，適安南使至，馳疏言：「莫登庸之篡黎氏，猶黎氏之篡陳氏也。朝廷將興問罪師，登庸卽有求貢之使，何嘗不畏天威？乞容臣等觀變，待彼國自定。若登庸奉表獻琛，於中國體足矣，豈必窮兵萬里哉。」

章下禮、兵二部。族父珍適以言得罪，尚書嚴嵩、張瓚絀旦議不用。會伯溫入都，見旦疏不悅。言總督任重，宜擇知兵者。遂改旦南京兵部，以張經代之。未行，引疾乞休，語侵伯溫。帝怒，勒致仕。將還，吏白例支庫金爲道里費。旦笑曰：「吾不以妄取爲例。」卒，贈工部尚書。

旦上書半歲，廣東巡按御史余光亦言：「黎氏魚肉國君，在陳氏爲賊子；抗拒中國，在我朝爲亂魁。今失國，或天假手登庸以報之也。自宋以來，丁移於李，李奪於陳，陳簒於黎，今黎又轉於莫。欲與黎氏，勢必不能。臣已遣官責其修貢。道里懸遠，往復陳請，必失事機。乞令臣便宜從事。」帝以光疏中引五季、六朝事，下之兵部。咎光輕率，奪其俸。無何，光進鄉試錄。禮部尚書嚴嵩摘其誤，奏之，被逮削籍。光，江寧人。

李中，字子庸，吉水人，正德九年進士。楊一淸爲吏部，數召中應言官試，不赴。

及授工部主事，武宗自稱大慶法王，建寺西華門內，用番僧住持，廷臣莫敢言。中拜官三月即抗疏曰：「曩逆瑾竊權，勢焰薰灼。陛下既悟，誅之無赦，聖武可謂卓絕矣。今大權未收，儲位未建，義子未革，紀綱日弛，風俗日壞，小人日進，君子日退，士氣日靡，言路日閉，名器日輕，賄賂日行，禮樂日廢，刑罰日濫，民財日殫，軍政日弊。瑾既誅矣，而善治一無可舉者，由陛下惑異端故也。夫禁掖嚴邃，豈異教所得雜居。今乃建寺西華門內，延止番僧，日與聚處。異言日沃，忠言日遠，用舍顚倒，舉錯乖方。政務廢弛，職此之故。伏望陛下翻然悔悟，毀佛寺，出番僧，妙選儒臣，朝夕勸講，攬大權以絕天下之奸，建儲位以立天下之本，革義子以正天下之名，則所謂振紀綱、勵風俗、進君子、退小人諸事，可次第舉矣。」帝怒。罪將不測，以大臣救得免。踰日，中旨謫廣東通衢驛丞。王守仁撫贛州，檄中參其軍事。預平宸濠。

世宗踐阼，復故官。未任，擢廣東僉事。再遷廣西提學副使，以身爲敎。擇諸生高等聚五經書院，五日一登堂講難。三遷廣東右布政使。忤總督及巡撫御史，坐以不稱職，當罷。霍韜署吏部事，稱中素廉節有才望，當留。會政府有不悅者，降四川右參政。

十八年擢右僉都御史，巡撫山東。歲歉，令民捕蝗者倍予穀，蝗絕而饑者濟。擒劇盜閻繼光，隣境攘其功，中不與辯。進副都御史，總督南京糧儲。御史金燦按四川時，嘗薦中。中不謝，燦慽之，至是摭他事誣劾。方議調用而中卒。光宗時，追謚莊介。

中守官廉。自廣西歸，欲飯客，貸米隣家。米至，又乏薪，將以浴器爨。會日已暮，竟不及飯而別。少學於同里楊珠，既而擴充之，沉潛邃密，學者稱谷平先生。門人羅洪先、王龜年、周子恭皆能傳其學。中族人楷，又傳洪先之學。

楷，字邦正。由舉人授湯溪知縣。母艱服闋，補青田。時倭躪東南，楷積穀資守禦。青田故無城。倭至，楷禦於沙埠，倭不得渡，乃以間築城。倭又至，登陴守，日殺賊數人，倭遁去。改知昌樂，亦以治行聞。

歐陽鐸，字崇道，泰和人。正德三年進士。授行人。上書極論時政，不報。使蜀府，王厚遺之，不受。歷工部郎中，改南兵部。出爲延平知府。毀淫祠數十百所，以其材葺學宮。司禮太監蕭敬家奴殺人，置之法。調福州，議均徭曰：「郡多士大夫，其士大夫又多田產。民有產者無幾耳，而徭則盡責之民。請分民半役。」士大夫率不便。巡按御史汪珊力持之，議乃行。

嘉靖三年擢廣東提學副使。累遷南京光祿卿，歷右副都御史，巡撫應天十府。蘇、松田不甚相懸。下者畝五升，上者至二十倍。鐸令賦最重者減耗米，派輕齎；最輕者徵本色，增耗米。除輕重之，賦乃均。諸推收田，從圩不從戶，詭寄無所容。州縣荒田四千四百餘頃，歲勒民償賦。鐸以所清漏賦及他奇羨補之。議徭役及裁郵置費凡數十百條，民皆稱便。遷南京兵部侍郎，進吏部右侍郎。九廟災，自陳去。

鐸有文學，內行修潔。仕雖通顯，家具蕭然。卒，贈工部尚書，謚恭簡。

陶諧，字世和，會稽人。弘治八年鄉試第一。明年成進士，選庶吉士，授工科給事中。請命儒臣日講大學衍義，孝宗嘉納之。

正德改元，劉瑾等亂政。諧請以瑾等誤國罪告先帝，罪之勿赦。瑾摘其謌字令對狀，伏罪乃宥之。帝命中官崔杲等往江南、浙江織造，杲等復乞長蘆鹽引。諧再疏爭，皆不聽。旋諧當出理邊儲，以工科掌印無人，請俟行日遣官代署。瑾遂中諧，下詔獄廷杖，斥爲民。旋榜爲奸黨。又誣以巡視十庫時缺布不奏，復械至闕下杖之，謫戍肅州。瑾誅，釋還鄉，其黨猶用事，竟不獲召。

嘉靖元年復官。未至，除江西僉事，轉河南管河副使。命沿河植柳，傍藝葭葦，有事採以爲埽。總理都御史請推行之諸道，歲省費鉅萬。遷參政，歷左、右布政使，皆在河南。久之，擢右副都御史，提督南、贛、汀、漳軍務。疏言：「守令遷太驟，宜以六年爲期。言官忤旨，當優容。養病官才力堪任者，毋終棄。」時南京御史馬敭等劾王瓊被逮，而新例養病久者卒不復收敍，故諧以爲言。又奏：「今天下差徭煩重。既有河夫、機兵、打手、富戶、力士諸役，乃編審里甲，復徵曠丁課及供億諸費。乞皆罷免。」帝採納之。

尋遷兵部右侍郎，總督兩廣軍務。海寇陳邦瑞、許折桂等突入波羅廟，欲犯廣州，爲指揮李嶅所蹙。邦瑞投水死，折桂還所執指揮二人，乞就撫。諧居折桂等東莞，編爲總甲，使約束其黨五百人爲新民。兵部以降賊羣聚，恐乘隙爲變，令解散其黨。已，陽春賊趙林花等攻城，與德慶賊鳳二全相倚爲患，諧討破百二十五砦。帝曰：「諧功足錄，第前縱患者誰？」乃僅賚銀幣。瓊山沙灣洞賊黎佛二等殺典史，諧復剿平。爲總督三年，俘斬累萬。母憂歸。起兵部左侍郎。九廟災，自陳致仕歸。卒，贈兵部尚書。隆慶初，謚莊敏。

孫大順，字景熙。嘉靖四十五年進士。歷官福建右布政使。司帑失銀，吏卒五十人皆坐繫。大順言於左使曰：「盜者兩三人耳，何盡繫之爲。請爲公治之。」乃縱囚令跡盜，果得眞者。終右副都御史，廣西巡撫。

弟大臨，字虞臣。嘉靖三十五年進士及第，授編修。吳時來劾嚴嵩，大臨爲定疏草。時來下詔獄，詰所共謀。大臨不顧，日餉之藥物，時來亦忍死無一言。萬曆初，累官吏部侍郎。卒，贈吏部尚書，謚文僖。大臨少應舉杭州，隣婦夜奔，拒之，且遂徙舍。爲人寬然長者，而內持貞介，不以勢利易。

大順子允淳，與父同登進士。終尚寶丞。

潘塤，字伯和，山陽人。正德三年進士。授工科給事中。性剛決，彈劾無所避。論諸大寮王鼎、劉機、甯杲、陳天祥等，多見納。

乾清宮災，塤上疏曰：「陛下涖阼九年，治效未臻，災祥迭見。臣願非安宅不居，非大道不由，非正人不親，非儒術不崇，非大閱不觀兵，非執法不成獄，非骨肉之親不干政，非汗馬之勞不濫賞。臣聞陛下好戲謔矣。臣以爲入而內庭琴瑟鐘鼓人倫之樂，不必遊離宮以爲歡，狎羣小以爲快也。出而外廷華裔一統莫非臣妾，不必收朝官爲私人，集遠人爲勇士也。聞陛下好佛矣。臣以爲南郊有天地，太廟有祖宗。錫祉迎庥，佛於何有？番僧可逐而度僧可止也。聞陛下好勇、好貨、好土木矣。臣以爲誅奸遏亂大勇也，不須馳馬試劍以自勞。三軍六師，大武也，不須邊將邊軍以自擁。任土作貢，皇店奚爲？闤闠駢闐，內市安用？阿房壯麗，古以爲金塊珠礫也，況養豹乎！金碧熒煌，古以爲塗膏釁血也，況供佛乎！是數者之好皆可已而不已者也。」疏入，報聞。

十一年正月，上書言：「陛下始者血氣未定，禮度或踰。今春秋已盛，更絃易轍，此其時也。昔太甲居桐，處仁遷義，不失中興。漢武下輪臺之詔，年已七十，猶爲令主。況陛下過未浮於太甲，悔又早於武帝，何愆不可蓋，何治不可建乎？」時欲毀西安門外民居，有所興作。塤與御史熊相、曹雷復切諫，皆不報。

三遷至兵科都給事中。右都督毛倫以附劉瑾論死，削世廕。倫嘗有德於錢寧，恃爲內援，其子求復襲。塤等力爭，寧從中主之，寢其奏。忽中旨命塤與吏科給事中呂經各進一階，外調，舉朝大駭。給事中邵錫、御史王金等交章請留，不報。遂添註塤開州同知。

嘉靖七年累官右副都御史，巡撫河南。潞州巨盜陳卿據青羊山爲亂，〔一〕山西巡撫江潮、常道先後討賊無功，乃敕塤會剿。塤謀於道曰：「賊守險，難以陣。合諸路夾攻，出不意奪其險，乃可擒也。」遂分五哨三路入，募土人爲導。首攻奪井腦，賊悉衆爭險。官軍奮擊，大破之，追奔至莎草嶺，燬安陽諸巢。山東副使牛鸞由潞城入，〔二〕破賊李莊泉。〔三〕其夕，河南副使翟瓚擣卿巢，卿敗走。瓚追敗之欒莊山，又敗之神河。山西僉事陳大綱亦屢蹙賊，先後降二千三百餘人。自進兵至搜滅賊巢，凡二十九日。捷聞，帝將大賚，遣給事中夏言往覈，未報。河南大饑，塤不以時振，而河南知府范璁不待報，輒開倉發粟，民德而頌之。塤怨聲大起，流聞禁中。帝切責撫、按匿災狀。塤惶恐引罪，且歸罪於璁，遂爲給事中蔡經等所劾。詔罷塤，永不敍用。言覈上平賊功，塤爲首。桂萼惡之，但賚銀幣。年八十七卒。

呂經，字道夫，陝西寧州人。正德三年進士。授禮科給事中。九年，乾淸宮災，經上疏極論義子、番僧、邊帥之害。屢遷吏科都給事中，復極論馬昂女弟入宮事，又劾方面最貪暴者四人。羣小咸惡，遂謫蒲州同知。又以事忤中官黃玉，誣劾繫獄。

世宗卽位，擢山東參政。嘉靖十三年累官右副都御史，巡撫遼東。故事，每軍一，佐以餘丁三；每馬一，給牧地五十畝。經損餘丁之二編入均徭册，盡收牧地還官。又役軍築邊牆，督趣過當。諸軍詣經乞罷役，都指揮劉尙德叱之不退，經呼左右榜訴者。卒遂爭毆尙德，經竄苑馬寺幽室中。〔四〕亂卒毀府門，火均徭册，搜得經，裂其冠裳，幽之都司署。帝詔經還朝。都指揮袁璘將剋諸軍草價爲辦裝，卒復執經，裸而置之獄，虐辱之，脅鎭守中官王純等奏經十一罪。帝逮經。亂卒復置官校於獄，久之始解。經下詔獄，謫戍茂州。數年釋還。隆慶初，復官，卒。亂卒爲曾銑所定，見銑傳。

歐陽重，字子重，廬陵人。正德三年進士。殿試對策，歷詆闕政。授刑部主事。劉瑾兄死，百官往弔，重不往。張銳、錢寧掌廠衞，連搆搢紳獄，重皆力與爭。銳等假他事繫之獄，贖杖還職，仍停俸。再遷郎中。歷四川、雲南提學副使。遷浙江按察使，未上。

嘉靖六年春拜右僉都御史，巡撫應天。會尋甸土酋安銓、鳳朝文反，廷議以重諳滇事，乃改雲南。初，武定土知府鳳詔母子坐事留雲南，朝文紿其衆，言詔已戮，官軍將盡滅其部黨，以故諸蠻悉從爲亂，攻圍會城。重督兵擊敗之，而遣詔母子還故地。其黨愕，相率歸之。朝文計窮，絕普渡河走。追兵至，殲焉。銓逃尋甸故巢。官軍攻破其砦，執銓，賊盡平。乃散其黨二萬人，遷尋甸府於鳳梧山下，更設守禦千戶所。重推功於前撫臣傅習，並進秩任子。緬甸、木邦、隴川、孟密、孟養諸酋相讐殺，各訐奏於朝，下重等勘覆。遣參政王汝舟、知府嚴時泰等遍歷諸蠻，譬以禍福。皆還侵地，供貢如故。重列善後數事。悉報可，賜璽書褒諭。重乃卹創殘，振貧乏，輕傜賦，規畫鹽鐵商稅、屯田諸務。民咸便之。

雲南歲貢金千兩，費不貲。大理太和蒼山產奇石，鎭守中官遣軍匠攻鑿。山崩，壓死無算。重皆疏罷之，浮費大省。

當是時，鎮守太監杜唐、黔國公沐紹勛相比爲奸利，長吏不敢問，羣盜由此起。重疏言，盜率唐、紹勛莊戶，請究主者。又奏紹勛任千戶何經廣誘奸人，奪民產；唐役占官軍，歲取財萬計。因極言鎮守中官宜革。帝頗納其言，頻下詔飭紹勛，命唐還京待勘。二人懼且怒，遣人結張璁，謀去重。會重奉命清異姓冒軍弊，都司久未報，給餉後期。唐等遂嗾六衞軍譁於軍門。巡按御史劉臯以聞，劾重及唐、紹勛處置失當。璁從中主之，解重職，責臯黨庇，調外任，唐、紹勛不問。都給事中夏言等抗章曰：「以軍士譟罪撫、按，紀綱謂何？況重奉詔非生事。臯言唐、紹勛罪與重等，今處分失宜，無以服天下。頃年士卒驕悍，相效成風，類以月糧借口。如甘肅、大同、福州、保定，事變屢見。失今不治，他日當事之臣以此爲諱，專務姑息，孰肯爲陛下任事哉！願曲宥二臣，全朝廷之體。」帝怒，奪言等俸。

重罷歸在道，聞御史王化劾其爲桂萼黨，不勝忿，抗疏陳辨，請錄「大禮」大獄被逐諸臣，而自乞褫職。又言得紹勛所遣百戶丁鎮私書，知行賄張璁，乞其覆護，璁奸佞，不宜在左右。璁疏辨。帝以重失職怨望，黜爲民。重以臯被謫，言等奪俸，皆由己致之，復疏乞重譴代言官罪。帝益怒，以已除名，置不問。重家居二十餘年，言者屢薦，竟不復召。

朱裳，字公垂，沙河人。年十四爲諸生，讀書爨舍，躬執爨。提學御史顧潛俾受學於崔銑。登正德九年進士，擢御史，巡鹽河南。錢寧遣人牟鹽利，裳禁不予。巡按山東。前御史王相忤鎭守中官黎鑑，被誣下詔獄。裳抗疏直相，劾鑑八罪。帝還自宣府，裳請下罪己詔，新庶政，以結人心。不報。山東大水，淹城武、單二城。以裳言，命相地改築。帝幸南都久，裳極陳小人熒惑之害。出爲鞏昌知府。

嘉靖二年舉治行卓異，遷浙江副使。日啜菜羹，妻操井臼，迎父就養。同列知其貧，製衣一襲爲壽，父亦拒不納。三遷至浙江左布政使，以右副都御史總理河道，數條上方略。外艱歸，久不起。帝南巡，謁行在，命以故官總理河道。迎章聖太后梓宮，冒暑卒。隆慶中，追贈戶部右侍郎，謚端簡。

陳察，字元習，常熟人。弘治十五年進士。授南昌推官。正德初，擢南京御史。尋改北。劉瑾既誅，武宗猶日狎羣小。察偕同官請務講學，節嗜欲，勤視朝，語甚切直。以養親歸。家居九年，始赴補。會帝將親征宸濠。察請無行，而亟下罪己詔。忤旨，奪俸一年。謫羣臣更諫，必置極典。

俄巡按雲南。劾巡撫何孟春討定彌勒州，以功增秩。世宗卽位，疏言金齒、騰衝地極邊徼，旣統以巡撫總兵，又有監司守備分轄，無事鎭守中官。因劾太監劉玉、都督沐崧罪。詔並罷還。

嘉靖初，按四川。請罷鎭守中官，不聽。帝親鞫楊言，落其一指。察大呼曰：「臣願以不肖軀易言命，不忍言獨死。」帝目攝之，察不爲動。退具疏申理，且請下王邦奇於獄，直聲震朝野。巡視京營，與給事中王科極陳武定侯郭勛貪橫狀。擢南京太僕少卿。疏辭，因請召前給事中劉世賢等二十餘人。帝怒，責以市恩要名，貶遠方雜職。給事中王俊民、鄭一鵬論救，皆奪俸。察補海陽敎諭。累遷山西左布政使，入爲光祿卿。

十二年，以僉都御史巡撫南、贛。居二年，乞休，因薦前都御史萬鏜、大理卿董天錫等十四人可用。吏部請從其言。帝奪部臣俸，責察徇私妄舉，斥爲民。察居官廉，旣歸，敝衣糲食而已。

孫懋，字德夫，慈谿人。正德六年進士。授浦城知縣，擢南京吏科給事中。御史張經、寧波知府翟唐忤奄人被逮，懋偕同官論救。織造太監史宣誣主事王鑾、知縣胡守約，下之詔獄。懋言：「宣妄言御賜黃棍，聽撻死官吏，脅主簿孫錦死，今又誣守職臣。乞治宣罪，還鑾、守約故任。」未幾，復偕諸給事言：「臣等屢建白，不擇可否，一概留中。萬一奸人陰結黨類，公行阻遏，朝有大事，陛下不聞，大臣不知，禍可勝言！」皆不報。已，又劾罷鹽法侍郎薛章，請黜太僕少卿馬陟，留御史徐文華，召還謝遷、韓文、孫交、張原、周廣、高公韶、王思等，罷游畋射獵，復御朝常儀，還久留邊兵，汰錦衣冗官，諸疏皆侃侃。

江彬導帝巡幸。懋言：「彬梟桀憸邪，挾至尊出居庸，無大臣保護，獨處沙漠將半載。兩宮違養，郊廟不親，四方災異迭見，盜賊蜂起。留彬一日，爲宗社一日憂，乞立置重典。」時中外章奏，帝率不省視。規主闕者，往往得無罪。一觸權倖，禍立至，人皆爲懋危。而彬方日侍帝娛樂，亦不之見也。請回鑾，諫南幸，懋皆與。宸濠反，帝在南都，懋從行。請急定平賊功賞，旣又數請還京，率同官伏闕，皆不省。

世宗卽位，疏薦建言貶謫諸臣周廣、范輅等二十人，皆召用。劾南京祭酒陳霽、太常卿張道榮，皆罷。未幾，言：「謝遷、韓文起用，乞倣宋起文彥博故事，不煩職務，大禮大政，時令參預，必有裨新政。」帝雖善之不能用。

出爲廣東參議，遷副使。嘉靖四年有錦衣官校偵事廣東。懋與按察使張祐疑其僞，執之。事聞，逮下詔獄，謫藤縣典史。屢遷至廣西布政使。十六年入爲應天府尹。坐所進鄉試錄忤旨，致仕，卒。

王儀，字克敬，文安人。嘉靖二年進士。除靈璧知縣。以能，調嘉定。七年擢御史，巡按陝西。秦府豪占民產，儀悉奪還民。延綏大饑，朝命陝西布政使胡忠爲巡撫，儀論罷之。已，巡按河南。趙府輔國將軍祐椋招亡命殺人劫敓，積十餘年莫敢發。儀偕巡撫吳山奏之，奪爵禁錮。會儀出爲蘇州知府。甫三月，祐椋潛入都，奏儀掊摭，幷訐都御史毛伯溫以私憾入己罪。且言「臣嘗建醮祈皇嗣，爲知府王天民訕笑」，請幷按問。帝心知祐椋罪，而悅其建醮語，爲遣使覆按，解儀、伯溫任，下天民獄。使者奏儀不誣，第祐椋罪在赦前，宜輕坐。帝終憐祐椋愛己，竟復其爵，除儀名，伯溫、山、天民皆得罪。終嘉靖世多以誹謗齋醮獲重禍，由祐椋訐奏始。

儀去蘇州，士民走闕下乞留，帝不許。旣而薦起知撫州。蘇州士民復走闕下乞還儀，至再，不報。歸愬於巡撫侯位。位以聞，帝乃許之。至則歎曰：「蘇賦當天下什二，而田額淆無可考，何以定賦。」乃履畝丈之，使縣各爲籍。以八事定田賦，以三條核稅課，徭役、雜辦維均。治爲知府第一，進浙江副使，飭蘇、松、常、鎮兵備。時巡撫歐陽鐸均田賦，儀佐之，以治蘇者推行於旁郡。坐與操江王學夔討賊敗績，停俸戴罪。未幾，殪賊江中，進秩一等，遷山西右參政，分守冀、寧。寇抵淸源城，儀洞開城門，寇疑引去。按行所部，築城郭，積糗糧，楡次、平定間遂皆有城。

二十一年擢右僉都御史，巡撫宣府。寇入龍門，總兵官郤永等敗之。儀進右副都御史。尋以築邊垣，賚銀幣。寇自萬全右衞入，游騎犯完、唐。奪俸二級。考察拾遺，貶一官。已，劾上失事罪，貶秩如初。久之，除肅州兵備副使，協巡撫楊博徙哈密遺種於境外。稍遷右參政，復拜右僉都御史，巡撫甘肅。未行，俺答犯京師，詔儀馳鎭通州。仇鸞部卒掠民貲，捕笞之，枷市門外。鸞訴於帝，逮訊斥爲民，卒。隆慶初，子緘訟冤，復官賜䘏。

緘，官按察使，分巡遼陽，以知兵名。

王學夔，安福人。正德時，以吏部主事諫南巡，跪闕下，受杖。嘉靖初，奏請裁戚畹，又申救言官。歷考功、文選郎中，廉謹爲時所稱。嘗撫治鄖陽。有僞稱皇子者，諸司議用兵。學夔曰：「妄豎子耳。」密捕致之辟。累遷南京吏、禮、兵三部尚書。隆慶、萬曆間，存問者再。年九十四卒。贈太子少保。

曾鈞，字廷和，進賢人。嘉靖十一年進士。授行人，擢南京禮科給事中。時四方銀場得不償費，且爲盜窟，鈞奏罷之。

鈞剛廉疾俗。首劾罷參贊尚書劉龍。已劾翊國公郭勛、禮部尚書嚴嵩。未幾劾工部侍郎蔣淦、延綏巡撫趙錦。最後劾罷操江都御史柴經。直聲震一時。

出爲雲南副使。兩司詣黔國公率廷謁，鈞始正其禮，且釐還所侵麗江民地。遷四川參政。黔寇亂，撫定之。屢遷河南左布政使。

三十一年以右副都御史總理河道。徐、邳等十七州縣連被水患，帝憂之，趣上方略。鈞請濬劉伶臺至赤晏廟八十里，〔五〕築草灣老黃河口，增高家堰長堤，繕新莊等舊牐。閱數月，工成。進工部右侍郎。

治河四年，入爲南京刑部右侍郎。久之，乞歸。家居十餘年卒。贈刑部尚書，謚恭肅。

贊曰：鄭岳等居官，歷著風操。箴主闕，抑近倖，本末皆有可觀。斤斤奉職，所至以治辦聞，殆列卿之良歟。唐冑論安南，切於事理。歐陽鐸之均田賦，惠愛在民；令久於其任，幾與周忱比矣。

校勘記

〔一〕潞州巨盜陳卿據青羊山爲亂　青羊山，原作「青陽山」，據本書卷一九六夏言傳、明史稿傳七七夏言傳及傳八二潘塤傳、世宗實錄卷九四嘉靖七年閏十月壬申條改。

〔二〕山東副使牛鸞由潞城入　牛鸞，原作「牛鑾」，據本書卷一九六及明史稿傳七七夏言傳、世宗實錄卷九四嘉靖七年閏十月壬申條改。

〔三〕破賊李莊泉　李莊泉，世宗實錄卷九四嘉靖七年閏十月壬申條作「李莊東」。按實錄稱陳卿「同弟陳奉、陳訪率守李莊口禦山西兵」，「李莊」顯係一地名，疑作「李莊東」是。

〔四〕經竄苑馬寺幽室中　苑馬寺，原作「花馬寺」，據世宗實錄卷一七三嘉靖十四年三月己丑條、國榷卷五六頁三五一三改。

〔五〕鈞請濬劉伶臺至赤晏廟八十里　赤晏廟，原作「赤宴廟」，據本書卷八三食貨志、明史稿傳八二曾鈞傳、世宗實錄卷三九三嘉靖三十二年正月戊寅條改。

明史卷二百四

列傳第九十二

陳九疇　翟鵬張漢　孫繼魯　曾銑　丁汝夔

楊守謙　商大節　王忬　楊選

陳九疇，字禹學，曹州人。倜儻多權略。自爲諸生，即習武事。弘治十五年進士。除刑部主事。有重囚越獄，人莫敢攖，九疇挺槊逐得之，遂以武健名。

正德初，錄囚南畿，忤劉瑾，謫陽山知縣。瑾敗，復故官，歷郎中，遷肅州兵備副使。總督彭澤之賂土魯番也，遣哈密都督寫亦虎仙往。九疇奮曰：「彭公受天子命，制邊疆，不能身當利害，何但模棱爲！」乃練卒伍，繕營壘，常若臨大敵。寫亦虎仙果通賊。番酋速檀滿速兒犯嘉峪關，遊擊芮寧敗死。尋復遣斬巴思等以駞馬乞和，而陰遺書虎仙及其姻黨阿剌思罕兒、失拜烟答等俾內應。九疇知賊計，執阿剌思罕兒及斬巴思付獄。通事毛鑑等守之。鑑等故與通，欲縱去，衆番皆伺隙爲變。九疇覺之，僇鑑等。賊失內應，遂拔帳走。兵部尚書王瓊惡澤，幷坐九疇失事罪，逮繫法司獄。以失拜烟答繫死爲罪，除其名。

世宗卽位，起故官。俄進陝西按察使。居數月，甘肅總兵官李隆嗾部卒毆殺巡撫許銘，焚其屍。乃擢九疇右僉都御史，巡撫甘肅，按驗銘事，誅隆及亂卒首事者。九疇抵鎭，言額軍七萬餘，存者不及半，且多老弱，請令召募。詔可。

嘉靖三年，速檀滿速兒復以二萬餘騎圍肅州。九疇自甘州晝夜馳入城，射賊，賊多死。已，又出兵擊走之。其分掠甘州者，亦爲總兵官姜奭所敗。論功，進副都御史，賚金幣。九疇上言：「番賊敢入犯者，以我納其朝貢，縱商販，使得稔虛實也。寫亦虎仙逆謀已露，輸貨權門，轉蒙寵幸，以犯邊之寇，爲來享之賓。邊臣怵利害，拱手聽命，致內屬番人勾連接引，以至於今。今卽不能如漢武興大宛之師，亦當效光武絕西域之計。先後入貢未歸者二百人，宜安置兩粤，其謀逆有迹者加之刑僇，則賊內無所恃，必不復有侵軼。倘更包含隱忍，恐河西十五衞所，永無息肩之期也。」事下，總制楊一清頗採其議。四年春致仕歸。

初，土魯番敗遁，都指揮王輔言速檀滿速兒及牙木蘭俱死於礮，九疇以聞。後二人上表求通貢，帝怪且疑。而番人先在京師者爲蜚語，言肅州之圍，由九疇激之，帝益信。會百戶王邦奇訐楊廷和、彭澤，詞連九疇。吏部尚書桂萼等欲緣九疇以傾澤，因請許通貢，而追治九疇激變狀。大學士一清言事已前決。帝不聽，逮下詔獄。刑部尚書胡世寧言於朝曰：「世寧司刑而殺忠臣，寧殺世寧。」乃上疏爲訟冤曰：「番人變詐，妄騰謗讟，欲害我謀臣耳。夫其畜謀內寇，爲日已久。一旦擁兵深入，諸番約內應，非九疇先幾奮僇，且近遣屬夷却其營帳，遠交瓦剌擾其窟巢，使彼內顧而返，則肅州孤城豈復能保。臣以爲文臣之有勇知兵忘身殉國者，無如九疇，宜番人深忌而欲殺也。惟聽部下卒妄報，以滿速兒等爲已死，則其罪有不免耳。」已，法司具獄亦如世寧言。帝卒中蕚等言，謫戍極邊。居十年，赦還。

翟鵬，字志南，撫寧衞人。正德三年進士。除戶部主事。歷員外郎中，出爲衞輝知府，調開封。擢陝西副使，進按察使。性剛介，歷官以淸操聞。

嘉靖七年擢右僉都御史，巡撫寧夏。時邊政久弛，壯卒率占工匠私役中官家，守邊者並羸老不任兵。又番休無期，甚者夫守墩，妻坐鋪。鵬至，盡淸占役，使得迭更。野雞臺二十餘墩孤懸塞外，久棄不守，鵬盡復之。歲大祲，請於朝以振。坐寇入停俸。復坐劾總兵官趙瑛失事，爲所訐，奪職歸。

二十年八月，俺答入山西內地。兵部請遣大臣督軍儲，因薦鵬。乃起故官，整飭畿輔、山西、河南軍務兼督餉。鵬馳至，俺答已飽去，而吉囊軍復寇汾、石諸州。鵬往來馳驅，不能有所挫。寇退，乃召還。

明年三月，宣大總督樊繼祖罷，除鵬兵部右侍郎代之。上疏言：「將吏遇被掠人牧近塞，宜多方招徠。殺降邀功者，宜罪。寇入，官軍遏敵雖無功，竟賴以安者，當錄。若賊衆我寡，奮身戰，雖有傷折、未至殘生民者，罪當原。於法，俘馘論功，損挫論罪。乃有摧鋒陷陣不暇斬首，而在後掩取者反積級受功，有逡巡觀望幸苟全，而力戰當先者反以損軍治罪，非戎律之平。」帝皆從其議。會有降人言寇且大入，鵬連乞兵餉。帝怒，令革職閒住，因罷總督官不設。鵬受事僅百日而去。

其年七月，俺答復大入山西，縱掠太原、潞安。兵部請復設總督，乃起鵬故官，令兼督山東、河南軍務，巡撫以下並聽節制。鵬受命，寇已出塞。即馳赴朔州，請調陝西、薊、遼客兵八支，及宣、大三關主兵，兼募土著，選驍銳者十萬，統以良將，列四營，分布塞上，每營當一面。寇入境，游兵挑之，誘其追，諸營夾攻。脫不可禦，急趨關南依牆守，邀擊其困歸。帝從之。鵬乃浚壕築垣，修邊牆三百九十餘里，增新墩二百九十二，護墩堡一十四，建營舍一千五百間，得地萬四千九百餘頃，募軍千五百人，人給五十畝，省倉儲無算。疏請東自平刑，西至偏關，畫地分守。增游兵三支，分駐雁門、寧武、偏關。寇攻牆，戍兵拒，游兵出闢夾攻，此守中有戰。東大同，西老營堡，因地設伏，伺寇所向。又於宣、大、三關間，各設勁兵，而別選戰士六千，分兩營，遇警令總督武臣張鳳隨機策應，此戰中有守。帝從其議，且命自今遇敵，逗遛者都指揮以下卽斬，總兵官以下先取死罪狀奏請。

先是，鵬遣千戶火力赤率兵三百哨至豐州灘，不見寇。復選精銳百，遠至豐州西北，遇牧馬者百餘人，擊斬二十三級，奪其馬還。未入塞，寇大至，官軍饑憊，盡棄所獲奔。鵬具實陳狀。帝以將士敢深入，仍行遷賞。舊例，兵皆團操鎭城，聞警出戰。自邊患熾，每夏秋間分駐邊堡，謂之暗伏。鵬請入秋悉令赴塞，畫地分守，謂之擺邊，九月中還鎭。遂著爲令。

二十三年正月，帝以去歲無寇爲將帥力，降敕奬鵬，賜以襲衣。至三月，俺答寇宣府龍門所，總兵官郤永等却之，斬五十一級。論功，進兵部尙書。帝倚鵬殄寇，錫命屢加，所請多從，而責效甚急。鵬亦竭智力，然不能呼吸應變。御史曹邦輔嘗劾鵬，鵬乞罷，弗允。是年九月，薊州巡撫朱方請撤諸路防秋兵，〔一〕兵部尙書毛伯溫因倂撤宣、大、三關客兵。俺答遂以十月初寇膳房堡。爲郤永所拒，乃於萬全右衞毀牆入。由順聖川至蔚州，犯浮屠峪，直抵完縣，京師戒嚴。帝大怒，屢下詔責鵬。鵬在朔州聞警。夜半至馬邑，調兵食，復趨渾源，遣諸將遏敵。御史楊本深劾鵬逗遛，致賊震畿輔。兵科戴夢桂繼之。遂遣官械鵬，而以兵部左侍郎張漢代。鵬至，下詔獄，坐永戍。行至河西務，爲民家所窘，告鈔關主事杖之，廠衞以聞。復逮至京，卒於獄，人皆惜之。

初，鵬在衞輝，將入覲，行李蕭然，通判王江懷金遺之。鵬曰：「豈我素履未孚於人耶？」江慚而退，其介如此。隆慶初，復官。

張漢，鍾祥人。代鵬時，寇已出境，乃命翁萬達總督宣、大，而以漢專督畿輔、河南、山東諸軍。漢條上選將、練兵、信賞、必罰四事，請令大將得專殺偏裨，而總督亦得斬大將，人知退怯必死，自爭赴敵。帝不欲假臣下權，惡之。兵部言，漢老邊事，言皆可從。帝令再議。部臣乃言漢議皆當，而專殺大將，與會典未合。帝姑報可。會考察拾遺，言官劾漢剛愎。遂械繫詔獄，謫戍鎮西衞。後數年邊警，御史陳九德薦漢。帝怒，斥九德爲民。漢居戍所二十年卒。隆慶初，贈兵部尚書。

孫繼魯，字道甫，雲南右衞人。嘉靖二年進士。授澧州知州。坐事，改國子助教。歷戶部郎中，監通州倉。歷知衞輝、淮安二府。織造中官過淮，繼魯與之忤。誣逮至京，大學士夏言救免。繼魯不謝，言不悅。改補黎平。擢湖廣提學副使，進山西參政。數繩宗藩。

暨遷按察使，宗藩百餘人擁馬發其裝，敝衣外無長物，乃載酒謝過。遷陝西右布政使。

二十六年擢右副都御史，代楊守謙巡撫山西。繼魯耿介，所至以淸節聞，然好剛使氣。總督都御史翁萬達議撤山西內邊兵，幷力守大同外邊，帝報可。繼魯抗章爭，言：「紫荆、居庸、山海諸關，東枕溟渤；鴈門、寧武、偏頭諸關，西據黃河。天設重險，以藩衞國家，豈可聚師曠野，洞開重門以延敵。夫紫荆諸關之拱護京師，與鴈門諸關之屛蔽全晉，一也。今議者不撤紫荆以幷守宣府，豈可獨撤鴈門以幷守大同耶？況自偏頭、寧武、鴈門東抵平刑關爲山西長邊，自右衞雙溝墩至東陽河、鎭口臺爲大同長邊，自丫角山至雙溝百四十里爲大同緊邊，自丫角山至老牛灣百四十里爲山西緊邊，論長邊則大同爲急，山西差緩，論緊邊則均爲最急。此皆密邇河套，譬之門闑。山西守左，大同守右。山西幷力守左尙不能支，又安能分力以守大同之右。近年寇不敢犯山西內郡者，以三關備嚴故也。使三關將士遠離堡戍，欲其不侵犯難矣。全師在外，强寇內侵，卽紫荆、倒馬諸關不將徒守哉！」萬達聞之不悅，上疏言：「增兵擺邊，始於近歲，與額設守邊者不同。繼魯乃以危言相恐，復遺臣書，言往歲建雲中議，宰執幾不免。近年撤各路兵，督撫業蒙罪。其詆排如此。今防秋已逼，乞別調繼魯，否則早罷臣，無悞邊事。」兵部是繼魯言。帝不從，下廷議。廷臣請如萬達言。帝方倚萬達，怒繼魯騰私書，引往事議君上。而夏言亦惡繼魯，不爲地，遂逮下詔獄。疽發於項，瘐死。

繼魯爲巡撫僅四月。山西人習其前政，冀有所設施，遽以非罪死，咸爲痛惜。宗藩有上書訟其冤者，卽前奪視其裝者也。穆宗卽位，贈兵部左侍郎，賜祭葬，廕一子，謚淸愍。

曾銑，字子重，江都人。自爲諸生，以才自豪。嘉靖八年成進士，授長樂知縣。徵爲御史，巡按遼東。遼陽兵變，執辱都御史呂經。銑時按金、復，急檄副總兵李鑑罷經苛急事，爲亂軍乞赦。經罷，趨廣寧，悍卒于蠻兒等復執辱經。其月，撫順卒亦縛指揮劉雄父子。會朝廷遣侍郎林庭㭿往勘，亂卒懼。遼陽倡首者趙劓兒潛詣廣寧與蠻兒合謀，欲俟鎭城官拜表，集衆亂，爲總兵官劉淮所覺，計不行。復結死囚，欲俟庭㭿至，閉城門爲變。而銑已刺得二城及撫順爲惡者姓名，密授諸將，劓兒等數十人同日捕獲。銑上言：「往者甘肅、大同軍變，處之過輕。羣小謂辱命臣，殺主帥，罪不過此，遂相率爲亂。今首惡宜急誅。」乃召還庭㭿，命銑勘實，悉斬諸首惡，懸首邊城，全遼大定。

擢銑大理寺丞，遷右僉都御史，巡撫山東。俺答數入內地，銑請築臨淸外城。工畢，進副都御史。居三年，改撫山西。經歲寇不犯邊，朝廷以爲功，進兵部侍郎，巡撫如故。

二十五年夏，以原官總督陝西三邊軍務。寇十萬餘騎由寧塞營入，大掠延安、慶陽境。銑率兵數千駐塞門，而遣前參將李珍擣寇巢於馬梁山陰，斬首百餘級。寇聞之，始遁。捷奏，賚銀幣。既而寇屢入，遊擊高極死焉，副總兵蕭漢敗績。銑疏諸將罪，治如律。時套寇牧近塞，零騎往來，居民不敢樵採。銑方築塞，慮爲所擾，乃選銳卒擊之。寇稍北，間以輕騎入掠，銑復率諸軍驅之遠徙。參將李珍及韓欽功爲多，詔增銑俸一級，賜銀幣有加。

銑素喜功名，又感帝知遇，益圖所報稱。念寇居河套，久爲中國患，上疏曰：「賊據河套，侵擾邊鄙將百年。孝宗欲復而不能，武宗欲征而不果，使吉囊據爲巢穴。出套則寇宣、大、三關，以震畿輔；入套則寇延、寧、甘、固，以擾關中。深山大川，勢顧在敵而不在我。封疆之臣曾無有以收復爲陛下言者，蓋軍興重務也；小有挫失，媒孽踵至，鼎鑊刀鋸，面背森然。臣非不知兵凶戰危，而枕戈汗馬，切齒痛心有日矣。竊嘗計之：秋高馬肥，弓矢勁利，彼聚而攻，我散而守，則彼勝；冬深水枯，馬無宿槀，春寒陰雨，壤無燥土，彼勢漸弱，我乘其弊，則中國勝。臣請以銳卒六萬，益以山東鎗手二千，每當春夏交，攜五十日餉，水陸交進，直擣其巢。材官騶發，礮火雷激，則寇不能支。此一勞永逸之策，萬世社稷所賴也。」遂條八議以進。是時，銑與延、寧撫臣欲西自定邊營，東至黃甫川一千五百里，築邊牆禦寇，請帑金數十萬，期三年畢功。疏並下兵部。部臣難之，請令諸鎮文武將吏協議。詔報曰：「賊據套爲中國患久矣，朕宵旰念之，邊臣無分主憂者。今銑倡恢復議甚壯，其令銑與諸鎮臣悉心上方略，予修邊費二十萬。」銑乃益銳。而諸巡撫延綏張問行、陝西謝蘭、寧夏王邦瑞及巡按御史盛唐以爲難，久不會奏。銑怒，疏請於帝，帝爲責讓諸巡撫。會問行已罷，楊守謙代之，意與銑同。銑遂合諸臣條上方略十八事，已又獻營陣八圖，並優旨下廷議。

廷臣見上意向銑，一如銑言。帝忽出手詔諭輔臣曰：「今逐套賊，師果有名否？兵食果有餘，成功可必否？一銑何足言，如生民荼毒何。」初，銑建議時，輔臣夏言欲倚以成大功，主之甚力。及是，大駭，請帝自裁斷。帝命刊手詔，徧給與議諸臣。時嚴嵩方與言有隙，欲因以傾言，乃極言套必不可復。陰詆言，故引罪乞罷，以激帝怒。旋復顯攻言，謂「向擬旨褒銑，臣皆不預聞。」兵部尚書王以旂會廷臣覆奏，遂盡反前說，言套不可復。帝乃遣官逮銑，出以旂代之；責科道官不言，悉杖於廷，停俸四月。帝雖怒銑，然無意殺之也。咸寧侯仇鸞鎮甘肅時，以阻撓爲銑所劾，逮問。嵩故雅親鸞。知銑所善同邑蘇綱者，言繼妻父，綱與銑、言嘗交關傳語，乃代鸞獄中草疏，誣銑掩敗不奏，尅軍餉鉅萬，遣子淳屬所親蘇綱賂當途。其言絕無左驗，而帝深入其說，立下淳、綱詔獄。給事中齊譽等見帝怒銑甚，請早正刑章。帝責譽黨奸避事，鐫級調外任。及銑至，法司比擬邊帥失陷城砦者律。帝必欲依正條，當銑交結近侍律斬，妻子流二千里，即日行刑。銑既死，言亦坐斬，而鸞出獄。

銑有膽略，長於用兵。歲除夜，猝命諸將出。時塞上無警，諸將方置酒不欲行，賂鈴卒求緩於銑妾。銑斬鈴卒以徇。諸將不得已，丙夜被甲行。果遇寇，擊敗之。翼日入賀畢，前請故。銑笑曰：「見烏鵲非時噪，故知之耳。」皆大服。銑廉，既歿，家無餘貲。隆慶初，給事中辛自修、御史王好問訟銑志在立功，身罹重辟，識與不識，痛悼至今。詔贈兵部尙書，謚襄愍。萬曆中，從御史周磐請，建祠陝西。

李珍者，故坐事失官。銑從徒中錄用，復積戰功至參將。銑既被誣，詔遣給事中中价等往覈，因并劾珍與指揮田世威、郭震爲銑爪牙，下之詔獄。連及巡撫謝蘭、張問行，御史盛唐，副總兵李琦等，皆斥罰。勒淳、綱贓，卹陣亡軍及居民被難者。銑嘗檄府衞銀三萬兩製車仗，亦責償於淳。且酷刑拷珍，令其實剋餉行賂事，幾死，卒不承。淳用是免，珍竟論死，世威、震謫戍。其後，俺答歲入寇，帝卒不悟，輒曰：「此銑欲開邊，故行報復耳。」

丁汝夔，字大章，霑化人。正德十六年進士。改庶吉士。嘉靖初，授禮部主事。爭「大禮」被杖，調吏部。累官山西左布政使，擢右副都御史，巡撫甘肅。歷撫保定、應天。入爲左副都御史。坐事調湖廣參政。復以故官撫河南。歷吏部左、右侍郎。

二十八年十月拜兵部尚書兼督團營。條上邊務十事，皆報可。當是時，俺答歲寇邊，羽書疊至。天子方齋居西內，厭兵事，而大學士嚴嵩竊權，邊帥率以賄進，疆事大壞。其明年八月甲子，俺答犯宣府，諸將拒之不得入。汝夔即上言：「寇不得志於宣府，必東趨遼、薊。請敕諸將嚴爲備。潮河川乃陵京門戶，宜調遼東一軍赴白馬關，保定一軍赴古北口。」從之。寇果引而東，駐大興州，去古北口百七十里。大同總兵官仇鸞知之，率所部馳至居庸南。順天巡撫王汝孝駐薊州，誤聽諜者謂寇向西北。汝夔信之，請令鸞還大同勿東，詔俟後報。及興州報至，命鸞壁居庸，汝孝守薊州。未幾，寇循潮河川南下至古北口，薄關城。總兵官羅希韓、盧鉞不能卻，汝孝師大潰。寇遂由石匣營達密雲，轉掠懷柔，圍順義城。聞保定兵駐城內，乃解而南，至通州。阻白河不得渡，駐河東孤山，分剽昌平、三河，犯諸帝陵，殺掠不可勝紀。

京師戒嚴。召各鎭勤王，分遣文武大臣各九人，守京城九門，定西侯蔣傳、吏部侍郎王邦瑞總督之，〔三〕而以錦衣都督陸炳，禮部侍郎王用賓，給事御史各四人，巡視皇城四門。詔大小文臣知兵者，許汝夔委用。汝夔條上八事，請列正兵四營於城外四隅，奇兵九營於九門外近郊。正兵營各一萬，奇兵營各六千。急遣大臣二人經略通州、涿州，且釋罪廢諸將使立功贖罪。帝悉從之。然是時册籍皆虛數。禁軍僅四五萬，老弱半之，又半役內外提督大臣家不歸伍，在伍者亦涕泣不敢前。從武庫索甲仗，主庫奄人勒常例，不時發。久之不能軍。乃發居民及四方應武舉諸生乘城，且大頒賞格。仇鸞與副將徐玨、遊擊張騰等軍白河西，楊守謙與副將朱楫等軍東直門外，諸路援兵亦稍集。議者率謂城內虛，城外有邊兵足恃，宜移京軍備內釁，汝夔亦以爲然。遂量掣禁軍入營十王府、慶壽寺前。掌營務者成國公朱希忠恐以兵少獲譴，乃東西抽掣爲掩飾計。士疲不得息，出怨言，而莫曉孰爲調者，則爭詈汝夔。鸞兵無紀律，掠民間。帝方眷鸞，令勿捕。汝夔亦戒勿治鸞兵。民益怨怒。

寇游騎四出，去都城三十里。及辛巳，遂自通州渡河而西，前鋒七百騎駐安定門外教場。明日，大營薄都城。分掠西山、黃村、沙河、大小榆河，畿甸大震。初，寇逼通州，部所遣偵卒出城不數里，道遇傷者，輒奔還妄言誑汝夔。既而言不讎，汝夔弗罪也。募他卒偵之復如前。以故寇衆寡遠近皆不能知。

宣府總兵官趙國忠，參將趙臣、孫時謙、袁正，遊擊姚冕，山西遊擊羅恭等，各以兵入援，營玉河諸處。詔兵部核諸鎮兵數，行賞賚。勤王兵先後五六萬人，皆聞變卽赴，未齎糗糧。制下犒師，牛酒無所出。越二三日，援軍始得數餅餌，益饑疲不任戰。

帝久不視朝，軍事無由面白。廷臣多以爲言，帝不許。禮部尚書徐階復固請，帝乃許。癸未，羣臣昧爽入。至日晡，帝始御奉天殿，不發一詞，但命階奉敕諭至午門，集羣臣切責之而已。帝怒文武臣不任事，尤怒汝夔。吏部因請起楊守禮、劉源清、史道、許論於家。汝夔不自安，請督諸將出城戰，而以侍郎謝蘭署部事。帝責其推委，命居中如故。寇縱横內地八日，諸軍不敢發一矢。寇本無意攻城，且所掠過望，乃整輜重，從容趨白羊口而去。

方事棘，帝趣諸將戰甚急。汝夔以咨嵩。嵩曰：「塞上敗或可掩也，失利輦下，帝無不知，誰執其咎？寇飽自颺去耳。」汝夔因不敢主戰，諸將亦益閉營，寇以此肆掠無所忌。既退，汝夔、蘭及戶工尚書李士翺、胡松，侍郎駱顒、〔三〕孫禬皆引罪。命革士翺職，停松俸，俱戴罪辦事，侍郎各停俸五月，而下汝夔獄。帝欲大行誅以懲後。汝夔窘，求救於嵩。嵩曰：「我在，必不令公死。」及見帝怒甚，竟不敢言。給事御史劾汝夔禦寇無策。帝責其不早言，奪俸有差。趣具獄，怒法司奏當緩，杖都御史屠僑、刑部侍郎彭黯、大理卿沈良才各四十，降俸五等。刑科張侃等循故事覆奏，各杖五十，斥侃爲民。坐汝夔守備不設，卽日斬於市，梟其首，妻流三千里，子戍鐵嶺。汝夔臨刑，始悔爲嵩所賣。

方廷訊時，職方郎王尚學當從坐。汝夔曰：「罪在尙書，郎中無預」，得減死論戍。比赴市，問左右：「王郎中免乎？」尚學子化適在旁，謝曰：「荷公恩，免矣。」汝夔歎曰：「汝父勸我逮戰，我爲政府惧。汝父免，我死無恨。」聞者爲泣下。隆慶初，復官。

汝夔旣下獄，幷逮汝孝、希韓、鉞。寇未盡去，官校不敢前，託言汝孝等追寇白羊口，遠不可卒至。比逮至，論死。帝怒漸解，而汝孝復以首功聞，命俱減死戍邊。

楊守謙，字允亨，徐州人。父志學，字遜夫，弘治六年進士。巡撫大同、寧夏，邊人愛之。累官刑部尙書，卒，謚康惠。

守謙登嘉靖八年進士，授屯田主事。改職方，歷郎中，練習兵計。出爲陝西副使，改督學政，有聲，就拜參政。未任，擢右僉都御史，巡撫山西。上言偏頭、老營堡二所，餘地千九百餘頃，請興舉營田。因薦副使張鎬爲提調，牛種取給本土。帝稱爲忠，卽報可。俄移撫延綏。請久任鎬，終其事。其後二年，營田大興。計秋穫可當帑銀十萬，邊關穀價減十五。守謙薦鎬可大用，且言延綏安定諸邊可如例。戶部請推行之九邊。帝悅，命亟行之，錄守謙、鎬功。守謙未去延綏，而鎬已巡撫寧夏矣。

守謙至延綏，言：「激勸軍士在重賞。令斬一首者陞一級，不願者予白金三十兩。賞已薄，又文移察勘，動涉歲時，以故士心不勸。近宣、大事棘，稍加賞格，請倍增其數，鎭巡官驗明卽給。蓋增級、襲廕，有官者利之，窮卒覬賞而已。」兵部以爲然，定斬首一級者與五十兩，著爲令。以前山西修邊功，增俸一級，賜金幣有加。請給新設游兵月餉，發倉儲貸饑卒，皆報許。

二十九年進副都御史，巡撫保定兼督紫荆諸關。去鎭之日，傾城號泣，有追送數百里外者。未幾，俺答入寇，守謙率師倍道入援。帝聞其至，甚喜，令營崇文門外。會副總兵朱楫，參將祝福、馮登亦各以兵至，人心稍安。寇游騎散掠枯柳諸村，去京城二十里。守謙及楫等兵移營東直門外。詔同仇鸞調度京城及各路援兵，相機戰守。

寇薄都城，諸將高秉元、徐鏞等禦之，不能却。帝拜鸞大將軍，進守謙兵部右侍郎，協同提督內外諸軍事。鸞時自孤山還，至東直門觀望，斬死人首六級，報功。守謙孤軍薄俺答營，而陣無後繼，不敢戰。帝聞不悅。而尚書丁汝夔慮喪師，戒勿輕戰。諸將離城遠，見守謙不戰，亦堅壁，輒引汝夔及守謙爲辭。流聞禁中，帝益怒。

初，寇抵安定門，詔守謙與楫等合擊，莫敢前。守謙亦委無部檄，第申儆備。寇遂燬城外廬舍。城西北隅火光燭天，內臣園宅在焉，環泣帝前，稱將帥爲文臣制，故寇得至此。帝怒曰：「守謙擁衆自全，朕親降旨趣戰，何得以部檄爲解。」寇退，遂執守謙與汝夔廷鞫之。坐失悞軍機，卽日戮於市。守謙臨刑時，慨然曰：「臣以勤王反獲罪，讒賊之口實蔽聖聰。

皇天后土知臣此心，死何恨。」邊陲吏士知守謙死，無不流涕者。

守謙坦易無城府，馭下多恩意。守官廉，位至開府，蕭然若寒士。然性遲重，客有勸之戰者，應曰：「周亞夫何人乎？」客曰：「公悞矣，今日何得比漢法。」守謙不納，竟得罪。隆慶初，贈兵部尚書，謚恪愍。

商大節，字孟堅，鍾祥人。嘉靖二年進士。授豐城知縣。始爲築城，捕境內盜幾盡。擢兵科給事中。京察竣，復命科道互相劾，被謫鹽城縣丞。三遷刑部郎中，出爲廣東僉事。擣海南叛黎巢，增秩，賜金幣。累官山東按察使。擢右僉都御史，巡撫保定兼提督紫荊諸關。慮俺答內侵，疏請重根本，護神京。居四年，召理院事。俺答果大舉薄都城。詔城中居民及四方入應武舉者悉登陴守，以大節率五城御史統之。發帑金五千兩，命便宜募壯士。屢條上軍民急務。比寇退，復命兼管民兵，經略京城內外。訓練鼓舞，軍容甚壯。擢右副都御史，經略如故。所募民兵已四千，請以三等授餉。上者月二石，其次遞減五斗。帝亟從之。

仇鸞爲大將軍，盡統中外兵馬，惡大節獨爲一軍，不受其節制，欲困之。乃請畫地分守，以京師四郊委大節。大節言：「臣雖經略京城，實非有重兵專戰守責者也。京城四郊利害，鸞欲專以臣當。臣節制者，止巡捕軍，鸞又頻調遣，奸宄猝發，誰爲捍禦哉？」所爭甚晰，而帝方寵鸞，不欲人撓其事，責大節懷奸避難，立下詔獄。法司希旨，當大節斬。嚴嵩言：「大節誠有罪，但法司引律非是。」幸赦其死，戍極邊。」亦不聽。時三十年四月也。

明年八月，鸞死，大節故部曲石鏜、孫九思等數百人伏闕訟冤，章再上。兵部侍郎張時徹等言：「大節爲逆鸞制肘，以抵於法，乞順羣情赦之。」帝怒，鐫時徹二秩。明年竟卒於獄。隆慶初，復故官，贈兵部尚書，謚端愍。

王忬，字民應，太倉人。父倬，南京兵部右侍郎，以謹厚稱。忬登嘉靖二十年進士，授行人，遷御史。皇太子出閣，疏以武宗居青宮爲戒。又劾罷東廠太監宋興。出視河東鹽政，以疾歸。已，起按湖廣，復按順天。

二十九年，俺答大舉犯古北口。忬奏言潮河川有徑道，一日夜可達通州。因疾馳至通爲守禦計，盡徙舟楫之在東岸者。夜半，寇果大至。不得渡，遂壁於河東。帝密遣中使覘軍，見忬方厲士乘城。還奏，帝大喜。副都御史王儀守通州，御史姜廷頤劾其不職，忬亦言儀縱士卒虐大同軍。大同軍者，仇鸞兵也。帝立命逮儀，而超擢忬右僉都御史代之。寇退，忬請振難民，築京師外郭，修通州城，築張家灣大小二堡，置沿河敵臺。皆報可。尋罷通州、易州守禦大臣，召忬還。

三十一年出撫山東。甫三月，以浙江倭寇亟，命忬提督軍務，巡視浙江及福、興、漳、泉四府。先後上方略十二事，任參將俞大猷、湯克寬，又奏釋參將尹鳳、盧鏜繫。賊犯溫州，克寬破之。其據昌國衞者，爲大猷擊退。而賊首汪直復糾島倭及漳、泉羣盜連巨艦百餘蔽海至，濱海數千里同告警。上海及南匯、吳淞、乍浦、蓁嶼諸所皆陷，蘇、松、寧、紹諸衞所州縣被焚掠者二十餘。留內地三月，飽而去。忬乃言將士逐燬其船五十餘艘。於是先所奪文武將吏俸，皆得復。尋以給事王國禎言，改巡撫。忬方視師閩中，賊復大至，犯浙江，盧鏜等頻失利。御史趙炳然劾其罪，帝特宥忬，忬因請築嘉善、崇德、桐鄉、德清、慈谿、奉化、象山城，而恤被寇諸府。

時已遣尙書張經總督諸軍。大同適中寇，督撫蘇祐、侯鉞俱被逮，乃進忬右副都御史，巡撫大同。秋防事竣，就加兵部右侍郎。薊遼總督楊博還朝，卽移忬代之。尋進右都御史。忬言：「騎兵利平地，步兵利險阻。今薊鎭晝地守，請去他郡防秋馬兵八千，易之以步，歲省銀五萬六千餘兩。」從之。打來孫十餘萬騎深入廣寧諸處，總兵官殷尙質等戰歿。忬停俸三月。未幾，打來孫復以十萬騎屯靑城，分遣精騎犯一片石、三道關。總兵官歐陽安拒却之。事聞，賚銀幣。把都兒等犯遷安，副總兵蔣承勛戰死。降忬兵部侍郎，留任。

初，帝器忬才，甚眷之。及所部屢失事，則以爲不足辦寇，諭嚴嵩與兵部計防守之宜。嵩奏流河口邊牆有缺，故寇乘之入，宜大修邊牆。且令忬選補額兵，操練戰守，不得專恃他鎭援兵。部條六事，如嵩指。帝乃下詔責忬，赦其罪，實主兵，減客兵，如議。於是練兵之議起。時寇別部入瀋陽，有鄉兵金仲良者擒其長討賴。忬賚銀幣，官仲良三級。防秋畢，復忬官。尋復用瀋陽却寇功，廕一子。已而寇復入遼陽，副總兵王重祿敗績。御史周斯盛以聞。帝置忬不問，治他將吏如律。

初，帝從楊博言，命薊鎭入衞兵聽宣大調遣。忬言：「古北諸口無險可守，獨恃入衞卒護陵京，奈何聽調發。」帝怒曰：「曩令薊鎭練兵，今一卒不練，遇防秋輒調他鎭兵，兵部詳議以聞。」部臣言：「薊鎭額兵多缺，宜察補」。乃遣郎中唐順之往覈。還奏額兵九萬有奇，今惟五萬七千，又皆羸老。忬與總兵官安、巡撫馬珮及諸將袁正等，俱宜按治。乃降忬俸二級。帝因問嵩：「邊兵入衞，舊制乎？」嵩曰：「祖宗時無調邊兵入內地者。正德中劉六猖獗，始調許泰、郤永領邊兵討賊。庚戌之變，仇鸞選邊兵十八支護陵京，未用以守薊鎭。至何棟始借二支防守，忬始盡調邊兵守要害，去歲又徵全遼士馬入關，致寇乘虛入犯，遼左一空。若年復一年，調發不已，豈惟糜餉，更有他憂。」帝由是惡忬甚。踰月，寇犯淸河，總兵官楊照禦之，斬首八百餘級。越四日，土蠻十萬騎薄界嶺口，副將馬芳拒却之。明日，敵騎二百奔還，芳及安俘斬四十級。忬猶被賚。

三十八年二月，把都兒、辛愛數部屯會州，挾朶顏爲鄉導，將西入，聲言東。忬遽引兵東。寇乃以其間由潘家口入，渡灤河而西，大掠遵化、遷安、薊州、玉田，駐內地五日，京師大震。御史王漸、方輅遂劾忬、安及巡撫王輪罪。帝大怒，斥安，貶輪於外，切責忬，令停俸自効。至五月，輅復劾忬失策者三，可罪者四，遂命逮忬及中軍遊擊張倫下詔獄。刑部論忬戍邊，帝手批曰：「諸將皆斬，主軍令者顧得附輕典耶？」改論斬。明年冬竟死西市。

忬才本通敏。其驟拜都御史，及屢更督撫也，皆帝特簡，所建請無不從。爲總督數以敗聞，由是漸失寵。旣有言不練主兵者，益大恚，謂：「忬怠事，負我。」嵩雅不悅忬。而忬子世貞復用口語積失歡於嵩子世蕃。嚴氏客又數以世貞家瑣事構於嵩父子。楊繼盛之死，世貞又經紀其喪，嵩父子大恨。灤河變聞，遂得行其計。穆宗卽位，世貞與弟世懋伏闕訟冤。復故官，予卹。

楊選，字以公，章丘人。嘉靖二十三年進士。授行人。擢御史，遷易州兵備副使。俺答圍大同右衞，巡撫朱笈被逮，超拜選右僉都御史代之。與侍郎江東、總兵官張承勛解其圍。憂歸，再起，仍故職。

四十年擢總督薊遼副都御史。條上封疆極弊十五事，多從其請。以居庸岔道却敵功，進兵部右侍郎。

明年五月，〔四〕古北口守將遣哨卒出塞，朵顏衞掠其四人。部長通漢叩關索賞，副總兵胡鎮執之，并縛其黨十餘人。通漢子懼，擁所執哨卒至牆下，請易其父。通漢者，辛愛妻義父也，選欲以牽制辛愛，要其子入質，乃遣還父。自是諸子迭爲質，半歲而代。選馳疏以聞，自詡方略。選及巡撫徐紳等俱受賞。

十月丁卯，辛愛與把都兒等大舉自牆子嶺、磨刀峪潰牆入犯，京師戒嚴。帝大驚，諭閣臣徐階曰：「朕東見火光，此賊去京不遠，其令兵部諭諸軍并力勦逐。」明日，選以寇東遁聞，爲將士祈賞。帝疑，以問階。對曰：「寇營尚在平谷，選等往通州矣，謂追殺者，妄也。」帝銜之。寇稍東，大掠三河、順義，圍諸將傅津等於鄭官屯。選遣副將胡鎮偕總兵官孫臏、遊擊趙溱擊之。臏、溱戰歿，鎮力戰得脫。寇留內地八日不退。給事中李瑜遂劾選、紳與副使盧鎰，參將馮詔、胡粲，〔五〕遊擊嚴瞻等，俱逮下詔獄。又二日，寇始北去，京師解嚴。

初，諜者言寇將窺牆子嶺，部檄嚴待之，而三衞爲寇導者紿選赴潘家口。寇已入，選、紳懼得罪，徑趨都城，屯東直門外，旋還通州。及遣鎮等禦，又不勝。內侍家薊西者，譁言通漢父子實召寇。帝入其言，益怒。法司坐選、紳、詔守備不設律斬，鎰等戍。帝諭錦衣朱希孝坐以縱通漢勾賊罪，復下選詔獄。選不承，止承質通漢父子事，且言事已上聞。希孝錄其語上，刑部如帝指論選死。卽戮於市，梟其首示邊，妻子流二千里。紳論死繫獄，詔及鎰等戍邊。帝雖怒選甚，但欲誅其身，法司乃幷坐其妻子。隆慶初，始釋還。

贊曰：世宗威柄自操，用重典以繩臣下，而弄權者借以行其私。於是闒冗廢職之徒事敗伏辜，而出力任事之臣亦中危法受戮，邊臣不得自展布，而武備墮矣。陳九疇、翟鵬、孫繼魯、曾銑皆可用之才，或謫或死，不以其罪。銑復套之議甚偉。然權臣當軸，而敵勢方强，雖頗、牧烏能有爲。丁汝夔之戮，於法誠不爲過。然戎律之弛，有由來矣，而汝夔獨蒙其咎。王忬、楊選於邊備甚疏，宜不免云。

校勘記

〔一〕薊州巡撫朱方請撤諸路防秋兵　薊州巡撫，本書卷一九八及明史稿傳七四毛伯溫傳作「順天巡撫」。按明代未設薊州巡撫，設有順天巡撫一員兼整飭薊州等處邊備。

〔二〕吏部侍郎王邦瑞總督之　吏部侍郎，原作「兵部侍郎」。世宗實錄卷三六四嘉靖二十九年八月戊寅條、國朝獻徵錄卷三九王公邦瑞墓志銘作「吏部左侍郎」。按王邦瑞此時已由兵部右侍郎改遷吏部左侍郎，見本書卷一九九本傳。作「兵部侍郎」誤，今改正。

〔三〕侍郎駱顒　駱顒，原作「雒顒」，據世宗實錄卷三六四嘉靖二十九年八月甲申條、國榷卷五九頁三七五九、明進士題名碑錄嘉靖癸未科改。

〔四〕明年五月　明年，指嘉靖四十一年。按以下記事，世宗實錄卷五一一繫於嘉靖四十二年五月戊寅，下段「十月丁卯」記事，本書卷一八世宗紀及世宗實錄卷五二六亦繫於四十二年，「明年」當作「四十二年」。

〔五〕胡粲　世宗實錄卷五二六嘉靖四十二年十月癸酉條、國榷卷六四頁三九九五都作「胡燦」。

明史卷二百五

列傳第九十三

朱紈　張經　李天寵　周珫　楊宜　彭黯等　胡宗憲　阮鶚　宗禮

曹邦輔　任環　吳成器　李遂　弟逢　進　唐順之　子鶴徵

朱紈，字子純，長洲人。正德十六年進士。除景州知州，調開州。嘉靖初，遷南京刑部員外郎。歷四川兵備副使。與副總兵何卿共平深溝諸砦番。五遷至廣東左布政使。二十五年擢右副都御史，巡撫南、贛。明年七月，倭寇起，改提督浙、閩海防軍務，巡撫浙江。

初，明祖定制，片板不許入海。承平久，奸民闌出入，勾倭人及佛郎機諸國入互市。閩人李光頭、歙人許棟踞寧波之雙嶼爲之主，司其質契。勢家護持之，漳、泉爲多，或與通婚姻。假濟渡爲名，造雙桅大船，運載違禁物，將吏不敢詰也。或負其直，棟等即誘之攻剽。負直者脅將吏捕逐之，泄師期令去，期他日償。他日至，負如初。倭大怨恨，益與棟等合。

而浙、閩海防久隳，戰船、哨船十存一二，漳、泉巡檢司弓兵舊額二千五百餘，僅存千人。倭剽掠輒得志，益無所忌，來者接踵。

紈巡海道，採僉事項高及士民言，謂不革渡船則海道不可淸，不嚴保甲則海防不可復，上疏具列其狀。於是革渡船，嚴保甲，搜捕奸民。閩人資衣食於海，驟失重利，雖士大夫家亦不便也，欲沮壞之。紈討平覆鼎山賊。明年將進攻雙嶼，使副使柯喬、都指揮黎秀分駐漳、泉、福寧，遏賊奔逸，使都司盧鏜將福淸兵由海門進。而日本貢使周良違舊約，以六百人先期至。紈奉詔便宜處分。度不可却，乃要良自請，後不爲例。錄其船，延良入寧波賓館。奸民投書激變，紈防範密，計不得行。夏四月，鏜遇賊於九山洋，俘日本國人稽天，許棟亦就擒。棟黨汪直等收餘衆遁，鏜築塞雙嶼而還。番舶後至者不得入，分泊南麂、礁門、青山、下八諸島。

勢家既失利，則宣言被擒者皆良民，非賊黨，用搖惑人心。又挾制有司，以脅從被擄予輕比，重者引强盜拒捕律。紈上疏曰：「今海禁分明，不知何由被擄，何由脅從。若以入番導寇爲强盜，海洋敵對爲拒捕，臣之愚暗，實所未解。」遂以便宜行戮。

紈執法旣堅，勢家皆懼。貢使周良安插已定，閩人林懋和爲主客司，宣言宜發回其使。紈以中國制馭諸番，宜守大信，疏爭之强。且曰：「去外國盜易，去中國盜難。去中國瀕海之盜猶易，去中國衣冠之盜尤難。」閩、浙人益恨之，竟勒周良還泊海嶼，以俟貢期。吏部用御史閩人周亮及給事中葉鏜言，奏改紈巡視，以殺其權。紈憤，又明年春上疏言：「臣整頓海防，稍有次第，亮欲侵削臣權，致屬吏不肯用命。」既又陳明國是、正憲體、定紀綱、扼要害、除禍本、重斷決六事，語多憤激。中朝士大夫先入浙、閩人言，亦有不悅紈者矣。

紈前討溫、盤、南麂諸賊，連戰三月，大破之，還平處州礦盜。其年三月，佛郎機國人行劫至詔安。紈擊擒其渠李光頭等九十六人，復以便宜戮之。具狀聞，語復侵諸勢家。御史陳九德遂劾紈擅殺。落紈職，命兵科都給事杜汝禎按問。紈聞之，慷慨流涕曰：「吾貧且病，又負氣，不任對簿。縱天子不欲死我，閩、浙人必殺我。吾死，自決之，不須人也。」製壙志，作俟命詞，〔一〕仰藥死。二十九年，給事汝禎、巡按御史陳宗夔還，稱奸民鬻販拒捕，無僭號流劫事，坐紈擅殺。詔逮紈，紈已前死。柯喬、盧鏜等幷論重辟。

紈清强峭直，勇於任事。欲爲國家杜亂源，乃爲勢家搆陷，朝野太息。自紈死，罷巡視大臣不設，中外搖手不敢言海禁事。浙中衞所四十一，戰船四百三十九，尺籍盡耗。紈招福清捕盜船四十餘，分布海道，在台州海門衞者十有四，爲黃巖外障。副使丁湛盡散遣之，撤備弛禁。未幾，海寇大作，毒東南者十餘年。

張經，字廷彝，侯官人。初冒蔡姓，久之乃復。正德十二年進士。除嘉興知縣。嘉靖四年召爲吏科給事中，歷戶科都給事中，數有論劾。言官指爲張、桂黨，吏部言經行修，不問。擢太僕少卿，歷右副都御史，協理院事。

十六年進兵部右侍郎，總督兩廣軍務。斷藤峽賊侯公丁據弩灘爲亂。經與御史鄒堯臣等定計，以軍事屬副使翁萬達，誘執公丁。參議田汝成請乘勢進討。命副總兵張經將三萬五千人爲左軍，萬達監之，指揮王良輔等六將分六道會南寧，都指揮高乾將萬六千人爲右軍，副使梁廷振監之，指揮馬文傑等四將分四道會賓州，抵賊巢夾擊。賊奔林峒而東。良輔等邀之，賊中斷，復西奔，斬首千二百級。其東者遁入羅運山，萬達等移師攻之。檄右軍沿江而東，繞出其背。賊刊巨木塞隘口，布蒺藜筂簽，伏機弩毒鏢，懸石樹杪，急則撼其樹，石皆墜，官軍並以計破之。右軍愆期，田州土酋盧受乃縱賊去。俘其衆四百五十，招降者二千九百有奇。土人言，祖父居羅運八世矣，未聞官軍涉茲土也。捷聞，進經左侍郎，加秩一級。

尋與毛伯溫定計，撫定安南，再進右都御史。平思恩九土司及瓊州黎，進兵部尚書。副使張瑤等討馬平瑤屢敗，帝罪瑤等而宥經。給事中周怡劾經，經乞罷，不允。以憂歸。

服闋，起三邊總督。給事中劉起宗言經在兩廣剋餉銀，寢前命。

三十二年起南京戶部尚書，就改兵部。明年五月，朝議以倭寇猖獗，設總督大臣。命經不解部務，〔二〕總督江南、江北、浙江、山東、福建、湖廣諸軍，便宜行事。經徵兩廣狼土兵聽用。其年十一月，〔三〕用兵科言改經右都御史兼兵部右侍郎，專辦討賊。倭二萬餘據柘林川沙窪，其黨方踵至。經日選將練兵，爲擣巢計。以江、浙、山東兵屢敗，欲俟狼土兵至用之。明年三月，田州瓦氏兵先至，欲速戰，經不可。東蘭諸兵繼至。經以瓦氏兵隸總兵官俞大猷，以東蘭、那地、南丹兵隸遊擊鄒繼芳，以歸順及思恩、東莞兵隸參將湯克寬，分屯金山衞、閔港、乍浦，掎賊三面，以待永順、保靖兵之集。會侍郎趙文華以祭海至，與浙江巡按胡宗憲比，屢趣經進兵。經曰：「賊狡且衆，待永、保兵至夾攻，庶萬全。」文華再三言，經守便宜不聽。文華密疏經糜餉殃民，畏賊失機，欲俟倭飽颺，剿餘寇報功，宜亟治，以紓東南大禍。帝問嚴嵩，嵩對如文華指，且謂蘇、松人怨經。帝怒，即下詔逮經。三十四年五月也。

方文華拜疏，永、保兵已至，其日即有石塘灣之捷。至五月朔，倭突嘉興，經遣參將盧鏜督保靖兵援，以大猷督永順兵由泖湖趨平望，以克寬引舟師由中路擊之，合戰於王江涇，斬賊首一千九百餘級，焚溺死者甚衆。自軍興來稱戰功第一。給事中李用敬、閻望雲等言：「王師大捷，倭奪氣，不宜易帥。」帝大怒曰：「經欺誕不忠，聞文華劾，方一戰。用敬等黨奸。」杖於廷，人五十，斥爲民。已而帝疑之，以問嵩。嵩言：「徐階、李本江、浙人，皆言經養寇不戰。文華、宗憲合謀進剿，經冒以爲功。」因極言二人忠。帝深入其言。經既至，備言進兵始末，且言：「任總督半載，前後俘斬五千，乞賜原宥。」帝終不納，論死繫獄。其年十月，與巡撫李天寵俱斬。天下冤之。

天寵，孟津人。由御史遷徐州兵備副使，却倭通州、如皋。三十三年六月擢右僉都御史，代王忬巡撫浙江。倭掠紹興，殲焉，賚銀幣。頃之，賊犯嘉善，圍嘉興，劫秀水、歸安，副使陳宗夔戰不利，百戶賴榮華中礮死，嘉善知縣鄧植棄城走。入城大掠。賊復陷崇德，攻德清，殺裨將梁鄂等。〔四〕文華謗天寵嗜酒廢事，帝遂除天寵名，而擢宗憲以代。未幾，御史葉恩以倭躪北新關，劾天寵，宗憲亦言其縱寇。帝怒，逮下獄，遂與經同日死。

代經者應城周琉、衡水楊宜。節制不行，狼土兵肆焚掠。東南民既苦倭，復苦兵矣。隆慶初，復經官，謚襄愍。

琉爲戶科給事中，坐諫世宗南幸，謫鎮遠典史。累官右僉都御史，巡撫蘇、松諸府。琉陳禦倭有十難，有三策。經既得禍，卽擢琉兵部右侍郎代之，無所展。會宗憲已代天寵，因欲奪琉位。文華遂劾琉，薦宗憲。帝爲奪琉俸，尋勒爲民。琉在官僅三十有四日，而楊宜代。

宜撫河南，平劇賊師尙詔。遷南京戶部右侍郎，未幾代琉。時倭勢猶盛。宜爲總督，而文華督察軍務，威出宜上。易置文武大吏，惟其愛憎。宜懲經、天寵禍，曲意奉之。文華視之蔑如也。倭據陶宅，官軍久無功，文華遂劾宜。宜以狼兵徒剽掠不可用，請募江、浙義勇，山東箭手，益調江、浙、福建、湖廣漕卒，河南毛兵。比客兵大集，宜不能馭。川兵與山東兵私鬭，幾殺參將。酉陽兵潰於高橋，奪舟徑歸蘇州。明年正月，文華還朝，請罷宜，以宗憲代。會御史邵惟中上失事狀，遂奪宜職閒住。宜在事僅踰半歲，以諂事文華，故得禍輕。

倭之躪蘇、松也，起嘉靖三十二年，訖三十九年，其間爲巡撫者十人。安福彭黯，遷南京工部尙書。畏賊，不俟代去，下獄除名。黄岡方任、上虞陳洙皆未抵任。任丁憂，洙以才不足任別用。而代以鄞人屠大山，使提督軍務。蘇、松巡撫之兼督軍務，自大山始。閱半歲，以疾免。尋坐失事下詔獄，爲民。繼之者琉。繼琉者曹邦輔。以文華譖，下詔獄，謫戍。次眉州張景賢，以考察奪職。次盩厔趙忻，坐金山軍變，下獄貶官。次江陵陳錠，數月罷去。次翁大立。當大立時，倭患已息，而坐惡少年鼓譟爲亂，竟罷職。無一不得罪去者。

胡宗憲，字汝貞，績溪人。嘉靖十七年進士。歷知益都、餘姚二縣。擢御史，巡按宣、大。詔徙大同左衛軍於陽和、獨石，卒聚而譁。宗憲單騎慰諭，許勿徙，乃定。

三十三年出按浙江。時歙人汪直據五島煽諸倭入寇，而徐海、陳東、麻葉等巢柘林、乍浦、川沙窪，日擾郡邑。帝命張經爲總督，李天寵撫浙江，又命侍郎趙文華督察軍務。文華恃嚴嵩內援，恣甚。經、天寵不附也，獨宗憲附之。文華大悅，因相與力排二人。倭寇嘉興，宗憲中以毒酒，死數百人。及經破王江涇，宗憲與有力。文華盡掩經功歸宗憲，經遂得罪。尋又陷天寵，即超擢宗憲右僉都御史代之。

時柘林諸倭移屯陶宅，勢稍殺。會蘇、松巡撫曹邦輔殲倭滸墅，文華欲攘功不得，大恨，遂進剿陶宅殘寇。宗憲與共，將銳卒四千，營磚橋，約邦輔夾擊。倭殊死戰，宗憲兵死者千餘。文華令副使劉燾攻之，復大敗。而倭犯浙東諸州縣，殺文武吏甚衆。宗憲乃與文華定招撫計。文華還朝，盛毀總督楊宜，而薦宗憲，遂以爲兵部右侍郎代宜。

初，宗憲令客蔣洲、陳可願諭日本國王，遇汪直養子滶於五島，邀使見直。直初誘倭入犯，倭大獲利，各島由此日至。既而多殺傷，有全島無一歸者，死者家怨直。直乃與滶及葉碧川、王清溪、謝和等據五島自保。島人呼爲老船主。宗憲與直同鄉里，欲招致之。釋直母妻於金華獄，資給甚厚。洲等諭宗憲指。直心動，又知母妻無恙，大喜曰：「俞大猷絕我歸路，故至此。若貸罪許市，吾亦欲歸耳。但日本國王已死，各島不相攝，須次第諭之。」因留洲而遣激等護可願歸。宗憲厚遇激，令立功。激遂破倭舟山，再破之列表。宗憲請於朝，賜激等金幣，縱之歸。激大喜，以徐海入犯來告。亡何，海果引大隅、薩摩二島倭分掠瓜洲、上海、慈谿，自引萬餘人攻乍浦，陳東、麻葉與俱。宗憲壁塘棲，與巡撫阮鶚相掎角。會海趨皂林，鶚遣遊擊宗禮擊海於崇德三里橋，三戰三捷。既而敗死，鶚走桐鄉。禮，常熟人，由世千戶歷署都督僉事。驍健敢戰。練卒三千連破倭，至是敗歿。贈都督同知，謚忠壯，賜祠皂林。

鶚既入桐鄉，賊乘勝圍之。宗憲計曰：「與鶚俱陷無益也。」遂還杭州，遣指揮夏正等持激書要海降。海驚曰：「老船主亦降乎？」時海病創，意頗動，因曰：「兵三路進，不由我一人也。」正曰：「陳東已他有約，所慮獨公耳。」海遂疑東。而東知海營有宗憲使者，大驚，由是有隙。正乘間說下海。海遣使來謝，索財物，宗憲報如其請。海乃歸俘二百人，解桐鄉圍。東留攻一日，亦去，復巢乍浦。鶚知不能當海，乃東渡錢塘禦他賊。

初，海入犯，焚其舟，示士卒無還心。至是，宗憲使人語海曰：「若已內附，而吳淞江方有賊，何不擊之以立功，且掠其舸，爲緩急計。」海以爲然，逆擊之朱涇，斬三十餘級。宗憲令大猷潛焚其舟。海心怖，以弟洪來質，獻所戴飛魚冠、堅甲、名劍及他玩好。宗憲因厚遇洪，諭海縛陳東、麻葉，許以世爵。海果縛葉以獻。宗憲解其縛，令以書致東圖海，而陰泄其書於海。海怒。海妾受宗憲賂，亦說海。於是海復以計縛東來獻，帥其衆五百人去乍浦，別營梁莊。官軍焚乍浦巢，斬首三百餘級，焚溺死稱是。海遂刻日請降，先期猝至，留甲士平湖城外，率酋長百餘，胄而入。文華等懼，欲勿許，宗憲强許之。海叩首伏罪，宗憲摩海頂，慰諭之。海自擇沈莊屯其衆。沈莊者東西各一，以河爲塹。宗憲居海東莊，以西莊處東黨。令東致書其黨曰：「督府檄海，夕擒若屬矣。」東黨懼，乘夜將攻海。海挾兩妾走，間道中稍。明日，官軍圍之，海投水死。會盧鏜亦擒辛五郎至。辛五郎者，大隅島主弟也。遂俘洪、東、葉、五郎及海首獻京師。帝大悅，行告廟禮，加宗憲右都御史，賜金幣加等。海餘黨奔舟山。宗憲令俞大猷雪夜焚其柵，盡死。兩浙倭漸平。

三十六年正月，阮鶚改撫福建，即命宗憲兼浙江巡撫事。蔣洲在倭中，諭山口、豐後二島主源義長、源義鎮還被掠人口，具方物入貢。宗憲以聞。詔厚賚其使，遣還。至十月，復遣夷目善妙等隨汪直來市，至岑港泊焉。浙人聞直以倭船至，大驚。巡按御史王本固亦言不便，朝臣謂宗憲且釀東南大禍。直遣澈詣宗憲曰：「我等奉詔來，將息兵安境。謂宜使者遠迎，宴犒交至。今盛陳軍容，禁舟楫往來，公紿我耶？」宗憲解諭至再，直不信。乃令其子以書招之，直曰：「兒何愚也。汝父在，厚汝。父來，闔門死矣。」因要一貴官爲質。宗憲立遣夏正偕滶往。宗憲嘗預爲赦直疏，引滶入臥內，陰窺之。滶語直，疑稍解，乃偕碧川、清溪入謁。宗憲慰藉之甚至，令至杭見本固。本固下直等於獄。宗憲疏請曲貸直死，俾戍海上，繫番夷心。本固爭之強，而外議疑宗憲納賊賂。宗憲懼，易詞以聞。直論死，碧川、清溪戍邊。滶與謝和遂支解夏正，柵舟山，阻岑港而守。官軍四面圍之，賊死鬬，多陷歿者。

至明年春，新倭復大至，嚴旨責宗憲。宗憲懼得罪，上疏陳戰功，謂賊可指日滅。所司論其欺誕。帝怒，盡奪諸將大猷等職，切讓宗憲，令剋期平賊。時趙文華已得罪死，宗憲失內援，見寇患未已，思自媚於上，會得白鹿於舟山獻之。帝大悅，行告廟禮，厚賚銀幣。未幾，復以白鹿獻。帝益大喜，告謝玄極寶殿及太廟，百官稱賀，加宗憲秩。既而岑港之賊徙巢柯梅，官軍屢攻不能克。御史李瑚劾宗憲誘汪直啓釁。本固及給事中劉堯誨亦劾其老師縱寇，請追奪功賞。帝命廷議之，咸言宗憲功多，宜勿罷。帝嘉其擒直功，令居職如故。

賊之徙柯梅也，造巨艦爲遁計。及艦成，宗憲利其去，不擊。賊揚帆泊浯嶼，縱掠閩海州縣。閩人大譟，謂宗憲嫁禍。御史瑚再劾宗憲三大罪。瑚與大猷皆閩人，宗憲疑大猷漏言，劾大猷不力擊，大猷遂被逮。

當是時，江北、福建、廣東皆中倭。宗憲雖盡督東南數十府，道遠，但遙領而已，不能遍經畫。然小勝，輒論功受賚無虛月。即敗衄，不與其罪。三十八年，賊大掠溫、台，別部復寇濱海諸縣。給事中羅嘉賓、御史龐尚鵬奉詔勘之。言宗憲養寇，當置重典，帝不問。明年，論平汪直功，加太子太保。

宗憲多權術，喜功名。因文華結嚴嵩父子，歲遺金帛子女珍奇淫巧無數。文華死，宗憲結嵩益厚，威權震東南。性善賓客，招致東南士大夫預謀議，名用是起。至技術雜流，豢養皆有恩，能得其力。然創編提均徭之法，加賦額外，民爲困敝，而所侵官帑、斂富人財物亦不貲。嘉賓、尚鵬還，上宗憲侵帑狀，計三萬三千，他冊籍沉滅。宗憲自辯，言：「臣爲國除賊，用間用餌，非小惠不成大謀。」帝以爲然，更慰諭之。尋上疏，請得節制巡撫及操江都御史，如三邊故事。帝卽晉兵部尚書，如其請。復獻白龜二、五色芝五。帝爲謝玄告廟如前，賚宗憲加等。

明年，江西盜起，又兼制江西。未至，總兵官戚繼光已平賊。九月奏言：「賊屢犯寧、台、溫，我師前後俘斬一千四百有奇，賊悉蕩平。」帝悅，加少保。兩廣平巨盜張璉，亦論宗憲功。時嵩已敗，大學士徐階曰：「兩廣平賊，浙何與焉？」僅賜銀幣。未幾，南京給事中陸鳳儀劾其黨嚴嵩及奸欺貪淫十大罪，得旨逮問。及宗憲至，帝曰：「宗憲非嵩黨。朕拔用八九年，人無言者。自累獻祥瑞，爲羣邪所疾。且初議獲直予五等封，今若加罪，後誰爲我任事者。其釋令閒住。」

久之，以萬壽節獻祕術十四。帝大悅，將復用矣。會御史汪汝正籍羅龍文家，〔五〕上宗憲手書，乃被劾時自擬旨授龍文以達世蕃者，遂逮下獄。宗憲自敍平賊功，言以獻瑞得罪言官，且訐汝正受贓事。帝終憐之，並下汝正獄。宗憲竟瘐死，汝正得釋。萬曆初，復官，謚襄懋。

阮鶚者，桐城人，官浙江提學副使。時倭薄杭州，鄉民避難入城者，有司拒不許入。鶚手劍開門納之，全活甚衆。以附文華、宗憲得超擢右僉都御史，代宗憲巡撫浙江。又以文華言，特設福建巡撫，即以命鶚。初在浙不主撫，自桐鄉被圍，懼甚。寇犯福州，賂以羅綺、金花及庫銀數萬，又遺巨艦六艘，俾載以走。不能措一籌，而斂括民財動千萬計，帷帟盤盂率以錦綺金銀爲之。御史宋儀望等交章劾，逮下刑部。嚴嵩爲屬法司，僅黜爲民。所侵餉數，浮於宗憲，追還之官。

曹邦輔，字子忠，定陶人。嘉靖十一年進士。歷知元城、南和，以廉幹稱。擢御史，巡視河東鹽政。巡按陝西，劾總督張珩等冒功，皆謫戍。出爲湖廣副使，補河南。

柘城賊師尙詔反，陷歸德。檢校董綸率民兵巷戰，〔六〕手刃數賊，與其妻賈氏俱死之。又陷柘城，劫舉人陳聞詩爲帥。不聽，斬從者脅之。聞詩紿曰：「必欲我行，毋殺人，毋縱火。」賊許諾，擁上馬。不食三日，至鹿邑自縊。賊圍太康，都指揮尙允紹與戰鄢陵，敗績。允紹復擊賊於霍山，賊圍之，兵無敢進。邦輔斬最後者，士卒競進。賊大潰，擒斬六百餘人。尙詔走莘縣，被擒。賊起四十餘日，破府一，縣八，殺戮十餘萬。邦輔亟戰，殲之。詔賚銀幣，擢山西右參政，遷浙江按察使。

三十四年拜右僉都御史，巡撫應天。倭聚柘林。其黨自紹興竄，轉掠杭、嚴、徽、寧、太平，遂犯南京，破溧水，抵宜興。爲官軍所迫，奔滸墅。副總兵俞大猷、副使任環數邀擊之，而柘林餘賊已進據陶宅。邦輔督副使王崇古圍之，僉事董邦政、把總婁宇協剿。賊走太湖，追及之，盡殲其衆。副將何卿師潰，邦輔援之。以火器破賊舟，前後俘斬六百餘人。侍郎趙文華欲攘其功，邦輔捷書先奏，文華大恨。既而與浙江巡按御史胡宗憲會邦輔攻陶宅賊，諸營皆潰。賊退，邦輔進攻之，復敗，坐奪俸。文華奏邦輔避難擊易，致師後期，總督楊宜亦奏邦輔故違節制。給事中夏栻、孫濬爭之，得無罪。文華還京，奏餘賊且盡，而巡按御史周如斗又奏失事狀，帝頗疑文華。文華因言：「賊易滅，督撫非人，致敗。臣昔論邦輔，栻、濬遂媒孽臣。東南塗炭何時解。」乃逮繫邦輔，謫戍朔州。

隆慶元年，楊博爲吏部，起邦輔左副都御史，協理院事。進兵部右侍郎，理戎政。尋以左侍郎兼右僉都御史，總督薊、遼、保定軍務。言修治邊牆非上策，宜急練兵；兵練而後邊事可議。以給事中張鹵言，召爲右都御史，掌院事。帝以京營事重，更協理爲閱視，令付大臣知兵者，遂以左都御史召還，任之。已，從恭順侯吳繼爵言，復改閱視爲提督。

未幾，轉南京戶部尚書。奏督倉主事張振選不奉約束。吏部因言：「往昔執政喜人悅己，屬吏恃爲奧援。搆陷堂上官，至屈體降意，倒置名分。在外巡按御史亦曲庇進士推知，監司賢不肖出其口吻。害政無甚於此。」穆宗深然其言，爲黜振選，飭內外諸司，然迄不能變。邦輔累乞骸骨，不聽。萬曆元年給由赴闕，復以病求去，且言辛愛有窺覦志，宜愼防之。遂致仕去。居三年，卒。贈太子少保。

邦輔廉峻。自吳中被逮時，有司上所儲俸錢，揮之去。歷官四十年，家無餘貲。撫、按奏其狀，詔遣右評事劉叔龍爲營墳墓。

任環，字應乾，長治人。嘉靖二十三年進士。歷知黃平、沙河、滑縣，並有能名。遷蘇州同知。倭患起，長吏不嫻兵革。環性慷慨，獨以身任之。三十二年閏三月禦賊寶山洋，〔七〕小校張治戰死。環奮前搏賊，相持數日，賊遁去。尋犯太倉，環馳赴之。嘗遇賊，短兵接，身被三創幾殆。宰夫捍環出，死之，賊亦引去。已而復至，裹瘡出海擊之。怒濤作，操舟者失色。環意氣彌厲，竟敗賊，俘斬百餘。復連戰陰沙、寶山、南沙，皆捷。擢按察僉事，整飭蘇、松二府兵備。倭剽掠厭，悉歸，惟南沙三百人舟壞不能去，環與總兵官湯克寬列兵守之。數月，賊大至，與舊倭合，掠華亭、上海。環等被劾，得宥。踰年，賊犯蘇州。城閉，鄉民繞城號。環盡納之，全活數萬計。副將解明道擊退賊，論前後功，進環右參政。賊掠常熟，環率知縣王鈇破其巢，焚舟二十七。未幾，賊掠陸涇壩，都督周于德敗績。環偕總兵官俞大猷擊敗之，焚舟三十餘。賊犯吳江，環、大猷擊敗之鶯脰湖，賊奔嘉興。頃之，三板沙賊奪民舟出海，環、大猷擊敗之馬蹟山。其別部屯嘉定者，火爇之，盡死。論功，廕一子副千戶。母憂，奪哀。賊屯新場，環與都司李經等率永順、保靖兵攻之。中伏，保靖土舍彭翅等皆死，環停俸戴罪。賊平，乞終制，許之。踰二年卒，年四十。給事中徐師曾頌其功，詔贈光祿卿，再廕一子副千戶，建祠蘇州，春秋致祭。

環在行間，與士卒同寢食，所得賜予悉分給之。軍事急，終夜露宿，或數日絕餐。嘗書姓名於肢體曰：「戰死，分也。先人遺體，他日或收葬。」將士皆感激，故所向有功。

時休寧吳成器由小吏爲會稽典史。倭三百餘劫會稽，爲官軍所逐，走登龕山。成器遮擊，盡殪之。未幾，又破賊曹娥江，擢浙江布政司經歷。遭喪，總督胡宗憲奏留之。擢紹興通判。論功，進秩二級。成器與賊大小數十戰皆捷。身先士卒，進止有方略，所部無秋毫犯。士民率於其戰處立祠祀之。

李遂，字邦良，豐城人。弱冠，從歐陽德學。登嘉靖五年進士，授行人。歷刑部郎中。錦衣衞送盜十三人，遂惟抵一人罪，餘皆辨釋。東宮建，赦天下。遂請列「大禮」大獄諸臣於赦令中，尚書聶賢懼不敢，乃與同官盧蕙請於都御史王廷相，廷相從之。事雖報罷，議者嘉焉。

俄調禮部，忤尚書夏言。因事劾之，下詔獄，謫湖州同知。三遷衢州知府，擢蘇、松兵備副使。屢遷廣東按察使。釋囚八百餘人。進山東右布政使。江洋多盜，遂遷右僉都御史提督操江。軍政明，盜不敢發。俺答犯京師，召遂督蘇州軍餉。未謝恩，請關防符驗用新銜。帝怒，削其籍。

三十六年，倭擾江北。廷議以督漕都御史兼理巡撫不暇辦寇，請特設巡撫，乃命遂以故官撫鳳陽四府。時淮、揚三中倭，歲復大水，且日役民輓大木輸京師。遂請餉增兵，恤民節用，次第畫戰守計。

三十八年四月，倭數百艘寇海門。遂語諸將曰：「賊趨如皐，其衆必合。合則侵犯之路有三。由泰州逼天長、鳳、泗，陵寢驚矣。由黃橋逼瓜、儀，以搖南都，運道梗矣。若從富安沿海東至廟灣，則絕地也。」乃命副使劉景韶、遊擊丘陞扼如皐，而身馳泰州當其衝。時賊勢甚盛，副將鄧城禦之敗績，指揮張谷死焉。賊知如皐有備，將犯泰州，遂急檄景韶、陞遏賊。連戰丁堰、海安、通州，皆捷。賊沿海東掠，遂喜曰：「賊無能爲矣。」令景韶、陞尾之，而致賊於廟灣。復慮賊突淮安，乃夜半馳入城。賊尋至，遂督參將曹克新等禦之姚家蕩。通政唐順之、副總兵劉顯來援，賊大敗走，以餘衆保廟灣。景韶亦敗賊印莊，追奔至新河口，焚斬甚衆。廟灣賊據險不出，攻之月餘不克。遂令景韶塞塹、夷木壓壘陳，火焚其舟，賊乘夜雨潛遁。官軍據其巢，追奔至蝦子港，江北倭悉平。帝大喜，璽書獎勵。

賊駐崇明三沙者，將犯揚州。景韶戰連勝，圍之劉莊。會劉顯來援，遂檄諸軍盡屬顯。

攻破其巢，追奔白駒場，賊盡殄。時遂已遷南京兵部侍郎。論功，予一子官，賚銀幣。御史陳志勘上遂平倭功，前後二十餘戰，斬獲三千八百有奇。再予一子世千戶，增俸二級。

莅南京甫數月，振武營軍變。振武營者，尚書張鏊募健兒以禦倭。素驕悍。舊制，南軍有妻者，月糧米一石；無者，減其四；春秋二仲月，米石折銀五錢。馬坤掌南戶部，奏減折色之一，督儲侍郎黃懋官又奏革募補者妻糧，諸軍大怨。代坤者蔡克廉方病，諸軍以歲饑求復折色故額於懋官。懋官不可，給餉又踰期。三十九年二月都肆日，振武卒鼓譟懋官署。懋官急招鏊及守備太監何綬、魏國公徐鵬舉、臨淮侯李庭竹及遂至，諸營軍已甲而入。予之銀，爭攫之。懋官見勢洶洶，越垣投吏舍，亂卒隨及。鵬舉、鏊慰解不聽，竟戕懋官，裸其屍於市。綬、鵬舉遣吏持黃紙，許給賞萬金，卒輒碎之。至許犒十萬金，乃稍定。明日，諸大臣集守備廳，亂卒亦集。遂大言曰：「黃侍郎自越牆死，諸軍特不當殘辱之。吾據實奏朝廷，不以叛相誣也。」因麾衆退，許復妻糧及故額，人畀之一金補折價，始散。遂乃托病閉閤，給免死券以慰安之，而密諭營將掩捕首惡二十五人，繫獄。詔追褫懋官及克廉職，罷綬、庭竹、鏊，任鵬舉如故，遂以功議擢。止誅叛卒三人，餘戍邊衞，而三人已前死。遂歎曰：「兵自此益驕矣。」

未幾，江東代鏊爲尚書。江北池河營卒以千戶吳欽革其幫丁，毆而縛之竿。幫丁者，操守卒給一丁，資往來費也。遂已召拜兵部左侍郎，以言官薦擢南京參贊尚書，鎮撫之。營卒惑妖僧繡頭，復倡訛言。遂捕斬繡頭，申嚴什伍，書其名籍、年貌，繫牌腰間，軍乃戢。既又奏調鎮武軍護陵寢，一日散千人，留都自是無患。越四年，以老致仕。

遂博學多智，長於用兵，然亦善逢迎。帝將重建三殿，遂奏五河縣泗水中湧大杉一，此川澤效靈，爲聖主鼎新助，帝大喜。又進白兔，帝爲遣官告廟。由此益眷遇。卒，贈太子太保，謚襄敏。

弟逢，字邦吉。由進士爲吏科給事中。侍郎劉源清下吏，逢救之，並繫，得釋。進戶科左給事中。偕同官諫南巡，下詔獄，謫永福典史。終德安知府。遂子材，自有傳。

唐順之，字應德，武進人。祖貴，戶科給事中。父寶，永州知府。順之生有異稟。稍長，洽貫羣籍。年二十三，〔八〕舉嘉靖八年會試第一，改庶吉士。座主張璁疾翰林，出諸吉士爲他曹，獨欲留順之。固辭，乃調兵部主事。引疾歸。久之，除吏部。

十二年秋，詔選朝官爲翰林，乃改順之編修，校累朝實錄。事將竣，復以疾告，璁持其疏不下。有言順之欲遠璁者，璁發怒，擬旨以吏部主事罷歸，永不復敍。至十八年選宮僚，乃起故官兼春坊右司諫。與羅洪先、趙時春請朝太子，復削籍歸。卜築陽羨山中，讀書十餘年。中外論薦，並報寢。

倭躪江南北。趙文華出視師，疏薦順之。起南京兵部主事。父憂未終，不果出。免喪，召爲職方員外郎，進郎中。出覈薊鎮兵籍，還奏缺伍三萬有奇，見兵亦不任戰，因條上便宜九事。總督王忬以下俱貶秩。

尋命往南畿、浙江視師，與胡宗憲協謀討賊。順之以禦賊上策，當截之海外，縱使登陸，則內地咸受禍。乃躬泛海，自江陰抵蛟門大洋，一晝夜行六七百里。從者咸驚嘔，順之意氣自如。倭泊崇明三沙，督舟師邀之海外。斬馘一百二十，沉其舟十三。擢太僕少卿。宗憲言順之權輕，乃加右通政。順之聞賊犯江北，急令總兵官盧鏜拒三沙，自率副總兵劉顯馳援，與鳳陽巡撫李遂大破之姚家蕩。賊窘，退巢廟灣。順之薄之，殺傷相當。遂欲列圍困賊，順之以爲非計，麾兵薄其營，以火礮攻之，不能克。三沙又屢告急，順之乃復援三沙，督鏜、顯進擊，再失利。順之憤，親躍馬布陣。賊搆高樓望官軍，見順之軍整，堅壁不出。顯請退師，順之不可，持刀直前，去賊營百餘步。鏜、顯懼失利，固要順之還。時盛暑，居海舟兩月，遂得疾，返太倉。李遂改官南京，卽擢順之右僉都御史，代遂巡撫。順之疾甚，以兵事棘，不敢辭。渡江，賊已爲遂等所滅。淮、揚適大饑，條上海防善後九事。三十九年春，汛期至。力疾泛海，度焦山，至通州卒，年五十四。訃聞，予祭葬。故事，四品但賜祭，順之以勞得賜葬云。

順之於學無所不窺。自天文、樂律、地理、兵法、弧矢、勾股、壬奇、禽乙，莫不究極原委。盡取古今載籍，剖裂補綴，區分部居，爲左、右、文、武、儒、稗六編傳於世，學者不能測其奧也。爲古文，洸洋紆折有大家風。生平苦節自厲，輟扉爲牀，不飾裀褥。又聞良知說於王畿，閉戶兀坐，匝月忘寢，多所自得。晚由文華薦，商出處於羅洪先。洪先曰：「向已隸名仕籍，此身非我有，安得侔處士。」順之遂出，然聞望頗由此損。崇禎中，追謚襄文。子鶴徵，隆慶五年進士。歷官太常卿。亦以博學聞。

贊曰：朱紈欲嚴海禁以絕盜源，其論甚正。顧指斥士大夫，令不能堪，卒爲所齕齮，憤惋以死。氣質之爲累，悲夫！當寇患孔熾，撲滅惟恐不盡，便宜行誅，自其職爾，而以爲罪，則任法之過也。張經功不賞，而以冤戮，稔倭毒而助之攻，東南塗炭數十年。讒賊之罪，可勝誅哉。宗憲以奢黷蒙垢。然令徐海、汪直之徒不死，貽患更未可知矣。曹邦輔、任環戰功可紀，李遂、唐順之捍禦得宜。而邦輔之平師尚詔，李遂之靖亂卒，其功尤著。以其始終倭事，故並列焉。

校勘記

〔一〕作俟命詞　原作「作絕命詞」。明史稿傳八三朱紈傳作「作俟命詞」。按國朝獻徵錄卷六二朱紈自撰朱公紈壙志，有「作俟命詞曰」云云，據改。

〔二〕命經不解部務　原脫「不」字，據明史稿傳八三張經傳、世宗實錄卷四一〇嘉靖三十三年五月丁巳條補。

〔三〕其年十一月　十一月，世宗實錄卷四一五嘉靖三十三年十月辛巳條、國榷卷六一頁三八四一都作「十月」。

〔四〕殺裨將梁鄂等　梁鄂，明史稿傳八三李天寵傳、世宗實錄卷四二〇嘉靖三十四年三月丁未條都作「梁鶚」。

〔五〕會御史汪汝正籍羅龍文家　汪汝正，明史稿傳八一胡宗憲傳作「王汝正」。

〔六〕檢校董綸率民兵巷戰　董綸，世宗實錄卷四〇一嘉靖三十二年八月乙亥條作「董倫」，而卷四〇七嘉靖三十三年二月乙亥條及卷四一二嘉靖三十三年七月戊申條又作「董綸」。國榷卷六一頁三八二七作「董倫」。　本書卷二九〇陳聞詩傳附有董倫傳，事跡與此傳文合，疑作「董倫」是。

〔七〕三十二年閏三月禦賊寶山洋　三十二年，原作「三十一年」。按嘉靖三十一年無閏月，三十二年閏三月。倭寇由寶山洋登岸入掠，正是在三十二年閏三月，事詳倭奴遺事，並見世宗實錄卷三九六及國榷卷六〇頁三八一四，今據改。

〔八〕年二十三　原作年「三十二」。明史稿傳八一唐順之傳作「年二十三」。按本書及明史稿本傳稱唐順之嘉靖三十九卒，年五十四。他舉進士是在嘉靖八年，應年二十三，今改正。

明史卷二百六

列傳第九十四

馬錄 顏頤壽 聶賢 湯沐 劉琦 盧瓊 沈漢 王科 程啓充
張逵 鄭一鵬 唐樞 杜鸞 葉應驄 藍田 黃綰
解一貫 鄭洛書 張錄 陸粲 劉希簡 王準 邵經邦
劉世揚 趙漢 魏良弼 秦鰲 張寅 葉洪

馬錄，字君卿，信陽人。正德三年進士。授固安知縣。居官廉明，徵爲御史，按江南諸府。

世宗卽位，疏言：「江南之民最苦糧長。白糧輸內府一石，率費四五石。他如酒醋局、供應庫以至軍器、胖襖、顏料之屬輸內府者，費皆然。」戶部侍郎秦金等請從錄言，命石加耗一斗，毋得苛求。中官黃錦誣劾高唐判官金坡，詔逮之，連五百餘人。錄言：「祖宗內設法司，外設撫、按，百餘年刑清政平。先帝時，劉瑾、錢寧輩蠱惑聖聰，動遣錦衣官校，致天下洶洶。陛下方勤新政，不虞復有高唐之命。」給事中許復禮等亦以爲言，獄得少解。嘉靖二年大計天下庶官，被黜者多訐撫、按，以錄言禁止。

五年出按山西，而妖賊李福達獄起。福達者，崞人。初坐妖賊王良、李鉞黨，戍山丹衞。逃還，更名午，爲清軍御史所勾，再戍山海衞。〔一〕復逃居洛川，以彌勒教誘愚民邵進祿等爲亂。事覺，進祿伏誅，福達先還家，得免。更姓名曰張寅，往來徐溝間，輸粟得太原衞指揮使。子大仁、大義、大禮皆冒京師匠籍。用黃白術干武定侯郭勛，勛大信幸。其仇薛良訟於錄，按問得實。檄洛川父老雜辨之，益信。勛爲遺書錄祈免，錄不從，偕巡撫江潮具獄以聞，且劾勛庇奸亂法。章下都察院，都御史聶賢等覆如錄奏，力言勛黨逆罪。詔福達父子論死，妻女爲奴，沒其產，責勛對狀。勛懼，乞恩，因爲福達代辨，帝置不問。

會給事中王科、鄭一鵬、程輅、常泰、劉琦、鄭自璧、趙廷瑞、沈漢、秦祐、張逵、陳皐謨，御史程啓充、盧瓊、邵豳、高世魁、任淳，南京御史姚鳴鳳、潘壯、戚雄、王獻，評事杜鸞，刑部郎中劉仕，主事唐樞，交章劾勛，謂罪當連坐。勛亦累自訴，且以議禮觸衆怒爲言，帝心動。勛復乞張璁、桂萼爲援。璁、萼素惡廷臣攻己，亦欲借是舒宿憤，乃謂諸臣內外交結，借端陷勛，將漸及諸議禮者。帝深入其言，而外廷不知，攻勛益急。帝益疑，命取福達等至京下三法司訊，既又命會文武大臣更訊之，皆無異詞。帝怒，將親訊，以楊一清之言而止，仍下廷鞫。尙書顏頤壽等不敢自堅，改擬妖言律斬。帝猶怒，命法司俱戴罪辦事，遣官往械錄、潮及前問官布政使李璋、按察使李玨、僉事章綸、都指揮馬豸等。時璋、玨已遷都御史，璋巡撫寧夏，玨巡撫甘肅，皆下獄廷訊。乃反前獄，抵良誣告罪。

帝以罪不及錄，怒甚。命璁、萼、方獻夫分署三法司事，盡下尙書頤壽，侍郎劉玉、王啓，左都御史賢，副都御史劉文莊，僉都御史張潤，大理卿湯沐，少卿徐文華、顧佖，寺丞汪淵獄，嚴刑推問，遂搜錄篋，得大學士賈詠、都御史張仲賢、工部侍郎閔楷、御史張英及寺丞淵私書。詠引罪致仕去，仲賢等亦下獄。萼等上言：「給事中琦、泰，郎中仕，聲勢相倚，挾私彈事，佐錄殺人。給事中科、一鵬、祐、漢、輅，評事鸞，御史鳴鳳、壯、雄，扶同妄奏，助成奸惡。給事中逵，御史世魁，方幸寅就死，得誣勛謀逆，率同連名，同聲駕禍。郎中司馬相妄引事例，故意增減，誣上行私。邇者言官締黨求勝，內則奴隸公卿，外則草芥司屬，任情恣橫，殆非一日，請大奮乾斷，彰國法。」帝納其言，幷下諸人獄，收繫南京刑部。

先是，廷臣會訊，太僕卿汪元錫、光祿少卿余才偶語曰：「此獄已得情，何再鞫？」偵者告萼，以聞，亦逮問。

蕚等遂肆搒掠。錄不勝刑，自誣故入人罪。蕚等乃定爰書，言寅非福達，錄等恨勛，搆成冤獄，因列諸臣罪名。帝悉從其言。謫戍極邊，遇赦不宥者五人：璋、珏、綸、豸、前山西副使遷大理少卿文華。謫戍邊衞者七人：琦、逵、泰、瓊、啓充、仕及知州胡偉。爲民者十一人：賢、科、一鵬、祐、漢、輅、世魁、淳、鳴鳳、相、鸞。革職閒住者十七人：頤壽、玉、啓、潮、文莊、沐、佖、淵、元錫、才、楷、仲賢、潤、英、壯、雄、前大理丞遷僉都御史毛伯溫。其他下巡按逮問革職者，副使周宣等復五人。良抵死，衆證皆戍，寅還職。錄以故入人死未決，當徒。帝以爲輕，欲坐以奸黨律斬。蕚等謂張寅未死，而錄代之死，恐天下不服，宜永戍烟瘴地，令緣及子孫。乃戍廣西南丹衞，遇赦不宥。帝意猶未慊，語楊一清等曰：「與其謬及後世，不若誅止其身，從舜典『罰弗及嗣』之意。」一清曰：「祖宗制律具有成法，錄罪不中死律。若法外用刑，吏將緣作奸，人無所措手足矣。」帝不得已，從之。以蕚等平反有功，勞諭之文華殿，賜二品服俸、金帶、銀幣，給三代誥命。遂編欽明大獄錄頒示天下。時嘉靖六年九月壬午也。至十六年，皇子生，肆赦。諸謫戍者俱釋還，惟錄不赦，竟卒於戍所。

顏頤壽，巴陵人，居官有清望。

聶賢，長壽人。爲御史清廉。奪官五年，用薦起工部尚書，改刑部尚書。致仕，卒。謚榮襄。

湯沐，字新之，江陰人。弘治九年進士。除崇德知縣，徵授御史。正德初，嘗劾中官苗逵、保國公朱暉等罪，出爲湖廣僉事。劉瑾以沐不附己，用牙儈同寅訐學士張芮事波及沐，謫武義知縣。瑾誅，復爲廣東僉事。累遷右副都御史，巡撫貴州。請立土官世系籍，絕其爭襲之弊，而令其子弟入學，報可。嘉靖二年改撫四川，入爲大理卿。既坐福達獄罷歸，家居六年，薦章數十上，不召，卒。沐居官三十載，屏絕餽遺，以廉潔稱。

劉琦，字廷珍，洛川人。〔三〕正德九年進士。嘉靖初，由行人授兵科給事中。時給京軍冬衣布棉恒過期，以琦請，即命琦立給。李福達逃洛川，琦知之甚悉。事覺，琦疏陳顚末，因劾郭勛黨逆，又與御史張問行劾勛侵盜草場租銀。既而馬錄獄具，坐琦佐使殺人，下獄，謫戍瀋陽。閱十年赦歸，卒。

盧瓊，字獻卿，浮梁人。正德六年進士。由固始知縣入爲御史。嘉靖改元，上言：「景皇帝有撥亂大功，而實錄猶稱郕戾王。敬皇帝深仁厚澤，而實錄成於焦芳手，是非顚倒。乞詔儒臣改撰。」帝惟命史官正孝宗實錄之不當者，然亦未有所正也。出按畿輔。桂萼疾臺諫排己，考察京官既竣，令科道互糾劾。吏科都給事中王俊民等爭之，瓊與同官劉隅等亦言交相批抵報復，非盛世事。帝切責俊民、隅，奪其俸五月，瓊等皆三月，而命部院考之。瓊竟以劾勛謫戍邊。赦還，卒。

沈漢，字宗海，吳江人。正德十六年進士。授刑科給事中。中官馬俊、王堂久廢，忽自南京召至，漢論止之。改元詔書蠲四方逋稅，漢以民間已納者多飽吏橐，請已徵未解者，作來年正課。又言近籍沒奸黨貲數千萬，請悉發以補歲入不足之數。皆報可。嘉靖二年，以災異指斥時政。尚書林俊去位，復抗章爭之。戶部郎中牟泰坐吏盜官帑，下詔獄貶官。漢言：「吏爲奸利，在泰未任前。事敗，泰發之。泰無罪。」因極言刑獄宜付法司，毋委鎮撫。不納。大獄起，法司皆下吏。漢言：「祖宗之法不可壞，權倖之漸不可長，大臣不可辱，妖賊不可赦。」遂幷漢收繫，除其名。家居二十年，卒。曾孫璟，萬曆中爲吏部員外郎。請王恭妃封號，忤旨，降行人司正。天啓初，贈少卿。〔三〕

王科，字進卿，涉縣人。正德十二年進士。授藍田知縣。城隘，且無水，科導西山水入城，拓而廣之，遂爲望邑。毀境內淫祠，以其材葺學宮。嘉靖四年徵爲工科給事中。嘗劾兵部尙書金獻民無功，總兵官趙文、种勛失事，及陝西織造內官擾民，郭勛任奸人郭彪、鄭鸞，剝軍害民狀。又言：「三司首領、州縣佐貳以秩卑爲上官所輕棄，率貪冒不自惜，宜拔擢其廉能者。而諸邊財計之職，不宜處下才。鹽運官廉，當遷敍。」大獄起，劾勛，遂下獄削籍。方諸臣之被罪也，舉朝皆知其冤，莫敢白。踰月，南京御史吳彥獨抗章請寬之。上怒，斥於外。已而御史張祿亦以爲言。忤旨，切讓。自是無敢言者。十一年，桂萼已死，張璁亦免相，聶賢、毛伯溫始起用。張潤、汪元錫、李珏、閔楷亦相繼收錄。唯臺諫、曹郎竟無一人召復者。隆慶初，諸人皆復職贈官。錄首贈太僕少卿，琦、瓊俱光祿少卿，漢、科俱太常少卿。

當萼等反福達之獄，舉朝不直萼等。而以寅、福達姓名錯互，亦或疑之。至四十五年正月，四川大盜蔡伯貫就擒。自言學妖術於山西李同。所司檄山西，捕同下獄。同供爲李午之孫，大禮之子，世習白蓮教，假稱唐裔，惑衆倡亂，與大獄錄姓名無異，同竟伏誅。暨穆宗卽位，御史龐尙鵬言：「據李同之獄，福達罪益彰，而當時流毒縉紳至四十餘人。衣冠之禍，可謂慘烈。郭勛世受國恩，乃黨巨盜，陷朝紳。職樞要者承其頤指，鍛鍊周內。萬一陰蓄異謀，人人聽命，禍可勝言哉！乞追奪勛等官爵，優卹馬錄諸人，以作忠良之氣。」由是，福達獄始明。

程啓充，字以道，嘉定州人。正德三年進士。除三原知縣，入爲御史。嬖倖子弟家人濫冒軍功，有至都督賜蟒玉者。啓充言：「定制，軍職授官，悉準首功。今倖門大啓，有買功、冒功、寄名、竄名、併功之弊。權要家賄軍士金帛，以易所獲之級，是謂買功。衝鋒斬馘者，甲也，而乙取之，甚者殺平民以爲賊，是謂冒功。身不出門閭，而名隸行伍，是謂寄名。賄求掾吏，洗補文册，是謂竄名。至有一人之身，一日之間，不出京師，而東西南朔四處報功者，按名累級，驟至高階，是謂併功。此皆壞祖宗法，解將士體，乞嚴爲察革。」帝不能用。

十一年正旦，羣臣待漏入賀，日晡禮始成。及散朝，已昏夜。衆奔趨而出，顛仆相踐踏。將軍趙朗者，死於禁門。啓充具奏其狀，請帝昧爽視朝，以圖明作之治。都督馬昂進妊身女弟，啓充等力爭。既又極陳宂官、宂兵、宂費之弊，乞通行革罷。帝皆不省。騰驤四衞軍改編各衞者，奉詔撤回，而各衞遺籍仍支糧，糜倉儲八十七萬餘石。啓充力言之，冒支弊絕。以憂歸。

世宗卽位，起故官，卽爭興獻帝皇號。嘉靖元年正月郊祀方畢，淸寧宮小房火。啓充言：「災及內寢，良由徇情之禮有戾天常，僭逼之名深乖典則。輔臣執議，禮臣建明，不能敵經生之邪說，佞倖之詖辭，動假母后以箝天下之口。臣謂不正大禮，不黜邪說，所謂修省皆具文也。況邇者旨由中出而內閣不知，奸黨獄成而曲爲庇護。諫臣斥逐，耳目有壅蔽之虞。大臣疎遠，股肱有痿痹之患。司禮之權重於宰相，樞機之地委之宦官。邇臣貪濁，頻有遷除。邊帥僨師，不聞譴斥。〔四〕莊田之賞賚過多，潛邸之乞恩未已。伏望陛下仰畏天明，俯察衆聽，親大臣，肅庶政，以回災變。」報聞。

尋出按江西。得宸濠通蕭敬、張銳、陸完等私書，欲亟去孫燧，云：「代者湯沐、梁宸可，其次王守仁亦可。」因論敬、銳等罪，並言守仁黨逆，宜追奪。給事中汪應軫訟守仁功，言：「逆濠私書，有詔焚毀。啓充輕信被黜知縣章立梅捃摭之辭，復有此奏，非所以勸有功。」主事陸澄亦爲守仁奏辨。御史向信因劾應軫與澄，帝曰：「守仁一聞宸濠變，仗義興兵，戡定大難，特加封爵，以酬大功，不必更議。」帝從太監梁棟請，遣中官督南京織造。啓充偕同官及科臣張嵩等極諫，不納。

啓充素蹇諤，張璁、桂萼惡之。會郭勛庇李福達獄，爲啓充所劾，璁、萼因指啓充挾私，謫戍邊衞。十六年赦還。言者交薦，不復用，卒。隆慶初，贈光祿少卿。

張逵，字懋登，餘姚人。正德十六年進士。改庶吉士。嘉靖元年授刑科給事中。疏言：「陛下臨御之初，國是大定。今舉動漸乖，弊端旋復。齋醮繁興，爵賞無紀。政事不關於宰執者非一，刑罰不行於貴近者甚多。臺諫會奏而斥爲瀆擾，大臣執法而責以回奏。至如崔元封侯，蔣輪市寵，陳萬言乞賜第，先朝貴戚未有若是恩倖也。廖鵬緩死，劉暉得官，李隆復遣官勘問，先朝罪人未有若是淹縱也。願陛下一反目前之所爲。」報聞。給事中劉最、鄧繼曾謫官，逵疏救，不聽。尋伏闕爭「大禮」，下獄廷杖。

四年十一月上疏曰：「近廷臣所上封事，陛下批答必曰『已有旨處置』，是已行者不可言也。曰『尚議處未定』，是未行者不可言也。二者不言，則是終無可言也。且今日言者，已非陛下初政時比矣。初年，事之大者，既會疏公言之，又各疏獨言之。一不得行，則相聚環視，以不得其言爲愧。近者不然，會疏則刪削忌諱以避禍，獨疏則毛舉纖微以塞責。一不蒙譴，則交相慶賀，以苟免爲幸。消讜直之氣，長循默之風，甚非朝廷福也。」章下所司。

尋進右給事中。王科、陳察劾郭勛，帝慰留之。逵與同官鄭自璧、趙廷瑞言：「勛倚奸成橫，用酷濟貪，籠絡貨資，漁獵營伍，爲妖賊李福達請屬，爲逆黨陸完雪冤。溫旨諭留，是旌使縱也。」既復言：「福達誑惑愚民，稱兵犯順。勛黨叛逆，罪不容誅。」不聽。

尋以言事忤旨，黜爲吳江縣丞。復坐福達獄逮問，謫戍遼東邊衞。居十年，母死不得歸，哀痛而卒。隆慶初，贈光祿少卿。

鄭一鵬，字九萬，莆田人。正德十六年進士。改庶吉士。嘉靖初，官至戶科左給事中。

一鵬性伉直，居諫垣中最敢言。御史曹嘉論大學士楊廷和，因言內閣柄太重。一鵬駁之曰：「太宗始立內閣，簡解縉等商政事，至漏下數十刻始退。自陛下即位，大臣宣召有幾？張銳、魏彬之獄，獻帝追崇之議，未嘗召廷和等面論。所擬旨，內多更定，未可謂專也。」

帝用中官崔文言，建醮乾清、坤寧諸宮，西天、西番、漢經諸廠，五花宮兩暖閣、東次閣，莫不有之。一鵬言：「禱祀繁興，必魏彬、張銳餘黨。先帝已誤，陛下豈容再誤。臣巡視光祿，見一齋醮蔬食之費，爲錢萬有八千。陛下忍斂民怨，而不忍傷佞倖之心。況今天災頻降，京師道殣相望，邊境戍卒，日夜荷戈，不得飽食，而爲僧道靡費至此，此臣所未解。」報聞。

東廠理刑千戶陶淳曲殺人，論謫戍。詔覆案，改擬帶俸。一鵬與御史李東等執奏，并劾刑部侍郎孟鳳，帝不聽。給事中鄧繼曾、修撰呂柟、編修鄒守益以言獲罪，一鵬皆疏救。

宮中用度日侈，數倍天順時。一鵬言：「今歲災用詘，往往借支太倉，而淸寧、仁壽、未央諸宮，每有羸積，率餽遺戚里。曷若留供光祿，彰母后德。」帝命乾淸、坤寧二宮暫減十之一。魯迷貢獅子、西牛、西狗、西馬及珠玉諸物。一鵬引漢閉玉門關謝西域故事，請敕邊臣量行賞賚，遣還國，勿使入京，彰朝廷不寶遠物之盛德，不聽。尋伏闕爭「大禮」，杖於廷。

侍郎胡瓚、都督魯綱督師討大同叛卒，列上功狀，請徧頒文武大臣、臺諫、部曹及各邊撫、按、鎭、監賞。一鵬言：「桂勇誅郭鑑等，在瓚未至之先。徐氈兒等之誅，事由朱振，於瓚無與。瓚欲邀功冒賞，懼衆口非議，乃請幷敍以媚之。夫自大同搆難，大臣臺諫誰爲陛下畫一策者？孤城窮寇尙多逋逃，各邊鎭、撫相去數千里，安在其能掎角也。」請治瓚等欺罔罪，賞乃不行。

時諸臣進言多獲譴，而一鵬間得俞旨，益發舒言事。論楊宏不宜推寧夏總兵官；席書不宜訐費宏、留其弟春爲修撰；王憲夤緣貴近，鄧璋敗事甘肅，不宜舉三邊總督；服闋尙書羅欽順、請告祭酒魯鐸、被謫修撰呂柟宜召置經筵；廷臣乞省親養疾，不宜槪不許。諸疏皆侃侃。會武定侯郭勛欲得虎賁左衞以廣其第，使指揮王琬等言，「衞湫隘不足居吏士，而民郭順者願以宅易之。」順，勛家奴也，其宅更湫隘。一鵬與同官張嵩劾勛：「以敝宅易公署，驕縱罔上。昔竇憲改沁水園，卒以逆誅。勛謀奪朝廷武衞，其惡豈止憲比。部臣附勢曲從，宜坐罪。」尙書趙璜等因自劾。詔還所易，勛甚銜之。而一鵬復以李福達獄劾勛，桂萼、張璁因坐以妄奏，拷掠除名。

九廟災，言官會薦遺賢及一鵬，竟不復召。久之，卒。隆慶初復官，贈光祿少卿。

唐樞，字惟中，歸安人。嘉靖五年進士。授刑部主事。言官以李福達獄交劾郭勛，然不得獄辭要領。樞上疏言：

李福達之獄，陛下駁勘再三，誠古帝王欽恤盛心。而諸臣負陛下，欺蔽者肆其讒，諂諛者溷其說，畏威者變其辭，訪緝者淆其眞。是以陛下惑滋甚，而是非卒不能明。臣竊惟陛下之疑有六。謂謀反罪重，不宜輕加於所疑，一也。謂天下人貌有相似，二也。謂薛良言弗可聽，三也。謂李珏初牒明，四也。謂臣下立黨傾郭勛，五也。謂崞、洛證佐皆讐人，六也。臣請一一辨之。

福達之出也，始而王良、李鉞從之，其意何爲？繼而惠慶、邵進祿等師之，其傳何事？李鐵漢十月下旬之約，其行何求？「我有天分」數語，其情何謀？「太上玄天，垂文秘書」，其辭何指？劫庫攻城，張旗拜爵，雖成於進祿等，其原何自？鉞伏誅於前，進祿敗露於後，反狀甚明。故陝西之人曰可殺，山西之人曰可殺，京畿中無一人不曰可殺，惟左右之人曰不可，則臣不得而知也。此不必疑一也。

且福達之形最易辨識，或取驗於頭禿，或證辨於鄉音，如李二、李俊、李三是其族，識之矣。發於戚廣之妻之口，是其孫識之矣。始認於杜文柱，是其姻識之矣。質證於韓良相、李景全，是其友識之矣。一言於高尚節、王宗美，是鄜州主人識之矣。再言於邵繼美、宗自成，是洛川主人識之矣。三言於石文舉等，是山、陝道路之人皆識之矣。此不必疑二也。

薛良怙惡，誠非善人。至所言張寅之卽福達，卽李午，實有明據，不得以人廢言。況福達蹤跡譎密，黠慧過人，人咸墮其術中，非良狡猾亦不能發彼陰私。從來發摘告訐之事，原不必出之敦良朴厚之人。此不當疑三也。

李珏因見薛良非善人，又見李福達無龍虎形、硃砂字，又見五臺縣張子真戶內實有張寅父子，又見崞縣左廂都無李福達、李午名，遂苟且定案，輕縱元兇。殊不知五臺自嘉靖元年黃册始收，寅父子忽從何來？納粟拜官，其爲素封必非一日之積，前此何以隱漏？崞縣在城坊旣有李伏答，乃於左廂都追察，又以李午爲眞名，求其貫址，何可得也，則軍籍之無考，何足據也。況福達旣有妖術，則龍虎形、硃砂字，安知非前此假之以惑衆，後此去之以避罪，亦不可盡謂薛良之誣矣。此不當疑四也。

京師自四方來者不止一福達，旣改名張寅，又衣冠形貌似之，郭勛從而信之，亦理之所有。其爲妖賊餘黨，亦意料所不能及。在勛自有可居之過，在陛下旣宏議貴之恩，諸臣縱有傾勛之心，亦安能加之罪乎？此不用疑五也。

鞫獄者曰誣，必言所誣何因。曰讐，必言所讐何事。若曰薛良，讐也，則一切證佐非讐也。曰韓良相、戚廣，讐也，則高尚節、屈孔、石文舉，非讐也。曰魏泰、劉永振，讐也，則今布按府縣官非讐也。曰山、陝人，讐也，則京師道路之人非讐也。此不用疑六也。

望陛下六疑盡釋，明正福達之罪。庶羣奸屏跡，宗社幸甚。

疏入，帝大怒，斥爲民。其後欽明大獄錄刪樞疏不載。

樞少學於湛若水，深造實踐。又留心經世略，九邊及越、蜀、滇、黔險阻阨塞，無不親歷。躡屩茹草，至老不衰。隆慶初，復官。以年老，加秩致仕。會高拱憾徐階，謂階恤錄先朝建言諸臣，乃彰先帝之過，請悉停之，樞竟不錄。

杜鸞，字羽文，陝西咸寧人。正德末進士。授大理評事。嘉靖初，伏闕爭「大禮」，杖午門外。長沙盜李鑑與父華劫村聚，華誅，鑑得脫。後復行劫，捕獲之。席書時撫湖廣，劾知府宋卿故入鑑。帝遣大臣按之，言鑑盜有狀，帝命逮鑑至京。書上言：「臣以議禮忤朝臣，問官故與臣左。乞敕法司會官覆。」於是鸞會御史蘇恩再訊，無異詞，疏言：「書以惡卿故爲鑑奏辨，且以議禮爲言。夫大禮之議，發於聖孝。書偶一言當意，動援此以挾陛下，壓羣僚。壞亂政體，莫此爲甚。」帝重違書意，竟免鑑死，戍遼東。

已，復有張寅之獄。鸞與刑部郎中司馬相、御史高世魁司其牘。鸞上言：「往者李鑑之獄，陛下徇席書言，誤恩廢法，權倖遂以鬻獄爲常，請託無忌。今勛謀又成矣。書曰『以議禮招怨』，勛亦曰『以議禮招怨』。書曰『欲殺鑑以仇臣』，勛亦曰『欲殺寅以仇臣』。簧鼓聖聰，如出一口。以陛下尊親之盛典，爲奸邪掩覆之深謀，將使賄賂公行，亂賊接踵，非聖朝福也。」已而桂萼等力反前獄，鸞坐除名。

初，書之欲寬李鑑也，給事中管律言：「比言事者，每借議禮爲詞。或乞休，或引罪，或爲人辨愬，於議禮本不相涉，而動必援引牽附，何哉？蓋小人欲中傷人，以非此不足激陛下怒；而欲自固其寵，又非此不足得陛下歡也。乞誡自今言事者，據事直陳，毋假借，以累聖德。」帝是其言，命都察院曉示百官。越二日，御史李儼以世廟成，請恤錄議禮獲罪諸臣，且請詳察是非：「議禮是而行事非者，不以是掩非。議禮非而行事是者，不以非掩是。使黨與全消，時靡有爭，則大公之治也。」未幾，給事中陳皐謨亦言：「獻皇帝追崇之禮，實出陛下至情。書輩乃貪爲己功，互相黨援，恣情喜怒，作福作威。若李鑑父子，成案昭然。書曲爲申救，謂『衆以議禮憾臣，因陷鑑死』。夫議禮者，朝廷之公典，合與不合，何至深讎。縱使讎書，鑑非書子弟親戚交遊也，何故讎之。至郭勛黨庇奸人，請屬事露，則又代奸人妄訴，亦以議禮激衆怒爲言，不至於濫恩廢法不已，豈不大可異哉！乞亟斥書、勛而置鑑重典，窮按勘請託事，使人心曉然知權奸不足恃，國法不可干，然後逆節潛消，倖門永塞。」帝弗聽。

葉應驄，字肅卿，鄞人。正德十二年進士。授刑部主事。偕同官諫南巡，杖三十。嘉靖嘉靖初，歷郎中。伏闕爭「大禮」，再下獄廷杖。

給事中潮陽陳洸素無賴。家居與知縣宋元翰不相能，令其子柱訐元翰謫戍。元翰摭洸罪及帷薄事刊布之，名辨冤錄。洸由是不齒於清議，尙書喬宇出之爲湖廣僉事。洸初嘗言獻帝不可稱皇。而是時張璁、桂萼輩以議禮驟顯，洸乃上疏言璁等議是，宜急去本生之稱；因詆宇及文選郎夏良勝，而稱引其黨前給事中于桂、閻閎、〔五〕史道，前御史曹嘉。帝卽還洸等職，謫良勝於外。洸遂劾大學士費宏，尙書金獻民、趙鑑，侍郎吳一鵬、朱希周、汪偉，郎中余才、劉天民，員外郎薛蕙，給事中鄭一鵬悉邪黨，而薦廖紀等十五人。俄又劾吏部尙書楊旦等。帝益大喜。立罷旦，擢紀代之。璁、萼輩遂引以擊異己。

給事中趙漢、御史朱衣等交章劾洸，而御史張日韜、戴金、藍田又特疏論之。田幷劾席書，且封上元翰辨冤錄。都御史王時中請罷洸聽勘。洸奏「羣奸恨臣抗議大禮，將令撫按殺臣，請遣一錦衣往」。洸意，錦衣可利誘也。得旨遣應驄及錦衣千戶李經。應驄與焚香誓天，會御史熊蘭、涂相等雜治，具上洸罪狀至百七十二條。除赦前及曖昧者勿論，當論者十三條。罪惡極，宜斬，妻離異，子杜絞。洸懼，亡詣闕申訴。帝持應驄奏不下。尙書趙鑑、副都御史張潤、給事中解一貫、御史鄭本公等連章執奏。帝不得已，始命覆覈。郎中黃綰力持應驄議。書、萼爲居閒不能得，要璁共奏，謂洸議禮臣，爲法官所中。帝入其言，命免罪爲民。大理卿湯沐及鑑、一貫更爭之，不聽。未幾，「大禮」書成，幷原洸妻子。應驄尋遷吉安知府，母喪歸。

六年，璁、萼益用事。而萼方掌刑部，廷臣馬錄等以劾郭勛下獄。洸謂乘此故案可反也，上書訐應驄等。萼因訟洸冤。遂逮洸、應驄、元翰、綰，而令按察使張祐等還籍候命，詞連四百人。九卿及錦衣衞廷訊，應驄對曰：「某所持者王章耳，必欲直洸，惟諸公命。」刑部尙書胡世寧等心知洸罪重，而懲前大獄，不敢執。會是日黃霧四塞，獄弗竟。次日，又大風拔木。有詔修省，不用刑。乃當應驄按事不實律，爲民，元翰、綰及田等貶斥有差，洸授冠帶。霍韜再疏爲洸訟不能得，洸益憾應驄。逾數年，更令人奏應驄勘獄時，酷殺無辜二十六人，下巡按李美覆勘。美言死者皆有狀，非故殺。刑部尙書許讚白應驄無罪。帝特謫應驄戍遼東。

是獄也，始終八載。凡攻洸與治洸獄者無不得罪，逮捕至百數十人。天下惡萼輩奸橫，益羞言議禮臣矣。

應驄赴戍所，道經蘇州。知府治具候之，立解維去，致餽不受。十六年赦歸。明堂大享禮成，復冠帶。應驄敦行誼，好著書，數更患難氣不挫。

黃綰，息人。爲刑部主事，諫南巡被杖。歷郎中，出爲紹興知府，以寬大爲治。被徵時，士民哭震野，爭致賻，綰止取二錢。至京，下詔獄，瘐死。〔六〕隆慶初，贈太常少卿。

藍田，卽墨人。爭「大禮」被杖。張璁掌都察院，考察其屬，落職歸。

解一貫，字曾唯，交城人。正德十六年進士。除工科給事中。陳講學、修德、親賢、孝親、任相、遠奸、用諫、謹令、戒欲、恤民十事。世宗嘉納之。

嘉靖元年偕御史出覈牧馬草場。太監閻洪等奏遣中官一人與俱，一貫言不可，乃已。還朝，劾太監谷大用、李璽奪產殃民罪，帝宥之。而內臣、勛戚所據莊田，率歸之民。帝爲后父陳萬言營第，極壯麗。一貫力請裁節，復助楊廷和爭織造，皆不納。歷刑科左右給事中。雲南巡按郭楠以建言，廣東按察使張祜、副使孫懋以辱官校，皆逮治，御史方啓顏以杖死官家人落職，元城知縣張好古以拘責戚畹家族鐫級，一貫皆論救。忤旨，停俸。

尋進吏科都給事中。教授王价、錄事錢予勛以考察罷，假議禮希復用。一貫等言，如此，將壞祖宗百年制，事竟寢。張璁、桂蕚日擊費宏不已，一貫偕同官言：「宏立朝行事，律以古大臣固不能無議。但入仕至今，未聞有大過。至璁、蕚平生奸險，特以議禮一事偶合聖心。超擢以來，憑恃寵靈，淩轢朝士。與宏積怨已久，欲奪其位而居之。陛下以累疏俱付所司，而於其終乃曰『爾等宜各修乃職』，蓋所以陰折其奸謀者至矣。二三臣不體至意，或專攻宏，或兼攻璁、蕚，不知能去宏，不能去璁、蕚也。君子難進易退，小人則不然。宏恤人言，顧廉恥，猶可望以君子。璁、蕚則小人之尤，何所忌憚。苟其計得行，則奸邪氣勢愈增，善類中傷無已，天下事將大有可慮者。」時鄭洛書、張錄皆論三人事，而一貫言尤切。詔下之所司。璁、蕚等銜不已，竟謫開州判官以卒。

鄭洛書，字啓範，莆田人。弱冠登進士，授上海知縣，有善政。嘉靖四年召拜御史。張璁、桂蕚以陳九川事訐費宏，洛書與同官鄭氣言：「九川事，人謂璁、蕚與謀，固已得罪公論，而宏取與之際亦未明。夫朝廷有紀綱，大臣重進退，宏、璁、蕚皆不可不去。宏不去，則有持祿保位之誚，璁、蕚不去，亦冒蹊田奪牛之嫌。」詔責洛書妄言。

帝賜尙書趙鑑、席書詩翰，洛書言：「陛下眷禮大臣，此虞廷賡歌之風也。願推此心以念舊。如致仕大臣劉健、謝遷、林俊、孫交等，特降宸章，咨訪時政，則聖德益宏。又推此心以赦過。如遷謫豐熙、劉濟、余寬、王元正等，特垂仁恩，量與牽復，則聖度益廣。」報聞。李福達獄起，帝將親鞫之，洛書曰：「陛下操獨斷之威，使法官盡得罪，雖有張釋之、于定國不獲抗辨於人主之前，何以使刑罰中。」帝怒，將罪之，楊一淸力解而止。尋出視南畿學政，道聞喪歸。

十二年京察事竣，更命科道官互糾，洛書被劾落職。給事中饒秀爲御史所劾，無所泄憤，復劾洛書及王重賢等九人貪汚闒茸。重賢等皆降黜。時論駭之。洛書家居再踰歲卒，年三十九。子開，往依上海。上海人治田百畝資之。歲一至，收其入以歸。

張祿，字宗制，城武人。正德六年進士。授太常博士，擢御史。嘉靖初，伏闕爭「大禮」，下獄廷杖。出按畿輔，劾宣府諸將失事，皆伏辜。

西域魯迷貢獅子、西牛方物，言所貢玉石計費二萬三千餘金，往來且七年，邀中國重賞。祿言：「明王不貴異物。今二獅日各飼一羊，是歲用七百餘羊也。牛食芻菽，今乃食果餌，則食人之食矣。願返其獻，歸其人，薄其賞，以阻希望心。」帝不能用。

張璁擢兵部侍郞，鍒與諸御史爭之，不聽。璁與桂萼屢攻費宏，鍒言：「今水旱相仍，變異迭出，正臣工修省時。諸人爲國股肱，相傾排若此，欲弭災變，不亦難乎？乞並黜三人，以回天譴。」帝爲戒諭璁、萼。後璁以侍郞總臺事，修前憾。言鍒不諳憲體，遂罷歸。家居二十年卒。

陸粲，字子餘，長洲人。少謁同里王鏊，鏊異之曰：「此子必以文名天下。」嘉靖五年成進士，選庶吉士。七試皆第一。張璁、桂萼盡出庶吉士爲部曹、縣令，粲以才獨得工科給事中。勁挺敢言。疏言：「我朝太祖至宣宗，大臣造膝陳謀，不啻家人父子。自英宗幼沖，大臣爲權宜計，常朝奏事，先日擬旨，其餘政事具疏封進，沿襲至今。今陛下銳意圖治，願每日朝罷，退御便殿，延見大臣；侍從臺諫輪日奏對；撫按藩臬廷辭入謝，召訪便宜；復妙選博聞有道之士，更番入直，講論經史，如仁宗弘文閣故事。則上下情通，而天下事畢陳於前矣。」帝不能用。既言資格獨重進士，致貢舉無上進階，州縣教職過輕，王官終身禁錮，皆宜變通。因陳久任使、愼考察、汰冗官諸事，而終之以復制科，倣唐、宋法，數歲一舉，以待異才：「高者儲之禁近，其次分置諸曹，先有官者遞進，庶人才畢出，野無遺賢。」

尋偕御史郗元洪清覈馬房錢穀。抗疏折御馬太監閻洪，宿弊爲清。與同官劉希簡爭張福獄。〔七〕帝怒，俱下詔獄。杖三十，釋還職。事具熊浹傳。

張璁、桂萼並居政府，專擅朝事。給事中孫應奎、王準發其私，帝猶溫旨慰諭。粲不勝憤，上疏曰：

璁、萼，兇險之資，乖僻之學。曩自小臣贊大禮，拔置近侍，不三四年位至宰弼。恩隆寵異，振古未聞。乃敢罔上逞私，專權招賄，擅作威福，報復恩仇。璁狠愎自用，執拗多私。萼外若寬迂，中實深刻。忮忍之毒一發於心，如蝮蛇猛獸，犯者必死。臣請姑舉數端言之。

萼受尚書王瓊賂遺鉅萬，連章力薦，璁從中主之，遂得起用。昌化伯邵杰，本邵氏養子，萼納重賄，竟使奴隸小人濫襲伯爵。萼所厚醫官李夢鶴假托進書，夤緣受職，居室相鄰，中開便戶往來，常與萼家人吳從周等居間。又引鄉人周時望爲選郎，交通鬻爵。時望既去，胡森代之。森與主事楊麟、王激又輔臣鄉里親戚也。

銓司要地，盡布私人。典選僅踰年，引用鄉故，不可悉數。如致仕尚書劉麟，其中表親也。侍郎嚴嵩，其子之師也。僉都御史李如圭，由按察使一轉徑入內臺，南京太僕少卿夏尚朴，由知府期月遂得清卿，禮部員外張敔假曆律而結知，御史戴金承風搏擊，甘心鷹犬，皆萼姻黨，相與朋比爲奸者也。禮部尙書李時柔和善逢，猾狡多智，南京禮部尙書黃綰曲學阿世，虛談眩人，諭德彭澤奮緣改秩，躐玷淸華，皆陰厚於璁而陽附於萼者也。」

璁等威權既盛，黨與復多，天下畏惡，莫敢訟言。不亟去之，兇人之性不移，將來必爲社稷患。

帝大感悟，立下詔暴璁、萼罪狀，罷其相，而以粲不早發，下之吏。既而詹事霍韜力詆粲，謂楊一淸嗾之。希簡言：「璁、萼去位由聖斷。且使犬謂之嗾，韜以言官比之犬，侮朝廷。」而帝竟納韜言，召璁還，奪一淸官，下希簡詔獄，釋還職，謫粲貴州都鎭驛丞。

稍遷永新知縣。前後獲盜數百人，姦猾屛跡。久之，以念母乞歸。論薦者三十餘疏，皆報罷。霍韜亦薦粲，粲曰：「天下事大壞憸人手，尙欲以餘波汚我耶？」母歿，毀甚，未終喪而卒。

劉希簡，字以順，漢州人。進士。除行人。爲工科給事中甫五月，兩以直言得罪，聲大振。久之，謫縣丞。終鞏昌知府。

王準，字子推，世籍秦府儀衞司。準以進士授知縣。爲禮科給事中，巡視京營，劾郭勛專恣罪。明年劾璁、蕚引私人。璁、蕚罷，準亦下吏，謫富民典史。稍遷知縣。都御史汪鋐希璁指，以考察罷之。

邵經邦，字仲德，仁和人。正德十六年進士。授工部主事。榷荊州稅，甫三月，稅額滿。遂啓關任商舟往來。進員外郎。

嘉靖八年冬十月，日有食之。經邦時官刑部，上疏曰：

茲者正陽之月，有日食之異。質諸小雅十月之篇，變象懸符。說詩者謂陰壯之甚，由不用善人，而其咎專歸皇父。然則今之調和燮理者，得無有皇父其人乎？邇陛下納陸粲言，命張璁、桂蕚致仕。尋以璁議禮有功，復召輔政。人言籍籍，陛下莫之恤也。乃天變若此，安可勿畏。

夫議禮與臨政不同。議禮貴當，臨政貴公。正皇考之徽稱，以明父子之倫，禮之當也。雖排衆論，任獨見，而不以爲偏。若夫用人行政，則當辨別忠邪，審量才力，與天下之人共用之，乃爲公耳。今陛下以璁議禮有功，不察其人，不揆其才，而加之大任，似私議禮之臣也。私議禮之臣，是不以所議者爲公禮也。夫禮唯至公，乃可萬世不易。設近於私，則固可守也，亦可變也。陛下果以尊親之典爲至當，而欲子孫世世守之乎？則莫若於諸臣之進退，一付諸至公，優其賚予，全其終始，以答其議禮之功，而博求海內碩德重望之賢，以弼成正大光明之業，則人心定，天道順，俾萬年之後，廟號世宗，子孫百世不遷，顧不偉歟？如徒加以非分之任，使之履盈蹈滿，犯天人之怒，亦非璁等福也。

帝大怒，立下鎭撫司拷訊。獄上，請送法司擬罪。帝曰：「此非常犯，不必下法司。」遂謫戍福建鎭海衞。十六年，皇子生，大赦。惟經邦與豐熙等八人不在赦例。經邦之戍所，閉戶讀書。與熙及同戍陳九川，時相討論。居鎭海三十七年卒。閩人立寓賢祠祀三人。隆慶初復官。

劉世揚，字實甫，閩人。正德十二年進士。改庶吉士，除刑科給事中。世宗卽位，議加興獻帝皇號，世揚疏諫。都察院牒司禮監，攝中官吳善良。帝手批原牒付刑科，以善良付司禮。世揚言：「祖宗制，凡降詔旨必書於題奏疏揭，或登聞鼓狀，乃發六科，宣於諸曹。或國有大事，上命先發，諸曹必補牘，於次日早朝進之，無竟批文牘者。今旨從中出，褻天語，更舊制，不可。」帝不聽。已，列先朝直臣舒芬、馬汝驥、王思、汪應軫、張原等二十人，請加恩以旌忠直，諸臣各進秩一等。嘗因災異，世揚請倣古人几杖箴銘之義，取聖賢格言書殿廡，帝納之。

歷吏科左給事中，進都給事中。與同官李仁劾詹事顧鼎臣汙佞，且言今日詹事即他日輔臣。帝怒，詰詹事進輔臣，出何典例，世揚等引罪。帝怒不解，予杖，下詔獄，既乃得釋。帝以久旱躬禱，世揚言在獄繫囚及建言謫戍諸臣怨咨之氣，上干天和，請悉疏釋。帝不能用。張璁、桂萼被劾罷，帝責諫官不言。世揚等乃盡劾璁、萼黨尚書王瓊而下數十人，章下吏部。而尚書方獻夫亦璁、萼黨也，但去編修金璐，御史敖鉞，太僕丞姚奎，郎中劉汝輗，員外郎張敔、郭憲，待詔葉幼學、儲良才八人而已。〔八〕未幾，復偕同官趙漢等陳修省八事。中言：「大學士石珤貞介，〔九〕歿未易名。尚書李鐩，國之盜臣，身後遺金得謚。給事中鄭一鵬坐論楊一清再杖削職，一清敗，一鵬宜復官。」

世揚發璁、萼黨，見憾於璁，一鵬又嘗忤璁、萼。會璁已再相，而珤實前賜謚，璁因激帝怒，謂給事言皆妄。乃謫世揚江西布政司照磨，停漢等俸，然鐩謚亦由此奪。世揚屢遷河南提學僉事。告歸卒。

趙漢，字鴻逵，平湖人。正德六年進士。授建昌推官。擢南京戶科給事中，改兵科。嘉靖初，尙書林俊以執奏獄囚李鳳陽，被旨詰責。漢因言：「太監崔文亂政，巧逞奸欺，不特庇一李鳳陽而已。〔一〇〕工部尙書趙璜發文家人罪。文輒捕其諜者，痛杖幾死，曰『此杖寄與趙尙書』，其無狀至此。望急譴逐，毋爲新政累。」不聽。已，哭爭「大禮」，繫詔獄廷杖。

歷吏科左給事中。以疾去。起故官，遷工科都給事中。疏言：「內閣桂萼、翟鑾稱病三月，未嘗以曠職懇辭。張璁久專政權，亦未聞引賢共濟。乞諭鑾、萼亟去，簡用兩京大臣及家居耆舊，以分璁任。」上摘其譌字詰之，諭璁毋避，趣赴閣。璁因言漢忠謀，宜令備列堪內閣者。帝卽令漢舉所欲用，漢惶恐言：「臣欲璁引賢，無私主。」帝怒，責漢對不以實，趣以名上。漢益懼，言：「輔臣簡命，出自朝廷，非小臣所敢預。」帝乃宥之，奪俸一月。尋出爲陝西右參政，告歸。久之，以故官起山西。不數月復致仕。

子伊，廣西副使。年四十，卽以養父歸。屢徵不起。

魏良弼，字師說，新建人。嘉靖二年進士。授松陽知縣，召拜刑科給事中。採木侍郎黃吏事竣歸家，乞致仕，未許。緝事者奏吏潛入京師。帝怒，奪吏職。良弼言吏大臣，入都豈能隱，乞正言者欺罔罪，不報。

張璁、桂萼初罷相，詔察其黨。給事中劉世揚等議及良弼。以吏部言，得留。尋命巡視京營。劾罷提督五軍營保定伯梁永福、〔二〕太僕卿曾直，罪武定侯郭勛家奴，論團營兵政之弊，又請發銀米振京師饑，直聲大著。會南京御史馬敭等以劾吏部尚書王瓊被逮，良弼請釋之。帝怒，并下詔獄。論贖還職，仍奪俸一年。三遷至禮科都給事中。

十一年八月，彗星見東井，芒長丈餘。良弼引占書言：「彗星晨見東方，君臣爭明。彗孛出井，奸臣在側。」大學士張孚敬專横竊威福，致奸星示異，亟宜罷黜。」孚敬奏良弼挾私。帝已疑孚敬，兩疏皆報聞。給事中秦鰲疏再入，孚敬竟罷去。踰月，良弼復偕同官劾吏部尚書汪鋐。帝方向鋐，奪良弼俸。鋐、孚敬俱恨良弼。

明年元日，副都御史王應鵬坐事下詔獄。良弼言履端之始，不宜以微過繫大臣。帝怒，再下詔獄。獄卒訝曰：「公又來耶！」爲垂涕。尋復職，奪俸。時孚敬復起柄政，與鋐修前郤，以考察後命科道官互糾，又奏上十一人，又不及良弼。孚敬益怒，擬旨切責，令吏部再考。鋐乃別糾二十六人，而良弼及秦鰲、葉洪皆前劾孚敬、鋐者，中外大駭。良弼竟坐不謹削籍。隆慶初，詔起廢籍。以年老卽家拜太常少卿，致仕，卒。天啓初，追謚忠簡。

葉洪，字子源，德州人。嘉靖八年進士。授戶科給事中。十一年肇舉祈穀禮於圜丘，帝不親祀。洪疏諫，帝責洪妄言。尋巡視京營，進工科右給事中。汪鋐遷吏部尚書，洪極論其奸，忤旨奪俸。明年考察，鋐修怨，遂坐洪浮躁，貶寧國縣丞。居二年，復以大計奪其職。言者屢訟冤，不復用。

秦鰲，字子元，崑山人。嘉靖五年進士。授行人。擢兵科給事中。劾魏國公徐鵬舉、中官賴義不法狀，義罷還。彗星見，劾張孚敬妬賢病國，擬議詔旨，輒引以自歸。帝遂罷孚敬。已，孚敬再相。汪鋐承風指以考察謫鰲東陽縣丞。屢遷福建右參議。卒官。

又有張寅者，太倉人。嘉靖初進士。歷南京御史。嘗劾禮部侍郎黃綰十罪。比張孚敬罷政，寅言其憸邪蠹政，不可悉數，請追所賜封誥、銀章之屬，明正其辟。幷劾左都御史汪鋐陰賊邪媚。帝怒，謫高唐判官。屢遷南京文選郎中。會簡宮僚，改春坊右司直兼翰林院檢討。未幾，被劾罷。

贊曰：書曰「非佞折獄，惟良折獄，罔非在中」。又曰「明啓刑書，胥占咸庶中」。正言折獄之不可不得其中也。張寅、李鑑，罪狀昭然。中於郭勛、席書之說，廷臣獲罪，而寅還職，鑑宥死。陳洸罪至百七十二條，竟得免死，而猶上書訟冤。凡攻洸之惡與治洸之獄者，逮捕至百數十人。皆由議禮觸衆怒，一言有以深入帝隱。甚矣，佞人之可畏也。夫反成案似於明，出死罪似於仁，而不知其借端報復，刑罰失中。佞良之辨，可弗審歟。

校勘記

〔一〕再戍山海衞　山海衞，原作「山丹衞」，據明史稿傳八五馬錄傳、世宗實錄卷六六嘉靖五年七月丙戌條、國榷卷五三頁三三四〇改。按世宗實錄稱「勾發山海衞」，國榷謂「勾調山海衞」，並非發還山丹衞。

〔二〕劉琦字廷珍洛川人　洛川人，原作「洛陽人」。明進士題名碑錄甲戌科作「陝西延安府鄜州洛川縣民籍」。明史考證攟逸卷一八云：「按琦爲陝西延安府洛川人，故得知福達逃洛川事。呂柟靜野集及題名錄並作洛川，此誤。」

〔三〕贈少卿　少卿，當作「光祿少卿」。明史稿傳八五馬祿傳附沈漢傳作「遷光祿丞。天啓初，贈少卿」。本傳刪「遷光祿丞」句，下文「少卿」無所指實。見明史考證攟逸卷一八。

〔四〕邊帥償師不聞譴斥　不聞譴斥，原作「不得遣斥」。明史稿傳八五程啓充傳作「不聞譴斥」，於義較安，據改。

〔五〕閻閎　原作「閻宏」，據明史稿傳八五葉應驄傳、世宗實錄卷四二嘉靖三年八月癸巳條改。

〔六〕下詔獄瘐死　瘐死，原作「疫死」，形近而訛。據明史稿傳八五葉應驄傳改。

〔七〕與同官劉希簡爭張福獄　張福，原作「張福達」。本書卷一九七熊浹傳、明史稿傳八五陸粲傳、世宗實錄卷一〇三嘉靖八年七月甲午條、國榷卷五四頁三四〇四以及明史考證攟逸卷一八所引國朝獻徵錄與陸粲的文集都作「張福」。傳文衍「達」字，今刪。

〔八〕御史敖鉞至待詔葉幼學儲良才八人而已　敖鉞，原作「遨鉞」，據明史稿傳八五劉世揚傳，世宗實錄卷一〇四嘉靖八年八月丙戌條、戊子條、又卷一〇五嘉靖八年九月丙申條，國榷卷五四頁三四〇九改。儲良才，此作「待詔」，誤。明史稿傳八五劉世揚傳，世宗實錄卷一〇四嘉靖八年八月丙戌條、卷一〇五嘉靖八年九月丙申條都作「御史儲良才」。「儲良才」三字當移至「御史敖鉞」四字後方合。八人，本書卷一九六方獻夫傳、國榷卷五四頁三四〇九都作「十二人」，國榷具列十二人姓名。

〔九〕中言大學士石珤貞介　石珤，原作「石瑤」，據本書卷一一〇宰輔年表、卷一九〇石珤傳，明史稿傳八五劉世揚傳改。

〔一〇〕不特庇一李鳳陽而已　李鳳陽，本書卷一九四林俊傳、明史稿傳七三林俊傳、世宗實錄卷二六嘉靖二年閏四月己未條都作「李陽鳳」。

〔二〕保定伯梁永福　保定伯，原作「保定侯」，據本書卷一〇七功臣世表改。

明史卷二百七

列傳第九十五

鄧繼曾 劉最　朱淛 馬明衡　陳逅　林應驄　楊言　劉安

薛侃 喻希禮　石金　楊名 黃直　郭弘化　劉世龍 徐申

羅虞臣　張選 黃正色　包節 弟孝　謝廷蒞　王與齡

周鈇　楊思忠 樊深　淩儒　王時舉　方新

鄧繼曾，字士魯，資縣人。正德十二年進士。授行人。世宗卽位之四月，以久雨，疏言：「明詔雖頒，而廢閣大半。大獄已定，而遲留尙多。擬旨間出於中人，奸諛漸倖於左右。禮有所不遵，孝有所偏重。納諫如流，施行則寡。是陛下修己親賢之誠，漸不如始，故天降霪雨以示警戒。伏願出令必信，斷獄不留，事惟咨於輔臣，寵勿啓於近習，割恩以定禮，稽古以崇孝，則一念轉移，可以銷天災，答天戒矣。」

未幾，擢兵科給事中。疏陳杜漸保終四事：一、定君心之主宰，以杜蠱惑之漸；二、均兩宮之孝養，以杜嫌隙之漸；三、一政令，以杜欺蔽之漸；四、清傳奉，以杜假託之漸。尋言興府從駕官不宜濫授。帝納之。

嘉靖改元，帝欲尊所生爲帝后。會掖庭火，廷臣多言咎在「大禮」。繼曾亦言：「去年五月日精門災，今月二日長安榜廊災，及今郊祀日，內廷小房又災。天有五行，火實主禮。人有五事，火實主言。名不正則言不順，言不順則禮不興。今歲未期而災者三，廢禮失言之效也。」提督三千營廣寧伯劉佶久病，繼曾論罷之。宣大、關陝、廣西數有警，中原盜竊發。繼曾陳戰守方略及儲將練兵足食之計，多議行。

三年，帝漸疏大臣，政率內決。繼曾抗章曰：「比來中旨，大戾王言。事不考經，文不會理，悅邪說之諂媚則賜敕褒俞，惡師保之抗言則漸將放黜。臣目覩出涕，口誦呑聲。夫祖宗以來，凡有批答，必付內閣擬進者，非止慮獨見之或偏，亦防矯僞者之假託也。正德之世，蓋極弊矣，尙未有如今日之可駭可歎者。左右羣小，目不知書，身未經事，乘隙招權，弄筆取寵，故言出無稽，一至於此。陛下不與大臣共政，而倚信羣小，臣恐大器之不安也。」疏入，帝震怒，下詔獄掠治，謫金壇縣丞。給事中張逵、韓楷、鄭一鵬，御史林有孚、馬明衡、季本皆論救，不報。累遷至徽州知府，卒。

帝初踐阼，言路大開。進言者或過於切直，帝亦優容之。自劉最及繼曾得罪後，厭薄言官，廢黜相繼，納諫之風微矣。

最，字振廷，崇仁人。繼曾同年進士。由慈利知縣入爲禮科給事中。世宗議定策功，大行封拜，最疏止之。尋請帝勤聖學，於宮中日誦大學衍義，勿令左右近習誘以匪僻。嘉靖二年，中官崔文以禱祠事誘帝。最極言其非，且奏文耗帑金狀。而帝從文言，命最自覈侵耗數。最言「帑銀屬內府，雖計臣不得稽贏縮，文乃欲假難行事，逃己罪，制言官」。疏入，忤旨，出爲廣德州判官。言官論救，不納。已而東廠太監芮景賢奏最在途仍故銜，乘巨舫，取夫役，巡鹽御史黃國用復遣牌送之。帝怒，逮二人下詔獄。最充軍邵武，國用謫極邊雜職。法司及言官救之，責以黨比。最居戍所，久之赦還。家居二十餘年卒。

朱淛，字必東，莆田人。舉鄉試第一。嘉靖二年成進士。明年春與同縣馬明衡並授御史。甫閱月，會昭聖皇太后生辰，有旨免命婦朝賀。淛言：「皇太后親挈神器以授陛下，母子至情，天日昭鑒。若傳免朝賀，何以慰親心而隆孝治。」明衡亦言：「暫免朝賀，在恒時則可，在議禮紛更之時則不可。且前者興國太后令節，朝賀如儀，今相去不過數旬，而彼此情文互異。詔旨一出，臣民駭疑。萬一因禮儀末節，稍成嫌隙，俾陛下貽譏天下，匪細故也。」時帝亟欲尊所生，而羣臣必欲帝母昭聖，相持未決。二人疏入，帝恚且怒。立捕至內廷，責以離間宮闈，歸過於上，下詔獄拷訊。侍郎何孟春、御史蕭一中論救，皆不聽。御史陳逅、季本，員外郎林應驄繼諫。帝愈怒，幷下詔獄，遠謫之。帝必欲殺二人，變色謂閣臣蔣冕曰：「此曹誣朕不孝，罪當死。」冕膝行頓首請曰：「陛下方興堯、舜之治，奈何有殺諫臣名。」良久，色稍解，欲戍之。冕又固請，繼以泣。乃杖八十，除名爲民，兩人遂廢。廷臣多論薦，不復召。

淛爲人長者，不欺人，或爲人欺亦不校。與明衡皆貧，淛尤甚。鄉里利病，必與有司言，雖忤弗顧。家居三十餘年卒。

明衡，字子莘。父思聰，死宸濠難，自有傳。明衡登正德十二年進士，授太常博士。甫爲御史，卽與淛同得罪。閩中學者率以蔡淸爲宗，至明衡獨受業於王守仁。閩中有王氏學，自明衡始。

陳逅，字良會，常熟人。正德六年進士。除福清知縣。入爲御史。以救兩人謫合浦主簿。累官河南副使。帝幸承天，坐供具不辦，下獄爲民。

林應驄，亦莆田人。明衡同年進士。授戶部主事。嘉靖初，尚書孫交覈各官莊田。帝以其數稍參差，有旨詰狀。應驄言：「部疏，臣司檢視，即有誤，當罪臣。尚書總領部事，安能徧閱。今旬日間，戶、工二部尚書相繼令對狀，非尊賢優老之意。」疏入，奪俸。以救澍等，謫徐聞縣丞。代其長朝覲，疏陳時事，多議行。

楊言，字惟仁，鄞人。正德十六年進士。授行人。嘉靖四年擢禮科給事中。閱數日即上言：「邇者仁壽宮災，諭羣臣修省。臣以爲責在公卿而不在陛下，罪在諫官而不在聖躬。朝廷設六科，所以舉正欺蔽也。今吏科失職，致陛下賢否混淆，進退失當。大臣蔣冕、林俊輩去矣，小臣王相、張漢卿輩皆得禍矣，而張璁、桂萼始由捷徑以竊清秩，終怙威勢以賊良善。戶科失職，致陛下儉德不聞，而張崙輩請索無厭，崔和輩敢亂舊章。禮科失職，致陛下享祀未格於神，而廟社無帡幪之庇。兵科失職，致陛下綱紀廢弛，而錦衣多冒濫之官，山海擾抽分之利，匠役增收而不禁，奏帶踰額而不裁。刑科失職，致陛下用罰不中。元惡如藍華輩得寬籍沒之法，諍臣如郭楠輩反施杻械之刑。工科失職，致陛下興作不常。局官陸宣輩文倖踰於常制，內監陳林輩抽解及於蕪湖。凡此，皆時弊之急且大，而足以拂天意者。願陛下勤修庶政，而罷臣等以警有位，庶可以格天心，弭災變。」帝以浮謗責之。

奸人何淵請建世室。言與廷臣爭，不聽。言復抗章曰：「祖宗身有天下，大宗也，君也。獻皇帝舊爲藩王，小宗也，臣也。以臣並君，亂天下大分。以小宗並大宗，干天下正統。獻帝雖有盛德，非若周文、武創王業也，欲襲世室名，舛矣。如以獻帝爲自出之帝，是前無祖宗；以獻帝爲禰而宗之，是後無孝、武二帝。陛下前既罪醫士劉惠之言，今乃納淵之說。前既僉禮卿席書之議，今乃咈書之言。臣不知其何謂也。」

楊一清召入內閣，言請留之三邊。特旨拜張璁兵部侍郎。言以璁貪佞險躁，且新進，未更國家事，請罷璁，並劾吏部尚書廖紀引匪人。同官解一貫等亦諫。皆不納。有投匿名書御道者，言請卽燒之，報可。

六年，錦衣百戶王邦奇借哈密事請誅楊廷和、彭澤等，下部議，未覆，而邦奇復誣大學士費宏、石珤陰庇廷和，詞連廷和子主事惇等，將興大獄。言抗疏曰：「先帝晏駕，江彬手握邊軍四萬，圖爲不軌。廷和密謀行誅，俄頃事定，迎立聖主，此社稷之勳也。縱使有罪，猶當十世宥之。今既以奸人言罷其官、戍其長子矣，乃又聽邦奇之誣而盡逮其鄉里、親戚，誣爲蜀黨，何意聖明之朝，忽有此事。至宏、琦乃天子師保之官，百僚之表也。邦奇心懷怨望，文飾奸言，詬辱大臣，熒惑聖聽。若窮治不已，株連益多，臣竊爲國家大體惜也。」書奏，帝震怒，并收繫言，親鞫於午門。羣臣悉集。言備極五毒，折其一指，卒無撓詞。既罷，下五府九卿議。鎭遠侯顧仕隆等覆奏邦奇言皆虛妄，帝責仕隆等徇情。然獄亦因是解，謫言宿州判官。御史程啓充請還言舊任，不聽。稍遷溧陽知縣，歷南京吏部郎中。坐事再謫知夷陵。累官湖廣參議。

言爲吏，多著聲績。溧陽、夷陵皆祠祀之。

劉安，字汝勉，慈谿人。嘉靖五年進士。授南京工部主事，改河南道御史。入臺甫一月，上疏曰：「人君貴明不貴察。察，非明也。人君以察爲明，天下始多事矣。陛下臨御八年而治理未臻，識者謂陛下之治功損於明察。夫治，可以緩圖，不可以急取；可以休養致，不可以督責成。以急切之心，行督責之政，於是躬親有司之事，指摘臣下之失，令出而復返，方信而忽疑。大小臣工救過不暇，多有不安其位者。孰能爲陛下建長久之策，以圖平治哉。且朝廷者，四方之極也。內之君臣，習尙如此，則外而撫按守令之官，風從響應。上以苛察繩，下以苛察應，恐民窮爲起盜之源，食寡無强兵之理。今明天子綜核於上，百執事振刷於下，叢蠹之弊十去其九，所少者元氣耳。伏望大包荒之量，重根本之圖，略繁文而先急務，簡細故而弘遠猷，不以一人之毁譽爲喜怒，不以一言之順逆爲行止，久任老成，優容言官，則君臣上下一德一心，人人各安其位，事事各盡其才，雍熙太和之治不難見矣。」

帝閱疏大怒，逮赴錦衣衞拷訊。兵科給事中胡堯時救之，并逮治。獄具，謫堯時攸縣主簿，安餘千典史。築決堤數十丈，人稱劉公堤。再遷長沙同知，擢鳳陽知府。治行卓異，賜正三品服。以憂歸，卒。

薛侃，字尚謙，揭陽人。性至孝，正德十二年成進士，即以侍養歸。師王守仁於贛州，歸語兄助教俊。俊大喜，率羣子姪宗鎧等往學焉。自是王氏學盛行於嶺南。

世宗立，侃授行人。母訃，隕絕，五日始食粥。嘉靖七年起故官。聞守仁卒，偕歐陽德輩爲位，朝夕哭。時方議文廟祀典，侃請祀陸九淵、陳獻章。九淵得報允。已，進司正。十年秋疏言：「祖宗分封子弟，必留一人京師司香，有事居守，或代行祭饗。列聖相承，莫之或改。至正德初，逆瑾懷貳，始令就封。乞稽舊典，擇親藩賢者居京師，慎選正人輔導，以待他日皇嗣之生，此宗社大計。」帝方祈嗣，諱言之，震怒，立下獄廷鞫，究交通主使者。南海彭澤爲吏部郎，無行。因議禮附張孚敬，遂與爲腹心。後京察被黜，孚敬奏留之，復引爲諭德至太常卿。侃以疏草示澤。澤與侃及少詹事夏言同年生，而言是時數忤孚敬。澤默計儲副事觸帝諱，必興大獄，誣言同謀可禍也，紿侃稾示孚敬，因報侃曰：「張公甚稱善，此國家大事，當從中贊之。」與爲期，趣之上。孚敬乃先錄侃稾以進，謂出於言，請勿先發以待疏至。帝許之。侃猶豫，澤頻趣之乃上。拷掠備至，侃獨自承，累日獄不具。澤挑使引言，侃瞋目曰：「疏，我自具。趣我上者，爾也。」爾謂張少傅許助之，言何豫？」給事中孫應奎、曹汴揖孚敬避。孚敬怒，應奎等疏聞。詔並下言、應奎、汴詔獄，命郭勛、翟鑾及司禮中官會廷臣再鞫，具得其實。帝乃釋言等，出孚敬密疏二示廷臣，斥其忮罔，令致仕。侃爲民，澤戍大同。澤在朝專爲邪媚，及敗，天下快之。

侃至潞河遇聖壽節，焚香叩祝甚謹。或報參政項喬曰：「小舟中有民服而祝聖者。」喬曰：「必薛中離也。」跡之，果然。中離者，侃自號也。歸家益力學，從游者百餘人。隆慶初，復官，贈御史。俊子宗鎧，自有傳。

侃歸數月，御史喻希禮、石金皆以言皇嗣得罪。希禮言：「陛下祈嗣禮成，瑞雪遂降，臣以爲招和致祥不盡於此。往者大赦，今歲免刑，臣民盡沾澤，獨議禮議獄得罪諸臣遠戍邊徼，乞量移近地，或特賜赦免，則和氣薰蒸，前星自耀。」帝大怒曰：「謂朕罪諸臣致遲嗣續耶？所司參議以聞。」議未上，金亦言：「陛下一日萬幾，經理勞瘁。何若中涵太虛，物來順應。凡人才之用舍，政事之敷施，始以九卿之詳度，繼以內閣之咨謀，其弗協於中者，付諸臺諫之公論。陛下恭默凝神，挈其綱領，使精神內蘊，根本充固，則百斯男之慶，自不期而至。王守仁首平逆藩，繼靖巨寇，乃因疑謗，泯其前勞。大禮大獄諸臣，久膺流竄，因鬱旣久，物故已多。望錄守仁功，寬諸臣罪，則太和之氣塞宇宙間矣。」帝不悅曰：「金欲朕勿御萬幾，卽古奸臣導其君不親政之意，其幷察奏。」尚書夏言等言二人無他腸。帝益怒，下二人詔獄，而責言等陳狀。伏罪乃宥之。二人竟謫戍邊衞。久之，赦還，卒。隆慶初，俱贈光祿少卿。

喩希禮，麻城人。石金，黃梅人。巡按廣西，與姚鏌不協。後與守仁共撫盧蘇、王受。還臺，值張、桂用事。御史儲良才輩爭附之，金獨侃侃不阿，以是有名。

楊名，字實卿，遂寧人。童子時，督學王廷相奇其語，補弟子員。嘉靖七年，鄉試第一。明年以第三人及第，授編修。聞大母喪，請急歸。還朝，爲展書官。

十一年十月，彗星見。名應詔上書，言帝喜怒失中，用舍不當。語切直，帝銜之，而答旨稱其納忠，令無隱。名乃復言：「吏部諸曹之首，尙書百官之表，而汪鋐小人之尤也。武定侯郭勛奸回險譎，太常卿陳道瀛、金贇仁粗鄙酣淫。數人者，羣情皆曰不當用，而陛下用之，是聖心之偏於喜也。諸臣建言觸忤者，心實可原。大學士李時以愛惜人才爲請，卽荷嘉納，而吏部不爲題覆。臣所謂虛文塞責者，豈盡無哉？夫此得罪諸臣，羣情以爲當宥，而陛下不終宥，是聖心之偏於怒也。眞人邵元節猥以末術，過蒙采聽。嘗令設醮內府，且命左右大臣奔走供事，遂致不肖之徒有昏夜乞哀出其門者。書之史册，後世其將謂何？凡此聖心之少有所偏者，故臣敢抒其狂愚。」

疏入，帝震怒，卽執下詔獄拷訊。鋐疏辨，謂：「名乃楊廷和鄉人。頃張孚敬去位，廷和黨輒思報復，故攻及臣。臣爲上簡用，誠欲一振舉朝廷之法，而議者輒病臣操切。且內閣大臣率務和同，植黨固位，故名敢欺肆至此。」帝深入其言，益怒，命所司窮詰主使。名數瀕於死，無所承，言曾以疏草示同年生程文德，乃幷文德下獄。侍郎黃宗明、候補判官黃直救之，先後皆下獄。法司再擬名罪，皆不當上指。特詔謫名戍，編伍瞿塘衞。明年釋還。屢薦終不復召。家居二十餘年，奉親孝。親歿，與弟台廬於墓。免喪，疾作，卒。

黃直，字以方，金谿人。受業於王守仁。嘉靖二年會試，主司發策極詆守仁之學。直與同門歐陽德不阿主司意，編修馬汝驥奇之，兩人遂中式。直既成進士，即疏陳隆聖治、保聖躬、敦聖孝、明聖鑒、勤聖學、務聖道六事。除漳州推官。以漳俗尙鬼，盡廢境內淫祠，易其材以葺橋梁公廨。御史誣以罪，送吏部降用。行至中途，疏請早定儲貳。帝怒，遣緹騎逮問。無何得釋，貶沔陽判官。嘗署崇陽縣事，有惠政。

外艱歸，三年不御酒肉。服闋赴部，適名、宗明下獄。直抗疏言：「九經之首曰修身，其中曰敬大臣，體羣臣。今楊名以直言置詔獄，非所以體羣臣。黃宗明以論救與同罪，非所以敬大臣。二者未盡，天下後世疑陛下修身之道亦有所未盡矣。」帝大怒，幷下詔獄拷掠，命發極邊，編戍雷州衞。赦還，貧甚，妻紡織以給朝夕，直讀書談道自如。久之卒。隆慶初，贈光祿少卿。

郭弘化，字子弼，安福人。嘉靖二年進士。除江陵知縣，徵授御史。十一年冬，彗星見。弘化言：「按天文志井居東方，其宿爲木。今者彗出於井，則土木繁興所致也。臣聞四川、湖廣、貴州、江西、浙江、山西及眞定諸府之採木者，勞苦萬狀。應天、蘇、松、常、鎭五府，方有造甎之役，民間耗費不貲，竄戶逃亡過半。而廣東以採珠之故，激民爲盜，至攻劫會城。皆足戾天和，干星變。請悉停罷，則彗滅而前星耀矣。」戶部尚書許讚等請聽弘化言。帝怒曰：「採珠，故事也，朕未有嗣，以是故耶？」責讚等附和，黜弘化爲民。久之，言官會薦，報寢。卒於家。穆宗立，贈光祿少卿。

劉世龍，字元卿，慈谿人。正德十六年進士。授太倉知州，改國子助教，遷南京兵部主事。

嘉靖十三年，南京太廟災。世龍應詔陳三事：

一、杜諂諛以正風俗。天下風俗之不正，由於人心之壞。人心之壞，患得患失使然也。今天下刻薄相尙，變詐相高，諂媚相師，阿比相倚。仕者日壞於上，學者日壞於下，彼倡此和，靡然成風。惟陛下赫然矯正，勿以詭隨阿比者爲賢，勿以正直骨鯁者爲不肖，勿以私好有所賞，勿以私惡有所罰，虛心以防邪佞，謙受以來忠讜，更敕大小臣工，協恭圖治，無權勢相軋，朋黨相傾，則風俗正矣。

二、廣容納以開言路。陛下臨御之初，犯顏敢諫之臣比先朝爲盛，所言或傷於激切，而放逐既久，悔悟日深。當宥其既往，以次錄用，死者則恤之。仍令大小臣工直言時政，以作忠義之氣。

三、愼舉動以存大體。立國者，在敬大臣，不遺故舊。蓋任之既重，則禮之宜優。今或忽然去之，忽然召之，甚至嬰三木，被箠楚，何以勵臣節哉！臣愚以爲陛下歷試之餘，其人果無足取，則宜以禮使退。如素行無缺，偶以一時喜怒，輒從而顚倒之，陛下固付之無心，而天下有以窺陛下也。

至如張延齡憑寵爲非，法難容假。側聞長老之言，孝宗時待之過厚，遂釀今日之禍。顧區區腐鼠，何足深惜。獨念孝廟在天之靈，太皇太后垂老之景，乃至不能自庇其骨肉，於情忍乎？恐陛下孝養兩宮，亦不能不爲一動心也。頃創造神御閣、啓祥宮，特令大臣督理其事。臣以爲南京太廟方被災，工役之急當無過此。今興作頻年，四方凋敝，正時絀舉嬴之會，亦宜量酌緩急而爲之以漸。此皆應天以實之道也。

疏入，帝震怒，謂世龍訕上庇逆。械繫至京，下詔獄拷掠。獄具，復廷杖八十，斥爲民。張延齡者，昭聖太后弟也。帝必欲殺之，故世龍重得罪。後二年，又以大猾劉東山訐告，盡斥諸刑曹郎羅虞臣、徐申等，猶以延齡故也。

世龍家居五十年，自養親一肉外，蔬食終身。卒之日，族人爲治衣冠葬之。

徐申，字周翰，崑山人。嘉靖初，由鄉舉除蘄水知縣。改知上饒，徵授刑部主事。延齡之繫獄也，申奏記尚書聶賢、唐龍言：「太后春秋高，延齡旦暮戮，何以慰太后心。宜援議貴議親例請於帝。」賢等深然之，獄久不決。始延齡下獄，提牢主事沈椿不令入獄，置別所。繼者益寬假之，脫梏拲，通家人出入。會大猾劉東山亦繫獄，上告延齡有不軌謀。憾前主事羅虞臣笞己，因訐及椿等。帝震怒，命執先後提牢主事三十七人付詔獄搒掠，申與焉。獄具，當輸贖還職，帝命杖之廷，盡謫外任，而斥虞臣爲民。

虞臣，廣東順德人。歷吏部主事。好剛疾惡。既歸，結廬山中，讀書纂述。年僅三十五卒。

申既謫官，不赴，歸與同里魏校、方鳳輩優游歗咏爲樂。久之卒。

曾孫應聘，字伯衡，少有才名。萬曆十一年進士。改庶吉士，授檢討。二十一年京察，中蜚語當謫，拂衣歸。座主沈一貫當國，數招之，不出。家居十餘年，始起行人司副。遷尚寶司丞，再遷太僕少卿。卒官。

張選，字舜舉。黃正色，字士尚。皆無錫人。同登嘉靖八年進士。正色除仁和知縣，選知蕭山縣，又隣境也。選治蕭山有聲。十二年冬，先入爲戶科給事中。明年四月時享太廟，遣武定侯郭勛代。選上言：「宗廟之祭，惟誠與敬。孔子曰『吾不與祭，如不祭』。傳曰『神不歆非類』。孟春廟享，遣官暫攝，中外臣心知非得已。茲孟夏祫享，倘更不親行，則迹涉怠玩。如或聖體初復，未任趨蹌，宜明詔禮官先期告廟。陛下亦宜靜處齋宮，以通神貺。」帝閱疏大怒，下之禮部。尚書夏言等言：「代祭之文，載之周官。語曰『子之所愼齋戰疾』。疾當愼，無異於祭，選言非是。但小臣無知，惟陛下曲赦。」帝愈怒，責言等黨比。命執選闕下，杖八十。帝出御文華殿聽之，每一人行杖畢，輒以數報。杖折者三。曳出，已死。帝怒猶未釋。是夕，不入大內，遶殿走，製祭祀記一篇。一夕鋟成，明旦分賜百官。而選出，家人投良劑得甦，帝竟削選籍。選居職甫三月，遽以言得罪，名震海內。

正色是時方憂居。已，補香山，旋改南海。座主霍韜宗人橫甚，正色繩以法。韜顧以爲賢，豪强屏跡，縣中大理。十七年召爲南京御史。劾兵部尚書張瓚奸貪，事甚有跡。而中有「歷官藩臬，無一善狀」語，瓚言已未任藩臬。帝以誣劾，奪俸兩月。明年，章聖太后梓宮南葬，命正色護視。事竣，劾中官鮑忠、駙馬都尉崔元、禮部尚書溫仁和所過納饋遺。帝召詰忠等。皆叩頭祈哀，因譖正色擅於梓宮前乘馬執扇，及江行涉險又不隨舟督護，大不敬。帝遂發怒，立捕下詔獄搒掠，遣戍遼東。

正色與選初同志相友善，至是先後以直節顯。正色居戍所三十年，其顚躓窮困視選尤甚。穆宗初，起選通政參議，以年老予致仕。召正色爲大理丞，進少卿，尋遷南京太僕卿，亦引年致仕。選先卒，正色後數年卒。

包節，字元達，先世嘉興人，其父始遷華亭。節祖鼎，池州知府。爲治淸簡，早歲乞休，爲鄉邑所重。節生五歲而孤，母躬敎育之。登嘉靖十一年進士。授東昌推官。入爲御史。劾兵部尙書張瓚貪穢。出按雲南。時仕者以荒徼憚不欲往，因設告就遠方之法。節言：「此曹志甘投荒，非年迫衰遲，則家貧急祿。志在爲己，豈在恤民，滇中長吏所以多不得人也。請自今以附近選人充之，而州縣佐貳始用此曹，庶吏治可舉。」吏部請以節言槪行於雲、貴、兩廣。制可。

以疾歸。起故官，再按湖廣。顯陵守備中官廖斌擅威福，節欲繩之，語先洩。斌俟節謁陵時，故獻膳羞，遽使撤去，詭稱節麾出之。鍾祥民王憲告斌黨庇奸豪周章等，節捕章，斃之杖下。斌益怒，遂奏節不以正旦謁陵，次日始謁，時當進膳，不旁立，褻慢大不敬。奏已入，節始奏斌前事。帝大怒，以節抵罪，逮詣詔獄搒掠，永戍莊浪衞。莊浪極邊，敗屋頹垣，節處之甚安。獨念其母，自傷不克終養，日飲泣。母訃至，晝夜哭。已又聞弟孝卒，撫膺曰：「誰代吾奉祀者？」哭益悲。病死，遺言以衰絰殮。

孝，字元愛，後節三年成進士。由中書舍人爲南京御史。疏論禮部尚書溫仁和主辛丑會試有奸弊，且劾庶子童承敍、贊善郭希顏、〔二〕編修袁煒，帝皆不問。未幾，又劾巡撫孫檜、吳瀚，瀚罷去。

孝兄弟分居南北臺，並著風采，又皆有至情。節官北不得養母，孝遂以侍養歸。母亡，哀毁骨立，未終喪卒，節亦繼殞。時並稱其孝。

謝廷藨，字子佩，富順人。嘉靖十一年進士。除新喻知縣，徵授吏科給事中。御史胡鰲言：「京師優倡雜處。請敕五城，諸非隸教坊兩院者，斥去之。」都御史王廷相等議可。帝惡鰲言褻，謫鹽城丞，奪廷相等俸。廷藨救之，被詔切責。雷震謹身殿，疏陳修省數事，語直。帝摘疏中訛字，停其俸。十八年偕同官曾烶，李逢、周琉諫帝南巡，忤旨。

已，給事中戴嘉猷馳疏請回鑾，而車駕已發。帝大怒。甫還，即執嘉猷幷廷茝等下詔獄，謫廷茝雲南典史。屢遷浙江僉事。以侍養歸，遂不出。

隆慶元年起故官山西，俄擢河南右參議，皆不拜。吏部高其行，請得以新秩歸老，許之。萬曆改元，四川巡撫曾省吾奏言：「廷茝隱居三十年，家徒四壁，樂道著書，宜特加京秩，風勵士林。」詔即加進太僕少卿。又數年卒。

王與齡，字受甫，寧鄉人。嘉靖八年進士。授蘇州推官。入爲戶部主事，調吏部，進員外郎。二十一年遷文選郎中。澄清銓敍，所推薦皆廉靜老成。

大學士翟鑾爲禮部主事張惟一求吏部，嚴嵩爲監生錢可教求東陽知縣，俱書抵與齡。與齡偕員外郎吳伯亨，主事李大魁、周鈇，白之尙書許讚，具疏以聞。言：「平時請屬甚多。臣等違抗，積罪如山。非聖明覆庇，則二權奸主於中，羣鷹犬和於外，臣等不爲前選郎王嘉賓之斥，得爲近日御史謝瑜之罷，幸矣。」疏入，鑾言惟一資望應遷。嵩抵無致書事，請逮可教訊治，因言：「聖明日覽奏章，革弊釐奸悉宸斷。而讚等妄意臣輩爲之，借以修怨。然讚柔良，第受制所屬耳。」帝方信嵩，又見疏中引嘉賓、瑜事，遂發怒。切責讚，除與齡名，伯亨等俱調外。給事中周怡論之，廷杖繫獄。御史徐宗魯等亦以爲言，皆奪俸。自是，諸司以與齡爲戒，無復敢與嵩抗。

與齡既罷，錦衣遣使偵其裝，襆被外無長物，稱歎而去。里居，角巾躬稼圃，翛然自得。郡人爲作平陽四賢詩美之。四賢者，尚書韓文、陶琰、張潤及與齡也。越二十餘年，卒。

周鈇，字汝威，榆次人。嘉靖五年進士。授行人。擢御史，巡按陝西。被俘民自塞外逃歸者，邊將殺以冒功。鈇請下詔嚴禁，有報降五人以上者賞之，詔可。再按山東，特改右春坊淸紀郎兼翰林院侍書。俺答將入寇，總督侍郎翟鵬以聞。鈇以中樞無籌策，請早爲計。帝以爲浮詞亂政，責降廬州府知事。旋改國子監丞，擢吏部文選主事。坐與齡發嵩等私屬事，貶河間通判。已而吏部擬擢南京吏部主事，嵩言鈇調官甫四月，不得驟遷。帝怒，詰責尚書許讚等，令錄左降官遷擢者姓名。讚引罪，幷列陳叔陋等十六人以聞。詔奪讚等俸，鐫文選郎鄭曉三級，鈇、叔陋等褫職爲民。廷臣論薦鈇，以嵩在位，不復召。穆宗初，贈光祿少卿。

楊思忠，字孝夫，平定人。嘉靖二十年進士。歷禮科給事中。二十九年，孝烈皇后大祥。欲預祧仁宗，祔后太廟，下廷議。尚書徐階以爲非禮，思忠力贊階議，餘人莫敢言。帝使人覘知狀。及議上，嚴旨譙責，命階與思忠更定，二人復據禮對。帝益怒，竟祧仁宗。階故得帝眷，獨銜思忠。每當遷，輒報罷。

逾三年，正旦日食，陰雲不見，六科合疏賀。帝摘疏中語，詰爲不成文，曰：「思忠懷欺，不臣久矣。」杖百，斥爲民，餘皆奪俸。隆慶元年起掌吏科。三遷右僉都御史，巡撫陝西。五年改南京戶部右侍郎。致仕卒。

世宗晚年，進言者多得重譴。二十九年，俺答薄都城。通政使樊深陳禦寇七事，中言仇鸞養寇要功。帝方眷鸞，立斥爲民。四十二年正月，御史淩儒請重貪墨之罰，革虛冒之兵，搜遺佚之士。因薦羅洪先、陸樹聲、吳嶽、吳悌。帝惡其市恩，杖六十，除名。四十五年十月，御史王時舉劾刑部尚書黃光昇，言：「內官季永以訴事犯乘輿，本無死比，乃擬眞犯；奸人王相私閹良民者三，本無生法，乃擬矜疑。宜勒令致仕。」帝怒，命編氓口外。踰月，御史方新上言：「黃河與北狄之患，自古有之。乃今豐、沛間陸地爲渠，而與都有陵寢之憂，鳳陽有冰雹之厄，河南有饑饉之災，堯之洚水不烈於此矣。諸邊將惰卒驕，寇至輒巽愞觀望，而寧武有軍士之變，南贛有士兵之叛，徽州諸府有礦徒竊發之虞，舜之三苗不棘於此矣。夫洚水、三苗不足爲累者，以堯、舜兢業於上，而禹、皐諸臣分憂於下也。今司論納者日獻禎祥，而疆場之臣，惟冒首功，隱喪敗。爲國分憂者，誰也？斥罰之法，今不得不嚴。而陛下亦宜隨事自責，痛加修省，然後災變可息，而外患可弭也。」疏入，斥爲民。

深，大同人。儒，泰州人。時舉，順天通州人。新，青陽人。穆宗嗣位，並復官。深，尋遷刑部右侍郎。齊康之劾徐階也，深劾康并詆高拱。時登極詔書赦死罪以下囚，而流徒已至配者，所司拘律令不遺。深言殊死猶赦，而此反不及，非所以廣皇仁。詔從其議。旋進左侍郎，罷歸。

儒既復御史，益發舒，亦以康事率同列劾拱。拱罷，又劾去大學士郭朴。頃之，劾罷撫治鄖陽都御史劉秉仁。又以永平失事劾總督劉燾、巡撫耿隨卿、總兵官李世忠罪。隨卿、世忠被逮，燾貶官。隆慶二年，儒再遷右僉都御史，理山西屯鹽。吏部追論其知永豐時貪墨，遂落職閒住。

時舉復官後，巡按貴州。聞給事中石星廷杖，且帝方廣市珠寶，馳疏救星，極陳奢靡之害。已，請陳后還中宮。章並報聞。萬曆初，都給事中雒遵，御史景嵩、韓必顯論譚綸被謫，時舉抗章救之。歷大理左少卿。

新終湖廣參議。

贊曰：賈山有言：「忠臣之事君也，言切直則不用而身危。」「然切直之言，明主之所亟欲聞，忠臣之所蒙死而竭知也。」鄧繼曾諸人箴主闕，指時弊，言切直矣，而杖斥隨之。伊尹曰：「有言逆于汝心，必求諸道。」有旨哉，有旨哉。

校勘記

〔一〕贊善郭希顏　郭希顏，原作「部希顏」，據明史稿傳八六包節傳、明進士題名碑錄嘉靖壬辰科改。

明史卷二百八

列傳第九十六

張芹　汪應軫　蕭鳴鳳高公韶　齊之鸞　袁宗儒
許相卿　顧濟子章志　章僑　余珊汪珊　韋商臣
黎貫王汝梅　彭汝實　鄭自璧　戚賢　劉繪子黃裳
錢薇　洪垣方瓘　呂懷　周思兼　顏鯨

張芹，字文林，峽江人。弘治十五年進士。授福州推官。正德中，召爲南京御史。寧夏既平，大學士李東陽亦進官廕子。芹抗疏曰：「東陽謹厚有餘，正直不足；儒雅足重，節義無聞。逆瑾亂政，東陽爲顧命大臣，既不能遏之於始，及惡跡既彰，又不能力與之抗。脂韋順從，惟其指使。今叛賊底平，東陽何力？冒功受賞，何以服人心。乞立賜罷斥，奪其加恩，爲大臣事君不忠者戒。」疏出，東陽涕泣不能辯。帝責芹沽名，令對狀。芹請罪，停俸三月。

給事中竇明言事下獄，芹疏救之。帝嘗馳馬傷，編修王思切諫，坐遠戍。芹曰：「彼非諫官尚爾，吾儕可坐視乎！」遂上疏曰：「孟子言『從獸無厭謂之荒』。老聃曰『馳騁田獵，使人心發狂』。心狂志荒，何事不忘？皆甚言無益有害也。今輕萬乘之尊，乘危冒險，萬一有不可諱，皇嗣未誕，如宗廟社稷何！」帝不省。

尋出爲徽州知府。寧王宸濠反，言者以芹家江西，慮賊劫其親屬，取道出徽。乃改知杭州。已，復還徽州。嘉靖初，遷浙江海道副使。歷右參政、右布政使。坐爲海道時倭人爭貢誤傷居民，罷歸。

芹事繼母孝，持身儉素，臬袍糲食終其身。

汪應軫，字子宿，浙江山陰人。少有志操。正德十二年成進士，選庶吉士。十四年詔將南巡。應軫抗言：「自下詔以來，臣民旁皇，莫有固志。臨清以南，率棄業罷市，逃竄山谷。苟不卽收成命，恐變生不測。昔谷永諫漢成帝，謂『陛下厭高美之尊號，好西夫之卑字。數離深宮，挺身晨夜，與羣小相逐。典門戶奉宿衞者，執干戈而守空宮』。不其言切中於今。夫谷永，諂諛之臣；成帝，庸闇之主。永言而成帝容之。豈以陛下聖明，不能俯納直諫哉？」疏入，留中。繼復偕修撰舒芬等連章以請。跪闕門，受杖幾斃。

教習竣，擬授給事中。有旨補外，遂出爲泗州知州。土瘠民惰，不知農桑。應軫勸之耕，買桑植之。募江南女工，教以蠶繅織作。由是民足衣食。帝方南征，中使驛騷道路。應軫率壯夫百餘人列水次，舟至，卽挽之出境。車駕駐南京，命州進美婦善歌吹者數十人。應軫言：「州子女荒陋，無以應敕旨。臣向募有桑婦，請納之宮中，傳受蠶事。」事遂寢。

世宗踐阼，召爲戶科給事中。山東礦盜起，掠東昌、兗州，流入畿輔、河南境。應軫奏言：「弭盜與禦寇不同。禦寇之法，驅之境外而已。若弭盜而縱使出境，是嫁禍於鄰國也。凡一方有警，不行撲滅，致延蔓他境者，俱宜重論。」報可。在科歲餘，所上凡三十餘疏，咸切時弊。以便養，乞改南，遂調南京戶科。張璁、桂萼在南部，方議追尊獻皇帝。雅知應軫名，欲倚以自助。應軫與議不合，卽奏請遵禮經、崇正統，以安人心。不報。

嘉靖三年春，出爲江西僉事。居二年，具疏引疾，不俟命而歸，爲巡按所劾。詔所司逮問。應軫自陳親老，鮮兄弟，乞休侍養。吏部爲之請，乃免逮。久之，廷臣交薦。起故官，視江西學政。父艱歸，病卒。

蕭鳴鳳，字子雝，浙江山陰人。少從王守仁遊。舉鄉試第一。正德九年成進士，授御史。副使胡世寧下獄，抗章救之。同官內江高公韶劾王瓊誤邊計，言：「松潘副將吳坤請增設總兵於成都，瓊即以坤任之。花當本我屬衛，由本兵非人，致小醜輕中國。」瓊怒，奏訐公韶。中旨責公韶陰結外蕃，交通間諜，令首實。鳴鳳上疏曰：「公韶劾瓊，所論者天下之事。瓊不當逞忿恣辯，以箝諫官口。」中旨責鳴鳳黨庇，而謫公韶富民典史。鳴鳳又劾江彬恃寵恣肆，蔓將難圖。士論壯之。尋巡視山海諸關。武宗將出塞捕虎，鳴鳳疏諫，因具陳官司掊剋，軍民疾苦狀。不報。引疾歸。

起督南畿學政。諸生以比前御史陳選，曰「陳，泰山；蕭，北斗」。嘉靖初，遷河南副使，仍督學政。考察拾遺被劾。吏部惜其學行，調爲湖廣兵備副使。明年復改督廣東學政。鳴鳳三督學政，廉無私。然性剛狠，以憤撻肇慶知府鄭璋。〔二〕璋懟恚，投劾去，由是物論大譁。八年考察，兩京言官交章論，坐降調。已，與璋相詆訐。皆下巡按御史逮治。鳴鳳遂不出。

公韶，正德中爲御史，嘗劾總兵官郭勛罪。朶顏花當入寇，又劾總兵官遂安伯陳鏸、中官王欣、巡撫王倬，繐坐解職。世宗立，起謫籍。歷右副都御史，巡撫江西。終戶部右侍郎。

齊之鸞，字瑞卿，桐城人。正德六年進士。改庶吉士，授刑科給事中。

十一年冬，帝將置肆於京城西偏。之鸞上言：「近聞有花酒鋪之設，或云車駕將臨幸，或云朝廷收其息。陛下貴爲天子，富有四海，乃至競錐刀之利，如倡優館舍乎？」應州奏捷，帝降敕「總督軍務威武大將軍總兵官朱壽剿寇有功，宜特加公爵」。制下，舉朝大駭。之鸞偕諸給事中上言：「自古天子亦有親臨戰陣勘定禍亂者。成功之後，不過南面受賀，勒之金石，播之歌頌已耳，未有加爵酬勞，如今日之顚倒者。不知陛下何所取義，爲此不祥之舉，以駭天下耳目，貽百世之譏笑也。」

未幾，請召還編修王思，給事中張原、陳鼎，御史周廣、高公韶、李熙、徐文華、李穩、施儒、劉寓生，僉事韓邦奇，評事羅僑，皆不聽。帝將巡邊，復自稱威武大將軍。御史袁宗儒疏諫，大學士楊廷和、蔣冕、毛紀以去就爭。之鸞偕同官言：「三臣居師保之重，身係安危，邇者先後稱疾。今六飛臨邊踰月矣，宗廟社稷百官萬姓寄空城中。人心危疑，幾務叢積，復杜門求決去。萬一事起倉卒，至於僨敗，三臣將何辭謝天下。乞陛下以社稷爲重，亟返宸居，與大臣共圖治理。」已而御史李潤等復爭之，卒不省。

之鸞再遷兵科左給事中。中官馬永成死，詔授其家九十餘人官。之鸞言：「永成貴顯，用事十有餘年，兄弟子姪皆高爵美官。而其儕復爲陳乞，將及百人。永成何功，恩濫如此，恐天下聞而解體也。」帝將南巡，之鸞偕同官及御史楊秉中等交章力諫。章入二日，未報。之鸞等不知所出，伏闕俟命，自辰至申。帝令中官傳諭，乃退。明日託疾免朝，欲以爲之鸞等罪。會諸曹郎黃鞏等聯章力諫，乃止不行。然鞏等下獄杖譴，之鸞輩亦不敢救也。宸濠反，張忠、許泰等南征，命之鸞偕左給事中祝續從軍紀功。未至，賊已滅。羣小忌王守仁，譖毀百端，之鸞力白其誣。忠、泰廣搜逆黨，株引無辜，之鸞多所開釋。且請蠲田租、停力役、寬逋負，帝頗採納。初冒徐姓，至是始復焉。

世宗踐阼，首上疏言：「祖宗法制，悉紛更於羣小。補救之道，在先定聖志，次廣言路。先朝元凶雖去，根據盤互，連蔓滋多，猶恐巧相營結，或邀定策之賞，或假迎扈之勞，以取憐固寵。天下事豈堪若輩更壞。言者久遏於權奸，欲吐忠鯁滯憤之氣，必有不顧忌諱，至於逆耳者，在嘉納而優容之。若稍或抑裁，則小人又乘之以讐忠直。言路一塞，不可復開，大爲新政累矣。陛下誠舉遡年亂政，盡返其初，中興之烈可以立覩。」帝嘉納之。又劾許泰及兵部尚書王憲，二人竟獲譴。

其秋大計京官，被中傷，謫崇德丞。屢遷寧夏僉事。饑民採蓬子爲食，之鸞爲取一封，一進於帝，一以貽閣臣。且言時事可憂者三，可惜者四，語極切。帝付之所司。時方大修邊牆，之鸞董役。巡撫胡東皋稱其能，舉以自代。歷河南、山東副使。召爲順天府丞。未行，盜發，留鎮撫。尋擢河南按察使。卒官。

袁宗儒，字醇夫，雄縣人。正德三年進士。授御史。十二年冬，帝在大同。以郊祀將回鑾，既而復止。宗儒率同官力諫。明年夏，孝貞純皇后將葬，帝還京。宗儒等復引災異，力請罷皇店，遣邊兵，既又諫帝巡邊。語極危切。皆不報。擢大理寺丞。嘉靖三年爭「大禮」，廷杖。歷官右僉都御史，巡撫貴州。吏部尚書桂萼議宗儒改調，遂解職歸。未幾，起鄖陽，改山東。坐屬吏振饑無術，不能覺察，罷免。以薦起左副都御史。扈蹕承天，還京卒。

許相卿，字伯台，海寧人。正德十二年進士。世宗立，授兵科給事中。宦官張銳、張忠有罪論死，帝復寬之。給事中顧濟疏爭，帝下所司議，卒欲寬其死。相卿言：「天下望陛下爲孝皇，陛下奈何自處以正德。」帝議加興獻帝皇號，相卿復爭之。

嘉靖二年詔廕中官張欽義子李賢爲錦衣世襲指揮。相卿言：「于謙子冕止錦衣千戶，王守仁子正憲止錦衣百戶。賢中官廝養，反過之。忠勛大臣裔曾不若近倖奴，殉國勤事之臣誰不解體？部臣彭澤，科臣許復禮、安磐相繼言之，悉拒不納。毋乃重內侍而輕士大夫哉！」

尋復言：「天下政權出於一則治，二三則亂；公卿大夫參議則治，匪人僭干則亂。陛下繼統之初，登用老成，嘉納忠讜，裁抑僥倖，竄殛憸邪，可謂明且剛矣。曾未再期，偏聽私昵，秕政亟行，明少蔽，剛少遜，操權未得其術，而陰伺旁竊者得居中制之。如崔文以左道罔上，師保臺諫言之而不聽。羅洪載守職逮繫，廷臣疏七十上而不行。近又庇崔文奴奪法司之守，斥林俊以違旨，怒言官之奏擾。事涉中人，曲降溫旨，犯法不罪，請乞必從。此與正德朝何異哉！俊，國之望也，其去志決矣。俊去，類俊者必不留。陛下將與二三近習私人共理天下乎？今日天下，與先朝異。武宗時，勢已阽危，然元氣猶壯，調劑適宜，可以立起。何也？承孝宗之澤也。今日病雖稍蘇，而元氣已竭，調劑無方，將至不起。何也？承武宗之亂也。伏願深察亂機，收還政柄，取文輩置之重典。然後務學親賢，去讒遠色，延訪忠言，深恤民隱。務使宮府一體，上下一心，而後天下可爲也。」同官趙漢等亦皆以文爲言，帝卒不聽。未幾，以給事中李學曾、章僑，主事林應驄皆言事奪俸，復上疏諫。指帝氣驕志怠，甘蹈過愆。詞甚切。

爲給事三年，所言皆不聽，遂謝病歸。八年詔養病三年以上不赴都者，悉落職閑住，相卿遂廢。夏言故與同僚相善。既秉政，招之，謝弗應。

顧濟，字舟卿，崑山人。正德十二年進士。授行人，擢刑科給事中。武宗自南都還，臥病豹房，惟江彬等侍。濟言：「陛下孤寄於外，兩宮隔絕，骨肉日疎。所恃以爲安者，果何人哉？漢高帝臥病數日，樊噲排闥，警以趙高之事。今羣臣中豈無噲憂者。願陛下愼擇廷臣更番入直，起居動息咸使與聞。一切淫巧戲劇，傷生敗德之事，悉行屏絕，則保養有道，聖躬自安。」不報。再踰月而帝崩。

世宗卽位之月，濟上疏曰：「陛下踐阼，除弊納諫，臣民踴躍，思見德化之成。然立法非難，守法爲難；聽諫非難，樂諫爲難。今新政所釐，多不便於奸豪權倖。臣恐盤據既深，玩縱未已，非依怙宮闈，必請託左右。持法不固，則此輩將叢聚而壞之。此守法之難也。唐太宗貞觀初，每導羣臣使言。及至晚年，諫者乃多忤旨。陛下首闢言路，臣工靡不因事納忠。高遠者似涉於迂闊，切直者或過於犯顏。若怒其犯顏，其言必不入；視爲迂濶，則計必不行。此樂諫之難也。」尋復言：「內臣張雄、張銳等，詿誤先帝，業已逮治，又獲寬假。願斷以大義，俾無所售奸。」帝頗嘉納。既又劾司禮蕭敬黨庇銳等，而三法司會訊依違，無大臣節。不聽。帝欲加興獻帝皇號，濟言不可。尋請侍養歸，越數年卒。

子章志，嘉靖三十二年進士。累官南京兵部侍郎。奏減進奉馬快船額，南都人祀之。

章僑，字處仁，蘭谿人。正德十二年進士。授行人。嘉靖元年擢禮科給事中。疏劾中官蕭敬、芮景賢等。又言：「三代以下正學莫如朱熹。近有聰明才智，倡異學以號召，天下好高務名者靡然宗之。取陸九淵之簡便，詆朱熹爲支離。乞行天下，痛爲禁革。」御史梁世驃亦言之。帝爲下詔申禁。

尋又請依祖宗故事，早朝班退，許百官以次啓事。經筵日講，賜淸問，密勿大臣勤召對。又簡儒臣十數人，更番直便殿，以備咨訪。上納其言，而不能用。奸人何淵請立世室於太廟東北，僑力言其不可。未幾，又言：「添設織造內臣，貪橫殊甚。行戶至廢產鬻子以償。惟急停革，與天下更始。」疏入，不省。又因條列營務，劾定國公徐光祚、陽武侯薛倫不職，倫遂解任。尋請斥張璁、霍韜等，不聽。

孝陵司香谷大用乞還京治疾。僑言：「大用初連逆瑾，後引寧、彬，樹『八黨』之凶，釀十六年之禍，至先帝不得正其終。若不早遏絕，恐乘間伺隙，羣兇競起，不至復亂天下不止。」章下所司。吳廷舉請召家居大臣議禮，僑劾其陰附邪說。孟秋時享太廟，帝遣京山侯崔元。僑言：「奉命臨時，倉皇就位，誠敬何存？」帝怒，奪其俸二月。歷禮科左給事中。出知衡州府，終福建布政使。

余珊，字德輝，桐城人。正德三年進士。授行人，擢御史。庶吉士許成名等罷教習，留翰林者十七人。珊以爲濫，疏論之。語侵內閣，不納。乾清宮災，疏陳弊政，極指義子、西僧之謬。巡鹽長蘆，發中官奸利事。爲所誣，械繫詔獄，謫安陸判官。移知澧州。世宗立，擢江西僉事，討平梅花峒賊。遷四川副使，備兵威、茂。嘉靖四年二月應詔陳十漸，其略曰：

陛下有堯、舜、湯、武之資，而無稷、契、伊、周之佐，致時事漸不克終者有十。正德間，逆瑾專權，假子亂政，不知紀綱爲何物，幸陛下起而振之。未幾而事樂因循，政多苟簡，名實乖謬，宮府異同，紛拏泄沓。以爲在朝廷而不在朝廷，以爲在宮省而不在宮省，遂至天子以其心爲心，百官萬民亦各以其心爲心。此紀綱之頹，其漸一也。

正德間，士大夫寡廉鮮恥，趨附權門，幸陛下起而作之。乃今則前日之去者復來，來者不去。自夫浮沉一世之人擢掌銓衡，首取軟美脂韋。重富貴薄名檢者，列之有位，致諛佞成風，廉恥道薄。甚者侯伯專糾彈，罷吏議禮樂。市門復開，賈販仍舊。此風俗之壞，其漸二也。

正德間，國柄下移，王靈不振，是以有安化、南昌之變，賴陛下起而整肅之。乃塞上戍卒近益驕恣。曩殺許巡撫而姑息，頃遂殺張巡撫而效尤。曩縛賈參將以立威，近又縛桂總兵而報怨。致楡關妖賊效之而戕主事，北邊庫吏倣之而賊縣官。陛下惑鄙儒姑息之談，牽俗吏權宜之計，遂使廟堂號令出於一二戍卒之口。此國勢之衰，其漸三也。

自逆瑾以來，以苞苴易將帥，故邊防盡壞，賴陛下起而申嚴之。然積弊已久，未能驟復。今朵顏蹻蹻於遼海，羌戎跳梁於西川，北狄蹂躪於沙漠。寇勢方張，而食肉之徒不能早見預料，亟求制馭之方，乃假鎮靜之虛名，掩無能之實跡。甚且詐飾捷功，濫邀賞賚，虛張勞伐，峻取官階，而塞上多事日甚。此外裔之强，其漸四也。

自逆瑾以來，盡天下之脂膏，輸入權貴之室，是以有劉、趙、藍、鄢之亂，賴陛下起而保護之。乃近年以來，黃紙蠲放，白紙催徵；額外之斂，下及雞豚；織造之需，自爲商賈。江、淮母子相食，兗、豫盜賊橫行，川、陝、湖、貴疲於供餉。田野嗷嗷，無樂生之心。此邦本之搖，其漸五也。

正德朝，衣冠蒙禍，家國幾空，幸陛下起而收錄之。乃未幾而狂瞽之言，一鳴輒斥。昔猶謫遷外任，今或編配遐荒。昔猶禁錮終身，今至箠死殿陛。蓋自呂柟、鄒守益等去而殿閣空，顧清、汪俊等去而部寺空，張原、胡瓊等死而言路空。間有一二忠直士，又爲權奸排擠而違之，俾不通，致陛下耳囂目眩，忽不自知其在鮑魚之肆矣。此人才之彫，其漸六也。

正德朝，奸邪迭進，忠諫不聞，幸陛下起而開通之。顧閱時未久，而此風復見。降心未懲其憤，逆耳或動諸顏。不剿說而折人以言，卽臆度而虞人以詐。朝進一封，暮投千里。甚至三木囊頭，九泉含泣。此言路之塞，其漸七也。

正德朝，忠賢排斥，天下幾危，賴陛下起而主持之。豈期一轉瞬間，憸邪投隙而起。飾六藝以文奸言，假周官而奪漢政。堅白異同，模棱兩可。是蓋大奸似忠，大詐似信。王莽匿情於下士之日，安石垢面於入相之初。雖有聖哲，誰其辨之。臣恐正不敵邪，羣陰日盛。此邪正之淆，其漸八也。

正德之世，大臣日疎，小人日親，致政事乖亂，賴陛下紹統，堂廉復親。乃自大禮議起，凡偶失聖意者，譴謫之，鞭笞之，流竄之，必一網盡焉而後已。由是小人窺伺，巧發奇中，以投主好，以弋功名。陛下旣用先入爲主，順之無不合，逆之無不怒。由是大臣顧望，小臣畏懼，上下乖戾，寖成睽孤，而泰交之風息矣。此君臣之睽，其漸九也。

正德之世，天鳴地震，物怪人妖，曾無虛歲，賴陛下紹統，災異始除。乃頃歲以來，雨雹殺禽獸，雷風拔樹屋，婦人產子兩頭，無極晝晦如夜，四方旱潦，奏報不絕，曾何異正德之季乎。且京師陰霾之氣，上薄太陽，白晝冥冥，罕有暉采，尤爲可畏。此災異之臻，其漸十也。

此十者，天子有一，無以保四海。陛下聖明，何以致此，無乃輔弼召之歟。竊見今日之爲輔弼第一人者，徒以奸佞，伴食怙恩。致上激天變，下召民災，中失物望。臣逆知其非天下之第一流，而陛下乃任信之，不至於魚爛不已。願亟去其人，更求才兼文武如前大學士楊一淸，老成厚重如今大學士石珤者，並置左右，庶弊政可除，天下可治。

臣又聞獻皇帝好賢下士，容物恕人，天下所共知也。今議禮諸臣，一言未合，輒以悖逆加之。譎配死徙，朝宁爲空。此豈獻皇帝意。苟非其意，雖尊以天下，無當也。陛下何不起而用之，使駿奔淸廟，以慰獻皇帝在天之靈哉。

疏反覆萬四千言，最爲剴切，帝付之所司。其所斥輔弼第一人，謂費宏也。珊律己淸嚴，居官有威惠。外艱歸，士民祠之名宦。後副使胡東皐謁祠，獨顧珊嘆曰：「此吾師也。」服闋，以故官涖廣東。終四川按察使。

先是，有御史汪珊者，於嘉靖元年七月疏陳十漸。略言：「陛下初卽位，天下忻然望治，邇來漸不如初。初每事獨斷，今戚里左右，或潛移陰奪。初每事咨訪大臣，今禮貌雖隆，而實意日疎。初罷諸不經淫祠，今稍稍議復。初屛絕玩好，今敎坊諸司或以新聲巧伎進。初日覽奏章，今或置不省，輒令左右可否。初釐革宂食宂費，今騰驤勇士不行覈實，御馬實數不得稽察。初裁革錦衣冒濫，今大臣近侍以迎立授世廕，舊邸旗校盡補親軍。初中官有罪，懲以成法，今犯者多貸死，舉朝爭不得。初中官有過不復任用，今鎮守守備營求易置，倖門復啓。初納諫如流，今政事不便者，言官論奏，直曰『有旨』，訑訑拒人。」帝頗納其說。未幾，出爲河南副使，歷官至南京戶部右侍郎。

珊，字德聲，貴池人。正德六年進士。巡撫貴州時，討都勻叛苗有功。

韋商臣，字希尹，長興人。嘉靖二年進士。授大理評事。明年冬，商臣以「大禮」初定，廷臣下吏貶謫者無虛日，乃上疏曰：「臣所居官，以平獄爲職。乃自授任以來，竊見羣臣以議禮忤旨者，左遷則吏部侍郎何孟春一人，謫戍則學士豐熙等八人，杖斃則編修王思等十七人，以咈中使逮問，則副使劉秉鑑，布政馬卿，知府羅玉、查仲道等十人，以失儀就繫，則御史葉奇、主事蔡乾等五人，以京朝官爲所屬訐奏下獄，則少卿樂護、御史任洛等四人。此皆不平之甚，上干天象，下駭衆心。臣竊以爲皆所當宥。況比者水旱疫癘，星隕地震，山崩泉湧，風雹蝗蝻之害，殆徧天下，有識莫不寒心。及今平反庶獄，復戍者之官，錄死者之後，釋逮繫者之囚，正告訐者之罪，亦弭災釀患之一道也。」帝責以沽名賣直，謫淸江丞，量移德安推官。

遷河南僉事。討平永寧巨寇，以功受賞。伊王虐殺其妃，商臣論如律。嘗治里居給事中杜桐殺人罪。桐構之吏部尚書汪鋐。甫遷四川參議，遂以考察落職歸。言官薛宗鎧、戚賢、戴銑輩交章救，不納。家居數十年，卒。

黎貫，字一卿，從化人。正德十二年進士。改庶吉士，授御史。刷卷福建，劾鎮守內官尚春侵官帑狀，悉追還之。

世宗入繼，貫請復起居注之制，命詞臣編類章奏備纂述，從之。登極詔書禁四方貢獻，後鎮守中貴貢如故。貫上言：「陛下明詔甫頒，而諸內臣曲說營私，希恩固寵。其假朝命以徵取者謂之額，而自挾以獻者謂之額外，罔虐百姓，致朝廷之澤壅而不流，非所以昭大信，彰君德也。」

嘉靖二年，帝從玉田伯蔣輪請，於承天立興獻帝家廟，以輪子榮奉祀。貫言：「陛下信一諛臣之說，委祀事於外戚。神不歆非類，獻帝必將吐之。」不聽。尋疏言：「國初，夏秋二稅，麥四百七十一萬，而今損九萬。米二千四百七十三萬，而今損二百五十萬。以歲入則日減，以歲出則日增。乞敕所司通稽祖宗以來賦額及今日經費之數，列籍上聞。知賦入有限，則費用不容不節。」帝嘉納焉。

出按江西，父喪歸。久之，起故官。會帝從張孚敬議，去孔子王號，改稱先師，並損籩豆佾舞之數。編修徐階以諫謫。御製改正祀典說，頒示廷臣，而孚敬復爲祀典或問以希合帝意。議已定，貫率同官合疏爭之。帝震怒，曰：「貫等謂朕已尊皇考爲皇帝，孔子豈反不可稱王，奸逆甚矣。其悉下法司按治。」於是都御史汪鋐言：「比者言官論事，每挾衆以凌人曰『此天下公議也』，不知倡之者止一人。請究倡議之人，明正其罪。」帝然之。已而刑部尚書許讚等上其獄，當贖杖還職，帝特命褫貫爲民。久之，卒於家。

方貫等上疏時，禮科都給事中華陽王汝梅亦率同官抗論，且曰：「陛下萬幾之餘，留神典禮，甚盛舉也。但恐生事之臣望風紛起，今日獻一議，謂某制當革，明日進一說，謂某制當復，國家自此多事矣。況祖宗成法，守之百六十年，縱使少不如古，循而行之，亦未爲過，何必紛紛事更易乎？」帝覽奏，斥其違旨，以祀典說示之。

汝梅，字濟元，由行人歷禮科都給事中。八年二月以災異求言。汝梅言：「比來章奏多逢迎，請分別忠佞，毋信諛言。大臣奏事，近多留中，請悉付之公論。人主之學，詞命非所重。今一事之行，動煩宸翰，亦少褻矣。宜倣祖宗故事，時御平臺，召見宰執，面決大議，既省筆札之勞，且絕壅蔽之害。」疏入，忤旨。及夏言請分祀天地，汝梅復偕同官力爭。尋出爲浙江參政，卒官。

彭汝實，字子充，嘉定州人。正德十六年進士。授南京吏科給事中。嘉靖三年疏言：「九江盜起，殺傷官軍。操江伍文定不即議剿，應城伯孫鉞擁兵不出，俱宜切責。」帝並從之。呂柟、鄒守益下獄，汝實抗章救。又因災異上言：「邇者黃風黑霧，春旱冬雷，地震泉竭，揚沙雨土。加以羣小盛長，盜賊公行，萬民失業。木異草妖，時時見告。天變於上，地變於下，人物變於中，而修省之詔無過具文。廷陛之間，忠邪未辨，以逢迎爲合禮，以守正爲沽直。長鯨巨鯿決網自如，腴田甲第橫賜無已。陛下春秋已逾志學，而經筵進講略無問難，黃閣票擬依常批答。褻燕閒於女寵，委腹心於貂璫。二廖諸張尙然緩死，李隆、蘇晉竟得無他。〔三〕如此而望天意回，人心感，不可得矣。」

大學士費宏以子坐事被論不出，禮部侍郎溫仁和以慶王台浤事聽勘。汝實言宜聽二臣避位，以明進退之義。因薦石珤、羅欽順、顧淸、蔣冕可代宏，李廷相、崔銑、湛若水、何瑭、許誥可代仁和。章下所司。

奸人王邦奇之訐楊廷和、彭澤也，汝實言：「邦奇先後兩疏，始爲惶駭之語，終雜鄙褻之辭。中所引事，多顚倒淆惑，至謂費宏、石珤夜入楊一淸門。今不聞召問一淸，一淸又久不爲白，何也？陛下卽位之初，廷和裁省宂員數萬，坐此叢怨罷去。今其長子業以狂愚發遣，亦可已矣。而羣小蓄忿，蔓連不已，幷其次子及壻又復下獄。夫誣告之律，視其所誣輕重反坐，此國法也。願追究主使之人，與告人同罪，毋令苟免，貽譏外蕃。」不聽。

汝實數言時政缺失，又嘗力爭「大禮」，爲璁、萼等所惡。以親老再疏請改近地敎職，而舉貢士高任說、王表自代。章下，吏部承璁、萼指，言：「汝實倡言鼓衆，撓亂大禮，且與御史方鳳、程啓充朋黨通賄。自知考察不容，乃欲辭尊居卑，不當聽其倖免。」遂奪職閒住。與啓充及徐文華、安磐皆同里，時稱「嘉定四諫」。

鄭自璧，字采東，祥符人，隸籍京師。正德十二年進士。改庶吉士，除工科給事中。世宗踐阼，中外競言時政。自璧請采有關化理者，類輯成書，以備觀覽，從之。初，正德中，奄人多奪民業爲莊田，至是因民訴，遣使往勘。自璧復備言其弊，帝命勘者嚴治，民患稍除。嘉靖二年，后父陳萬言辭黃華坊賜第，請西安門外新宅，詔予之。自璧以所請宅已鬻之民，不當奪，與安磐力爭，不聽。明年爭「大禮」受杖。

三遷至兵科都給事中。中官李能以修墩堡爲詞，請定山海關稅額。中官張忠、尙書金獻民等論甘肅功，廕子錦衣，其下參隨皆進秩。鎭守江西中官黎鑑，參隨踰常額。中官武忠從子英冒功，擢副千戶。錦衣官裁革者多夤緣復職，而司禮監奏收已汰諸匠近五百人。孝陵淨軍于喜擅赴京奏辨。安邊伯許泰戍死，其子請襲祖職。中官扶安黃英先後死，官其親屬。自壁皆抗疏爭，帝多不聽。嘗偕同官劾郭勛奸貪。及李福達事起，復劾勛交結妖人。帝以勛故，降旨責自壁。六年三月，宣府失事。復劾總兵傅鐸，并及鎭守中官王玳、巡撫周金、副將時陳等罪。鐸逮問，陳褫冠帶，而玳、金責立功贖罪。禮部侍郎桂萼請起王瓊於邊。自壁率同官與御史譚纘等言瓊罪宜追治，萼引奸邪，請并論，不納。

自壁最敢言，所言皆權倖，直聲震朝野。側目者共爲蜚語，聞於上。吏部以資推太僕少卿，不用。至是科道共劾，中旨降二級，調外任，遂謫江陰縣丞。命下，大臣幸其去，無救者。後廷臣屢論薦，竟不召。

戚賢，字秀夫，全椒人。嘉靖五年進士。授歸安知縣。縣有蕭總管廟，報賽無虛日。會久旱，賢禱不驗，沉木偶於河。居數日，舟過其地，木偶躍入舟，舟中人皆驚。賢徐笑曰：「是特未焚耳。」趣焚之。潛令健隸入岸傍祉，詗之曰：「水中人出，械以來。」已，果獲數人。蓋奸民募善泅者爲之也。

知府萬雲鵬操下急，賢數忤之。當上計，有毀雲鵬者，將被黜。賢走吏部白其枉，雲鵬竟得免。而尙書桂萼獨心異賢，喪去，起知唐縣。召爲吏科給事中。

十四年春，當大計外吏。大計罷者，例永不用，而是時言事諸臣忤柄臣意，率假計典錮之。賢乃先事言所黜有未當者，宜聽言官論救。帝稱善，從其請。會參議王存、韋商臣言事忤要人，〔三〕前給事中葉洪劾汪鋐被謫，果在黜中。賢方勘事陝西，給事中薛宗鎧因據賢疏伸救。吏部持不可，帝遂命已之。及賢還朝，以鋐恣橫，實張孚敬庇之，乃條其罪狀曰：「輔臣孚敬布腹心以操吏部之權，懸利害以箝言官之口。卽如考察一事，陛下曲聽臣言，許其申雪，正防大臣行私也。今言官爲洪等辯救，孚敬乃曲庇冢臣，巧言阻遏。陛下有堯、舜知人之明，輔臣負伯鯀方命之罪。放流之典具在，惟陛下以威斷之。」帝內嘉賢言，而重違孚敬、鋐意，洪等竟不復。

再以喪去。補刑科都給事中。夏言柄國，會當還庶吉士，不能無所徇。賢疏陳請屬之弊，帝納其言。久之，劾郭勛呑噬徧天下。太廟災，復劾勛及尙書張瓚、樊繼祖等，而薦聞淵、熊浹、劉天和、王畿、程文德、徐樾、萬鏜、呂柟、魏校、程啓充、馬明衡、魏良弼、葉洪、王臣可任用。言滋不悅，激帝怒，謫山東布政司都事。諸被薦者皆奪俸。

賢尋以父老自免。歸十餘年，卒。賢少聞王守仁說，心契之。及官於浙，遂執弟子禮。

劉繪，字子素，一字少質，光州人。祖進，太僕少卿。繪長身修髯，磊落負奇氣。好擊劍，力挽六石弓。舉鄉試第一，登嘉靖十四年進士，授行人，改戶科給事中。

二十年詔兩京言官會薦邊才。給事中邢如默等薦毛伯溫、劉天和等二十人，而故御史段汝礪、副都御史翟璘、參議王洙與焉。繪言：「汝礪乃大學士翟鑾姻戚，璘、洙則夏言諭指如默排羣議而薦之者。相臣挾權以遏言官，言官懼勢而咈公議，上下雷同，非社稷福。乞罷鑾、言，罪如默，爲徇私植黨者戒。」帝是其言，出如默於外。言適罷政，鑾置不問。

明年，寇大入山西。繪上疏曰：「俺答方强，必爲腹心患。議者謂宜守不宜戰，以故邊將多自全，或拾殘騎報首功。督巡諸臣亦第列士馬守要害，名曰清野，實則避鋒；名曰守險，實則自衛。請專任翟鵬，得便宜從事。馳發宣、大、山西士馬，合十七八萬人。三路並舉，有進無退，寇雖多，可計日平也。」帝壯其言。令假鵬便宜，得戮都指揮以下。然鵬竟不能出塞。頃之，劾山西巡撫劉臬結納夏言，且請罷吏部尚書許讚、宣府巡撫楚書。臬、書由是去職。

繪兩劾言，言憾之，出爲重慶知府。土官爭地相讐，檄諭之，卽定。上官交薦，而言再入政府，屬言者論罷之。家居二十年，卒。

子黃裳，兵部員外郎。倭陷朝鮮，命贊畫侍郎宋應昌軍務。渡鴨綠江，抵平壤，大敗賊兵。賊遁，黃裳追逐，又連破之。錄功，進郎中。

錢薇，字懋垣，海鹽人。嘉靖十一年進士。受業湛若水。官行人，泊然自守。與同年生蔣信輩朝夕問學。擢禮科給事中。請令將帥家丁得自耕塞下田，毋徵其賦，總督大臣假便宜，專制閫外。格不行。又疏劾大學士李時、禮部尚書夏言、工部尚書溫仁和、外戚蔣輪。進右給事中。郭勛請復鎭守內官，擅易置宿衞將校。薇憤，疏其不法七事。帝眷勛，然素知其橫，兩不問。已，因星變，極言主德之失，帝深銜之未發。疏諫南巡，坐奪俸。內閣夏言輩所選宮僚，多以徇私劾罷。薇偕同官呂應祥、任萬里乞如會推故事，集內閣九卿公舉。帝特命並斥爲民。累薦，皆報寢。

集鄉里晚進與講學，足跡不及公府。倭患起，請於巡撫王忬，集兵爲備。鄉人德之。卒年五十三。隆慶初贈太常少卿。

洪垣，字峻之，婺源人。嘉靖十一年進士。禮部侍郎湛若水講學京師，垣受業其門。授永康知縣，徵授御史。

十八年，世宗南巡，册立皇太子，命閣臣夏言、顧鼎臣選宮僚。垣再疏言溫仁和、張衍慶、薛僑、胡守中、屠應埈、華察、胡經、史際、白悅、皇甫涍等皆庸流，不可使輔導青宮。帝亦已從他諫官言，廢黜者數人。未幾，劾「文選郎中黃禎先賄選郎楊育秀，得爲考功。及居文選，貪婪欺罔。知州王顯祖等考察調簡，而補大州。知縣何瑚年過六十，而選御史。皆非制。今當大計京官，乃以猥瑣之曹世盛爲考功郎，誤國甚」。帝下其章都察院，令會吏科參覈。乃下禎詔獄，及育秀、顯祖等，咸斥爲民。因詰責吏部尚書許讚、都御史王廷相，而令十三道御史公舉隱年冒進若瑚者。御史王之臣等坐調者四人，世盛亦改他部。垣一疏，而御史、曹郎以下得罪者至二十餘人。

出按廣東。以安南款附，增俸一級。未竣，出爲溫州知府。歲饑，有閉糴者，饑民殺之，垣坐落職歸。復與同里方瓘往從若水，若水爲建二妙樓居之。家食四十餘年，年九十。〔四〕

瓘絕意仕進。嘗自廣東還，同行友瘴死。舟中例不載屍，瓘秘不以告，與同寢槃日，至韶州始發之。

垣同年呂懷，廣信永豐人，亦若水高弟子。由庶吉士授兵科給事中，改春坊左司直郎，歷右中允，掌南京翰林院事。每言王氏之良知與湛氏體認天理同旨，其要在變化氣質。作心統圖說以明之。終南京太僕少卿。

周思兼，字叔夜，華亭人。少有文名。嘉靖二十六年進士。除平度知州。躬巡郊野，坐籃輿中，攜飯一盂，令鄉民以次舁行。因盡得閭閻疾苦狀，悉蠲除之。王府奄人縱莊奴奪民產，監司杖奴斃，奄迫王奏聞，巡撫彭黯令思兼讞之。王置酒欲有所囑，竟席不敢言。思兼閱獄詞曰：「此決杖不如法。罪當杖，以王故，加一等。奄誣告，罪當戍，以王故，末減。」監司竟得復故秩。旁郡饑民掠食，所司持之急，且爲亂，上官檄思兼治之，作小木牌數千散四郊，令執牌就撫，悉振以錢穀，事遂定。入覲，舉治行第一，當遷。州人走闕下以請，乃復留一年。

擢工部員外郎，督臨清磚廠，士民遮道泣送。同年生貌類思兼，使經平度，民競走謁。見非是，各歎息去。河將決，思兼募民築隄，身立赤日中。隄成三日而秋漲大發，民免於災。進郎中，出爲湖廣僉事。岷府宗室五人封爵皆將軍，殺人掠貲財，監司避不入武岡者二十年。思兼廉得奸狀，縛其黨，悉繫之獄。五人藏利刃入，思兼與揖，而捫其臂曰：「吾爲將軍百口計，將軍乃爲此曹死耶？」皆沮退。乃列其罪奏聞，悉錮之高牆，還田宅子女於民。遭內艱去官，不復出。居久之，起廣西提學副使，未聞命而卒。

顏鯨，字應雷，慈谿人。嘉靖三十五年進士。授行人。擢御史，出視倉場。奸人馬漢怙定國公勢，貸子錢漕卒。償不時，則沒入其糧，爲怨家所訴。漢持定國書至，鯨立論殺之。四十一年，畿輔、山東西、河南北大稔。鯨請州縣贓罰銀毋輸京師，盡易粟備振，且發內府新錢爲糴本。帝悉報可。已，上漕政便宜六事。

明年出按河南。伊王典楧怙惡，久結掖廷中官、嚴嵩父子，內外應援，所請奏立下，爪牙卒礦盜。鯨欲除之，與參政耿隨卿計，持王承奉王鑑罪，鑑日告王所謀。時嵩已敗，鯨乃奏記徐階，說諸大璫絕其援，又盡捕王偵事飛騎。託言防寇，檄知府兵分屯要害地。乃會巡撫胡堯臣劾典楧抗旨、矯敕、僭擬、淫虐十大罪。王護衞及諸亡命幾萬人，不敢發。帝震怒，廢王爲庶人，錮之高牆，沒其貲，削世封。兩河人鼓舞相慶。景王之國，越界奪民產爲莊田，鯨執治其爪牙。魏國公侵民產，假欽賜名樹碑爲界。鯨仆其碑，戍其人。錦衣帥受諸俠少金，署名校尉籍中，爲民害。列侯使王府，道路驛騷。王府內官進奉，駕龍舟，所過恣橫。鯨請校尉缺從兵部補，册封改文臣，王府進奉遣屬吏。詔册親王及妃遣列侯，餘皆如鯨議。

改督畿輔學政。大興知縣高世儒奉詔核逃役，都督朱希孝以勾軍劾之，下部議。鯨劾希孝亂法，言：「世儒等按籍召行戶，非勾禁軍。此乃禁軍子弟家人倚城社，冒禁衞名，致吏不敢問。富人得抗詔，而貧者爲溝中瘠。世儒無罪，罪在錦衣。」帝怒，責鯨詆誣勛臣，貶安仁典史。

隆慶元年歷湖廣提學副使。以試恩貢生失張居正指，降山東參議。改行太僕少卿。都御史海瑞薦鯨異才，不報。

鯨按河南時，黜新鄭知縣，其人高拱所庇也。在湖廣，王篆欲祀其父鄉賢，執不許。至是，拱掌吏部，篆爲考功，遂以不謹落鯨職。萬曆中，給事中鄒元標、御史饒位交章薦之，報寢。御史顧雲程言：「陛下大起遺佚，獨鯨及管志道以考察格之。夫相與冢宰賢，則黜幽爲公典，否則驅除異己而已。近又登用被察吳中行、艾穆、魏時亮、趙世卿，獨靳鯨、志道何也？」給事中姜應麟、李弘道亦言之，僅以湖廣副使致仕。中外論薦十餘疏，不果用。

贊曰：傳稱「未信而諫，則以爲謗己」。然志節之士，惓惓忠愛，何忍以不信自外其君哉。張芹等懷抱悃忱，激昂論事。其言雖不盡用，要與緘默者異矣。

校勘記

〔一〕以憤撻肇慶知府鄭璋　鄭璋，明史稿傳八七蕭鳴鳳傳作「鄭漳」。

〔二〕李隆蘇晉竟得無他　蘇晉，明史稿傳八七彭汝實傳作「蘇縉」。

〔三〕會參議王存韋商臣言事忤要人　王存，本書卷二〇九馮恩傳、世宗實錄卷一七一嘉靖十四年正月甲申條、國榷卷五六頁三五〇九都作「王臣」。

〔四〕家食四十餘年年九十　家食，似當作「家居」。年九十，明史稿傳八七洪垣傳作「年九十卒」。

明史卷二百九

列傳第九十七

楊最 顧存仁 高金 王納言 馮恩 子行可 時可 宋邦輔 薛宗鎧 曾翀

楊爵 浦鋐 周天佐 周怡 劉魁 沈束 沈鍊 楊繼盛

何光裕 龔愷 楊允繩 馬從謙 孫允中 狄斯彬

楊最，字殿之，射洪人。正德十二年進士。授工部主事。督逋山西，憫其民貧，不俟奏報輒返。尚書李鐩劾之，有詔復往。最乃與巡按御史牛天麟極陳歲災民困狀，請緩其徵，從之。

歷郎中，治水淮、揚。値世宗卽位，上言：「寶應氾光湖西南高，東北下。運舟行湖中三十餘里。而東北隄岸不踰三尺，雨霪風厲，輒衝決，阻壞運舟，鹽城、興化、通、泰良田悉遭其害。宜如往年白圭修築高郵康濟湖，專敕大臣加修內河，培舊隄爲外障，可百年無患，是爲上策。其次於緣河樹杙數重，稍障風波，而增舊隄，毋使庳薄，亦足支數年。若但窒隙補闕，苟冀無事，一遇霪潦，蕩爲巨浸，是爲無策。」部議用其中策焉。

出爲寧波知府。請罷浙東貢幣，詔悉以銀充，民以爲便。累遷貴州按察使，入爲太僕卿。

世宗好神仙。給事中顧存仁、高金、王納言皆以直諫得罪。會方士段朝用者，以所煉白金器百餘因郭勛以進，云以盛飲食物，供齋醮，卽神仙可致也。帝立召與語，大悅。朝用言，帝深居無與外人接，則黃金可成，不死藥可得。帝益悅，諭廷臣令太子監國，「朕少假一二年，親政如初。」舉朝愕不敢言。最抗疏諫曰：「陛下春秋方壯，乃聖諭及此，不過得一方士，欲服食求神仙耳。神仙乃山棲澡鍊者所爲，豈有高居黃屋紫闥，袞衣玉食，而能白日翀舉者。臣雖至愚，不敢奉詔。」帝大怒，立下詔獄，重杖之，杖未畢而死。

最既死，監國議亦罷。明年，勛以罪瘐死。朝用詐僞覺，亦伏誅。隆慶元年，贈最右副都御史，謚忠節。

顧存仁，字伯剛，太倉人。嘉靖十一年進士。除餘姚知縣，徵爲禮科給事中。十七年冬疏陳五事。首言宜廣曠蕩恩，赦楊愼、馬錄、馮恩、呂經等。末云：「敗俗妨農，莫甚釋氏。葉凝秀何人，而敢乞度？」帝方崇道家言。凝秀，道士也。帝以爲刺己，且惡其欲釋楊愼等，遂責存仁妄指凝秀爲釋氏，廷杖之六十，編氓口外。往來塞上，幾三十年。穆宗卽位，召爲南京通政參議。歷太僕卿。未幾，致仕。存仁困阨久，方見用，遽勇退，世尤高之。萬曆初，卒。

高金，石州人。爲兵科給事中。嘉靖九年上疏言：「陛下臨御之初，盡斥法王、國師、佛子，近又黜姚廣孝配享。臣每歎大聖人作爲，千古莫及。乃有眞人邵元節者，誤蒙殊恩，爲聖德累。夫元節，一道流耳。有勞，優以金帛足矣，乃加崇秩，復賜其師李得晟贈祭。廣孝不可配享於太廟，則二人益不可拜寵於聖朝。望削元節眞人號，幷奪得晟恩卹，庶異端闢，正道昌。」帝方欲受長生術，大怒，立下詔獄拷掠。終以其言直，釋之。尋偕御史唐愈賢稽覈御用監財物，劾奉御李興等侵蝕狀，置諸獄。後累官蘇州兵備副使。

王納言，信陽人。爲戶科給事中。請斥太常卿陳道瀛等，坐下詔獄，謫湖廣布政司照磨。累官陝西僉事。

馮恩，字子仁，松江華亭人。幼孤，家貧，母吳氏親督教之。比長，知力學。除夜無米且雨，室盡濕，恩讀書牀上自若。登嘉靖五年進士，除行人。出勞兩廣總督王守仁，遂執贄爲弟子。

擢南京御史。故事，御史有所執訊，不具獄以移刑部，刑部獄具，不復牒報。恩請尚書仍報御史。諸曹郎譁，謂御史屬吏我。恩曰：「非敢然也。欲知事本末，得相檢覈耳。」尚書無以難。已，巡視上江。指揮張紳殺人，立置之辟。大計朝覲吏，南臺例先糾。都御史汪鋐擅權，請如北臺，既畢事，始許論列。恩與給事中林士元等疏爭之，得如故。

帝用閣臣議分建南北郊，且欲令皇后蠶北郊，詔廷臣各陳所見，而詔中屢斥異議者爲邪徒。恩上言：「人臣進言甚難，明詔令直諫，又詆之爲邪徒，安所適從哉？此非陛下意，必左右奸佞欲信其說者陰詆之耳。今士風日下，以緘默爲老成，以謇諤爲矯激，已難乎其忠直矣。若預恐有異議，而逆詆之爲邪，則必雷同附和，而後可也。況天地合祀已百餘年，豈宜輕改。禮『男不言內，女不言外』。皇后深居九重，豈宜遠出郊野。願速罷二議，毋爲好事希寵者所誤。」恩草疏時，自意得重譴。及疏奏，帝不之罪，恩於是益感奮。

十一年冬，彗星見，詔求直言。恩以天道遠，人道邇，乃備指大臣邪正，謂：大學士李時小心謙抑，解棼撥亂非其所長。翟鑾附勢持祿，惟事模棱。戶部尚書許讚謹厚和易，雖乏剸斷，不經之費必無。禮部尚書夏言，多蓄之學，不羈之才，駕馭任之，庶幾救時宰相。兵部尚書王憲剛直不屈，通達有爲。刑部尚書王時中進退昧幾，委靡不振。工部尚書趙璜廉介自持，制節謹度。吏部尚書左侍郎周用才學有餘，直諒不足。右侍郎許誥講論便捷，學術迂邪。禮部左侍郎湛若水聚徒講學，素行未合人心。右侍郎顧鼎臣警悟疏通，不局偏長，器足任重。兵部左侍郎錢如京安靜有操守。右侍郎黃宗時雖擅文學，因人成事。刑部左侍郎聞淵存心正大，處事精詳，可寄以股肱。右侍郎朱廷聲篤實不浮，謙約有守。工部左侍郎黎奭滑稽淺近，才亦有爲。右侍郎林廷棉才器可取，通達不執。

而極論大學士張孚敬、方獻夫，右都御史汪鋐三人之奸，謂：

孚敬剛惡兇險，媢嫉反側。近都給事中魏良弼已痛言之，不容復贅。獻夫外飾謹厚，內實詐奸。前在吏部，私鄉曲，報恩讐，靡所不至。昨歲僞以病去，陛下遣使徵之，禮意懇至。彼方倨傲偃蹇，入山讀書，直俟傳旨別用，然後忻然就道。夫以吏部尚書別用，非入閣而何，此獻夫之病所以痊也。今又遣兼掌吏部，必將呼引朋類，播弄威福，不大壞國事不止。若鋐，則如鬼如蜮，不可方物。所仇惟忠良，所圖惟報復。今日奏降某官，明日奏調某官，非其所憎惡則宰相之所憎惡也。臣不意陛下寄鋐以腹心，而鋐逞奸務私乃至此極。且都察院爲綱紀之首。陛下不早易之以忠厚正直之人，萬一御史銜命而出，效其鍥薄以希稱職，爲天下生民害，可勝言哉。故臣謂孚敬，根本之彗也；鋐，腹心之彗也；獻夫，門庭之彗也。三彗不去，百官不和，庶政不平，雖欲弭災，不可得已。

帝得疏大怒，逮下錦衣獄，究主使名。恩日受搒掠，瀕死者數，語卒不變。惟言御史宋邦輔嘗過南京，談及朝政暨諸大臣得失。遂幷逮邦輔下獄，奪職。

明年春移恩刑部獄。帝欲坐以上言大臣德政律，致之死。尚書王時中等言：「恩疏毀譽相半，非專頌大臣，宜減戍。」帝愈怒，曰：「恩非專指孚敬三臣也，徒以大禮故，仇君無上，死有餘罪。時中乃欲欺公鬻獄耶？」遂褫時中職，奪侍郞聞淵俸，貶郞中張國維、員外郞孫雲極邊雜職，而恩竟論死。長子行可年十三，伏闕訟冤。日夜匍匐長安街，見冠蓋者過，輒攀輿號呼乞救，終無敢言者。時鋐已遷吏部尙書，而王廷相代爲都御史。以恩所坐未當，疏請寬之，不聽。

比朝審，鋐當主筆，東向坐，恩獨向闕跪。鋐令卒拽之西面，恩起立不屈。卒呵之，恩怒叱卒，卒皆靡。鋐曰：「汝屢上疏欲殺我，我今先殺汝。」恩叱曰：「聖天子在上，汝爲大臣，欲以私怨殺言官耶？且此何地，而對百僚公言之，何無忌憚也。吾死爲厲鬼擊汝。」鋐怒曰：「汝以廉直自負，而獄中多受人餽遺，何也？」恩曰：「患難相恤，古之義也。豈若汝受金錢，鬻官爵耶？」因歷數其事，詆鋐不已。鋐益怒，推案起，欲毆之。恩聲亦愈厲。都御史王廷相、尚書夏言引大體爲緩解。鋐稍止，然猶署情眞。恩出長安門，士民觀者如堵。皆歎曰：「是御史，非但口如鐵，其膝、其膽、其骨皆鐵也。」因稱「四鐵御史」。恩母吳氏擊登聞鼓訟冤。不省。

又明年，行可上書請代父死，不許。其冬，事益迫，行可乃刺臂血書疏，自縛闕下，謂：「臣父幼而失怙。祖母吳氏守節教育，底於成立，得爲御史。舉家受祿，圖報無地，私憂過計，陷於大辟。祖母吳年已八十餘，憂傷之深，僅餘氣息。若臣父今日死，祖母吳亦必以今日死。臣父死，臣祖母復死，臣煢然一孤，必不獨生。冀陛下哀憐，置臣辟，而赦臣父，苟延母子二人之命。陛下僇臣，不傷臣心。臣被僇，不傷陛下法。謹延頸以俟白刃。」通政使陳經爲入奏。帝覽之惻然，令法司再議。尚書聶賢與都御史廷相言，前所引律，情與法不相麗，宜用奏事不實律，輸贖還職，帝不許。乃言恩情重律輕，請戍之邊徼，制可。遂遣戍雷州。而鋐亦後兩月罷矣。

越六年，遇赦還。家居，專爲德於鄉。穆宗卽位，錄先朝直言。恩年已七十餘，卽家拜大理寺丞，致仕。復從有司言，旌行可爲孝子。恩年八十一，卒。

行可旣脫父於死，越數年登鄉薦。久之，不第。謁選，得光祿署正。遷應天府通判，有善政。弟時可，隆慶五年進士。累官按察使。以文名。

宋邦輔，字子相，東流人。旣罷歸，躬耕養親，妻操井臼，子樵牧。歲時與田夫會飲，醉卽作歌相和，高風動遠邇。士大夫造其門者，屛輿從而後入焉。

薛宗鎧，字子修，行人司正侃從子也。嘉靖二年與從父僑同成進士。授貴溪知縣，補將樂，調建陽。求朱子後，復之，以主祀事。歲饑振倉粟，先發後聞。給由赴京，留拜禮科給事中，以逋賦還任。至則民爭輸，課更最，仍詔入垣。再遷戶科左給事中。吏部尚書汪鋐以私憾斥王臣等，〔一〕宗鎧白其枉。語具戚賢傳。其後，鋐愈驕。會御史曾䎸、戴銑劾南京尚書劉龍、聶賢等九人。鋐覆疏，具留之。帝召大學士李時言，鋐有私，留三人而斥其六。宗鎧與同官孫應奎復言，鋐肆奸植黨，擅主威福，巧庇龍等，上格明詔，下負公論，且縱二子爲奸利。鋐疏辨乞休，帝不許。而給事御史翁溥、曹逵等更相繼劾鋐。鋐又抗辨，且極詆宗鎧等挾私。䎸復言：「鋐一經論劾，輒肆中傷，諍臣杜口已三年。蔽塞言路，罪莫大，乞立正厥辟。」帝果罷鋐官，而責宗鎧言不早。又惡䎸「諍臣杜口」語，執下鎭撫司鞫訊。詞連應奎、逵及御史方一桂，皆杖闕下。斥宗鎧、䎸、一桂爲民，鐫應奎、溥、逵等級，調外。宗鎧、翀死杖下。時十四年九月朔也。隆慶初，復宗鎧官，贈太常少卿。

曾翀，字習之，霍丘人。以進士授南京刑部主事，改御史。廷杖垂斃，曰：「臣言已行，臣死何憾。」神色無變。隆慶初，贈太常少卿。

楊爵，字伯珍，富平人。年二十始讀書。家貧，燃薪代燭。耕隴上，輒挾册以誦。兄爲吏，忤知縣繫獄。爵投牒直之，並繫。會代者至，爵上書訟冤。代者稱奇士，立釋之，資以膏火。益奮於學，立意爲奇節。從同郡韓邦奇遊，遂以學行名。

登嘉靖八年進士，授行人。帝方崇飾禮文，爵因使王府還，上言：「臣奉使湖廣，睹民多菜色，挈筐操刃，割道殍食之。假令周公制作，盡復於今，何補老羸饑寒之衆。」奏入，被俞旨。久之，擢御史，以母老乞歸養。母喪，廬墓，冬月筍生。推車糞田，妻饁於旁，見者不知其御史也。服闋，起故官。

帝經年不視朝。歲頻旱，日夕建齋醮，修雷壇，屢興工作。方士陶仲文加宮保，而太僕卿楊最諫死，翊國公郭勛尙承寵用事。二十年元日，微雪。大學士夏言、尙書嚴嵩等作頌稱賀。爵撫膺太息，中宵不能寐。踰月乃上書極諫曰：

今天下大勢，如人衰病已極。腹心百骸，莫不受患。卽欲拯之，無措手地。方且奔競成俗，賕賂公行，遇災變而不憂，非祥瑞而稱賀，讒諂面諛，流爲欺罔，士風人心，頹壞極矣。諍臣拂士日益遠，而快情恣意之事無敢齟齬於其間，此天下大憂也。去年自夏入秋，恒暘不雨。畿輔千里，已無秋禾。旣而一冬無雪，元日微雪卽止。民失所望，憂旱之心遠近相同。此正撤樂減膳，憂懼不寧之時，而輔臣言等方以爲符瑞，而稱頌之。欺天欺人，不已甚乎！翊國公勛，中外皆知爲大奸大蠹，陛下寵之，使稔惡肆毒。羣狡趨赴，善類退處。此任用匪人，足以失人心而致危亂者，一也。

臣巡視南城，一月中凍餒死八十人。五城共計，未知有幾。孰非陛下赤子，欲延須臾之生而不能。而土木之功，十年未止。工部屬官增設至數十員，又遣官遠修雷壇。以一方士之故，朘民膏血而不知恤，是豈不可以已乎？況今北寇跳梁，內盜竊發，加以頻年災沴，上下交空，尙可勞民糜費，結怨天下哉？此興作未已，足以失人心而致危亂者，二也。

陛下卽位之初，勵精有爲，嘗以敬一箴頒示天下矣。乃數年以來，朝御希簡，經筵曠廢。大小臣庶，朝參辭謝，未得一睹聖容。敷陳復逆，未得一聆天語。恐人心日益怠媮，中外日益渙散，非隆古君臣都俞吁咈、協恭圖治之氣象也。此朝講不親，足以失人心而致危亂者，三也。

左道惑衆，聖王必誅。今異言異服列於朝苑，金紫赤紱賞及方外。〔三〕夫保傅之職坐而論道，今舉而畀之奇邪之徒。流品之亂莫以加矣。陛下誠與公卿賢士日論治道，則心正身修，天地鬼神莫不祐享，安用此妖誕邪妄之術，列諸清禁，爲聖躬累耶！臣聞上之所好，下必有甚。近者妖盜繁興，誅之不息。風聲所及，人起異議。貽四方之笑，取百世之譏，非細故也。此信用方術，足以失人心而致危亂者，四也。

陛下臨御之初，延訪忠謀，虛懷納諫。一時臣工言過激切，獲罪多有。自此以來，臣下震於天威，懷危慮禍，未聞復有犯顏直諫以爲沃心助者。往歲，太僕卿楊最言出而身殞，近日贊善羅洪先等皆以言罷斥。國體治道，所損甚多。臣非爲最等惜也。古今有國家者，未有不以任諫而興，拒諫而亡。忠藎杜口，則讒諛交進，安危休戚無由得聞。此阻抑言路，足以失人心而致危亂者，五也。

望陛下念祖宗創業之艱難，思今日守成爲不易，覽臣所奏，賜之施行，宗社幸甚。

先是，七年三月，靈寶縣黃河清，帝遣使祭河神。大學士楊一清、張璁等屢疏請賀，御史鄞人周相抗疏言：「河未清，不足虧陛下德。今好諛喜事之臣張大文飾之，佞風一開，獻媚者將接踵。願罷祭告，止稱賀，詔天下臣民毋奏祥瑞，水旱蝗蝻卽時以聞。」帝大怒，下相詔獄拷掠之，復杖於廷，謫韶州經歷。而諸慶典亦止不行。

及帝中年，益惡言者，中外相戒無敢觸忌諱。爵疏詆符瑞，且詞過切直。帝震怒，立下詔獄搒掠，血肉狼籍，關以五木，死一夕復甦。所司請送法司擬罪，帝不許，命嚴錮之。獄卒以帝意不測，屏其家人，不許納飲食。屢瀕於死，處之泰然。既而主事周天佐、御史浦鋐以救爵，先後箠死獄中，自是無敢救者。

踰年，工部員外郎劉魁，再踰年，給事中周怡，皆以言事同繫，歷五年不釋。至二十四年八月，有神降於乩。帝感其言，立出三人獄。未踰月，尚書熊浹疏言乩仙之妄。帝怒曰：「我固知釋爵，諸妄言歸過者紛至矣。」復令東廠追執之。爵抵家甫十日，校尉至。與共麥飯畢，即就道。尉曰：「盍處置家事。」爵立屏前呼婦曰：「朝廷逮我，我去矣。」竟去不顧，左右觀者爲泣下。比三人至，復同繫鎮撫獄，桎梏加嚴，飲食屢絕，適有天幸得不死。二十六年十一月，大高玄殿災，帝禱於露臺。火光中若有呼三人忠臣者，遂傳詔急釋之。

居家二年，一日晨起，大鳥集於舍。爵曰：「伯起之祥至矣。」果三日而卒。隆慶初，復官，贈光祿卿，任一子。萬曆中，賜諡忠介。

爵之初入獄也，帝令東廠伺爵言動，五日一奏。校尉周宣稍左右之，受譴。其再至，治廠事太監徐府奏報。帝以密諭不宜宣，亦重得罪。先後繫七年，日與怡、魁切劘講論，忘其困。所著周易辨說、中庸解，則獄中作也。

浦鋐，字汝器，文登人。正德十二年進士。授洪洞知縣，有異政。嘉靖初，召爲御史。刑部尚書林俊去國，中官秦文已斥復用，鋐疏力爭之。且言武定侯郭勛奸貪，宜罷其兵權。忤旨，奪俸三月。以養母歸。母喪除，起掌河南道事。給事中饒秀考察黜，訐鋐與同官張䕫、段汝礪，給事中李鳳來，考功郎余胤緒，談省署得失，鋐等坐罷。

家居七年，廷臣交薦。起故官，出按陝西，連上四十餘疏。總督楊守禮請破格超擢，未報。而楊爵以直諫繫詔獄，鋐馳疏申救曰：「臣惟天下治亂，在言路通塞。言路通，則忠諫進而化理成。言路塞，則奸諛恣而治道隳。御史爵以言事下獄，幽囚已久，懲創必深。臣行部富平，皆言爵愨誠孚鄉里，孝友式風俗，有古賢士風。且爵本以論郭勛獲罪。今勛奸大露，陛下業致之理，則爵前言未爲悖妄。望弘覆載之量，垂日月之照，賜之矜釋，使列朝端，爵必能盡忠補過，不負所學。」疏奏，帝大怒，趣緹騎逮之。秦民遠近奔送，舍車下者常萬人，皆號哭曰：「願還我使君。」鋐赴徵，業已病。既至，下詔獄，搒掠備至。除日復杖之百，錮以鐵柙。爵迎哭之，鋐息已絕，徐張目曰：「此吾職也，子無然。」繫七日而卒。穆宗嗣位，卹典視爵等。

周天佐，字子弼，晉江人。嘉靖十四年進士。授戶部主事。屢分司倉場，以清操聞。

二十年夏四月，九廟災，詔百官言時政得失。天佐上書曰：「陛下以宗廟災變，痛自修省，許諸臣直言闕失，此轉災爲祥之會也。乃今闕政不乏，而忠言未盡聞，蓋示人以言，不若示人以政。求言之詔，示人以言耳。御史楊爵獄未解，是未示人以政也。國家置言官，以言爲職。爵繫獄數月，聖怒彌甚。一則曰小人，二則曰罪人。夫以盡言直諫爲小人，則爲緘默逢迎之君子不難也。以秉直納忠爲罪人，又孰不能爲容悅將順之功臣哉？人君一喜一怒，上帝臨之。陛下所以怒爵，果合於天心否耶？爵身非木石，命且不測，萬一溘先朝露，使諍臣飲恨，直士寒心，損聖德不細。願旌爵忠，以風天下。」帝覽奏，大怒。杖之六十，下詔獄。

天佐體素弱，不任楚。獄吏絕其飲食，不三日卽死，年甫三十一。比屍出獄，曒日中，雷忽震，人皆失色。天佐與爵無生平交。入獄時，爵第隔屏相問訊而已。大興民有祭於柩而哭之慟者，或問之，民曰：「吾傷其忠之至，而死之酷也。」穆宗卽位，贈光祿少卿。天啓初，謚忠愍。

周怡，字順之，太平縣人。爲諸生時，嘗曰：「鼎鑊不避，溝壑不忘，可以稱士矣。不然，皆僞也。」從學於王畿、鄒守益。登嘉靖十七年進士，除順德推官。舉卓異，擢吏科給事中。疏劾尙書李如圭、張瓚、劉天和。天和致仕去，如圭還籍待勘，瓚留如故。頃之，劾湖廣巡撫陸杰、工部尙書甘爲霖、採木尙書樊繼祖。立朝僅一歲，所摧擊，率當事有勢力大臣。在廷多側目，怡益奮不顧。

二十二年六月，〔三〕吏部尙書許讚率其屬王與齡、周鈇訐大學士翟鑾、嚴嵩私屬事。帝方嚮嵩，反責讚，逐與齡等。怡上疏曰：

人臣以盡心報國家爲忠，協力濟事爲和。未有公卿大臣爭於朝、文武大臣爭於邊，而能修內治、禦外侮者也。大學士鑾、嵩與尙書讚互相詆訐，而總兵官張鳳、周尙文又與總制侍郎翟鵬、督餉侍郎趙廷瑞交惡，此最不祥事，誤國孰甚。

今陛下日事禱祠而四方災祲未銷，歲開輸銀之例而府庫未充，累頒蠲租之令而百姓未蘇，時下選將練士之命而邊境未寧。內則財貨匱而百役興，外則寇敵橫而九邊耗。乃鑾、嵩憑藉寵靈，背公營私，弄播威福，市恩酬怨。夫輔臣眞知人賢不肖，宜明告吏部進之退之，不宜挾勢徇私，屬之進退。嵩威靈氣焰，凌轢百司。凡有陳奏，奔走其門，先得意旨而後敢聞於陛下。中外不畏陛下，惟畏嵩久矣。鑾澳㴱委靡，讚雖小心謹畏，然不能以直氣正色銷權貴要求之心，柔亦甚矣。

且直言敢諫之臣，於權臣不利，於朝廷則大利也。御史謝瑜、童漢臣以劾嵩故，嵩皆假他事罪之。諫諍之臣自此箝口，雖有檮杌、驩兜，誰復言之。

帝覽疏大怒，降詔責其謗訕，令對狀。杖之闕下，錮詔獄者再。

隆慶元年起故官。未上，擢太常少卿。陳新政五事，語多刺中貴。時近習方導上宴遊，由是忤旨，出爲登萊兵備僉事。給事中岑用賓爲怡訟，不納。改南京國子監司業。復召爲太常少卿，未任卒。天啓初，追謚恭節。

劉魁，字煥吾，泰和人。正德中登鄉薦。受業王守仁之門。嘉靖初，謁選，得寶慶府通判。歷鈞州知州，潮州府同知。所至潔己愛人，扶植風教。入爲工部員外郎，疏陳安攘十事，帝嘉納。

二十一年秋，帝用方士陶仲文言，建祐國康民雷殿於太液池西。所司希帝意，務宏侈，程工峻急。魁欲諫，度必得重禍，先命家人鬻棺以待。遂上章曰：「頃泰享殿、大高玄殿諸工尙未告竣。內帑所積幾何？歲入幾何？一役之費動至億萬。土木衣文繡，匠作班朱紫，道流所居擬於宮禁。國用已耗，民力已竭，而復爲此不經無益之事，非所以示天下後世。」帝震怒，杖於廷，錮之詔獄。時御史楊爵先已逮繫，旣而給事中周怡繼至，三人屢瀕死，講誦不輟。繫四年得釋，未幾復追逮之。魁未抵家，緹騎已先至，繫其弟以行。魁在道聞之，趣就獄，復與爵、怡同繫。時帝怒不測，獄吏懼罪，窘迫之愈甚，至不許家人通飲食。而三人處之如前，無幾微尤怨。又三年，與爵、怡同釋，尋卒。隆慶初，贈卹如制。

沈束，字宗安，會稽人。父儘，邠州知州。束登嘉靖二十三年進士，除徽州推官，擢禮科給事中。

時大學士嚴嵩擅政。大同總兵官周尙文卒，請卹典，嚴嵩格不予。束言：「尙文爲將，忠義自許。曹家莊之役，奇功也。雖晉秩，未疇勳，宜贈封爵延子孫。他如董暘、江瀚，力抗强敵，繼之以死。雖已廟祀，宜賜祭，以彰死事忠。今當事之臣，任意予奪，冒濫或倖蒙，忠勤反捐棄，何以鼓士氣，激軍心？」疏奏，嵩大恚，激帝怒，下吏部都察院議。聞淵、屠僑等言束無他腸，第疎狂當治。帝愈怒，奪淵、僑俸，下束詔獄。已，刑部坐束奏事不實，輸贖還職。特命杖於廷，仍錮詔獄。時束入諫垣未半歲也。踰年，俺答薄都城。司業趙貞吉以請寬束得罪，自是無敢言者。

束繫久，衣食屢絕，惟日讀周易爲疏解。後同邑沈鍊劾嵩，嵩疑與束同族爲報復，令獄吏械其手足。徐階勸，得免。迨嵩去位，束在獄十六年矣，妻張氏上書言：「臣夫家有老親，年八十有九，衰病侵尋，朝不計夕。往臣因束無子，爲置妾潘氏。比至京師，束已繫獄，潘矢志不他適。乃相與寄居旅舍，紡織以供夫衣食。歲月積深，悽楚萬狀。欲歸奉舅，則夫之饘粥無資。欲留養夫，則舅又旦暮待盡。輾轉思維，進退無策。臣願代夫繫獄，令夫得送父終年，仍還赴繫，實陛下莫大之德也。」法司亦爲請，帝終不許。

帝深疾言官，以廷杖遣戍未足遏其言，乃長繫以困之。而日令獄卒奏其語言食息，謂之監帖。或無所得，雖諧語亦以聞。一日，鵲噪於束前，束謾曰：「豈有喜及罪人耶？」卒以奏，帝心動。會戶部司務何以尚疏救主事海瑞，帝大怒，杖之，錮詔獄，而釋束還其家。

束還，父已前卒。束枕塊飲水，佯狂自廢。甫兩月，世宗崩，穆宗嗣位。起故官，不赴。喪除，召爲都給事中。旋擢南京右通政。復辭疾。布衣蔬食，終老於家。束繫獄十八年。比出，潘氏猶處子也，然束竟無子。

沈鍊，字純甫，會稽人。嘉靖十七年進士。除溧陽知縣。用伉倨，忤御史，謫茌平。父憂去，補淸豐，入爲錦衣衞經歷。

鍊爲人剛直，嫉惡如讎，然頗疎狂。每飲酒輒箕踞笑傲，旁若無人。錦衣帥陸炳善遇之。炳與嚴嵩父子交至深，以故鍊亦數從世蕃飲。世蕃以酒虐客，鍊心不平，輒爲反之，世蕃憚不敢較。

會俺答犯京師，致書乞貢，多嫚語。下廷臣博議，司業趙貞吉請勿許。廷臣無敢是貞吉者，獨鍊是之。吏部尚書夏邦謨曰：「若何官？」鍊曰：「錦衣衞經歷沈鍊也。大臣不言，故小吏言之。」遂罷議。鍊憤國無人，致寇猖狂，疏請以萬騎護陵寢，萬騎護通州軍儲，而合勤王師十餘萬人，擊其惰歸，可大得志。帝弗省。

嵩貴幸用事，邊臣爭致賄遺。及失事懼罪，益輦金賄嵩，賄日以重。鍊時時扼腕。一日從尙寶丞張遜業飲，酒半及嵩，因慷慨罵詈，流涕交頤。遂上疏言：「昨歲俺答犯順，陛下奮揚神武，欲乘時北伐，此文武羣臣所願戮力者也。然制勝必先廟算，廟算必先爲天下除奸邪，然後外寇可平。今大學士嵩，貪婪之性疾入膏肓，愚鄙之心頑於鐵石。當主憂臣辱之時，不聞延訪賢豪，咨詢方略，惟與子世蕃規圖自便。忠謀則多方沮之，諛諂則曲意引之。要賄鬻官，沽恩結客。朝廷賞一人，曰『由我賞之』；罰一人，曰『由我罰之』。人皆伺嚴氏之愛惡，而不知朝廷之恩威，尚忍言哉。姑舉其罪之大者言之。納將帥之賄，以啓邊陲之釁，一也。受諸王餽遺，每事陰爲之地，二也。攬吏部之權，〔四〕雖州縣小吏亦皆貨取，致官方大壞，三也。索撫按之歲例，致有司遞相承奉，而閭閻之財日削，四也。陰制諫官，俾不敢直言，五也。妬賢嫉能，一忤其意，必致之死，六也。縱子受財，斂怨天下，七也。運財還家，月無虛日，致道途驛騷，八也。久居政府，擅寵害政，九也。不能協謀天討，上貽君父憂，十也。」因併論邦謨諂諛黷貨狀。請均罷斥，以謝天下。帝大怒，搒之數十，謫佃保安。

既至，未有館舍。賈人某詢知其得罪故，徙家舍之。里長老亦日致薪米，遣子弟就學。鍊語以忠義大節，皆大喜。塞外人素戇直，又稔知嵩惡，爭詈嵩以快鍊。鍊亦大喜，日相與詈嵩父子爲常。且縛草爲人，象李林甫、秦檜及嵩，醉則聚子弟攢射之。或踔騎居庸關口，南向戟手詈嵩，復痛哭乃歸。語稍稍聞京師，嵩大恨，思有以報鍊。

先是，許論總督宣、大，常殺良民冒功，鍊貽書誚讓。後嵩黨楊順爲總督。會俺答入寇，破應州四十餘堡，懼罪，欲上首功自解，縱吏士遮殺避兵人，踰於論。鍊遺書責之加切。又作文祭死事者，詞多刺順。順大怒，走私人白世蕃，言鍊結死士擊劍習射，意叵測。世蕃以屬巡按御史李鳳毛。鳳毛謬謝曰：「有之，已陰散其黨矣。」既而代鳳毛者路楷，亦嵩黨也。世蕃屬與順合圖之，許厚報。兩人日夜謀所以中鍊者。會蔚州妖人閻浩等素以白蓮教惑衆，出入漠北，泄邊情爲患。官軍捕獲之，詞所連及甚衆。順喜，謂楷曰：「是足以報嚴公子矣。」竄鍊名其中，誣浩等師事鍊，聽其指揮，具獄上。嵩父子大喜。前總督論適長兵部，竟覆如其奏。斬鍊宣府市，戍子襄極邊。予順一子錦衣千戶，楷待銓五品卿寺。時三十六年九月也。順曰：「嚴公薄我賞，意豈未愜乎？」取鍊子袞、褒，杖殺之，更移檄逮襄。襄至，掠訊方急，會順、楷以他事逮，乃免。

後嵩敗，世蕃坐誅。臨刑時，鍊所教保安子弟在太學者，以一帛署鍊姓名官爵於其上，持入市。觀世蕃斷頭訖，大呼曰「沈公可瞑目矣。」因慟哭而去。

隆慶初，詔褒言事者。贈鍊光祿少卿，任一子官。襄乃上書，言順、楷殺人媚奸狀。給事中魏時亮、陳瓚亦相繼論之。逐下順、楷吏，論死。天啓初，諡忠愍。

楊繼盛，字仲芳，容城人。七歲失母。庶母妒，使牧牛。繼盛經里塾，覩里中兒讀書，心好之。因語兄，請得從塾師學。兄曰：「若幼，何學？」繼盛曰：「幼者任牧牛，乃不任學耶？」兄言於父，聽之學，然牧不廢也。年十三歲，始得從師學。家貧，益自刻厲。舉鄉試，卒業國子監，徐階亟賞之。嘉靖二十六年登進士。授南京吏部主事。從尙書韓邦奇遊，覃思律呂之學，手製十二律，吹之聲畢和。邦奇大喜，盡以所學授之，繼盛名益著。召改兵部員外郞。

俺答躪京師，咸寧侯仇鸞以勤王故有寵。帝命鸞爲大將軍，倚以辦寇。鸞中情怯，畏寇甚。方請開互市市馬，冀與俺答媾，幸無戰鬭，固恩寵。繼盛以爲讎恥未雪，遽議和示弱，大辱國，乃奏言十不可，五謬。大略謂：

互市者，和親別名也。俺答蹂躪我陵寢，虔劉我赤子。天下大讎也，而先之和。不可一。往下詔北伐，天下曉然知聖意，日夜征繕助兵食。忽更之曰和，失信於天下。不可二。以堂堂中國，與之互市，冠履倒置。不可三。海內豪傑爭磨礪待試，一旦委置無用。異時欲號召，誰復興起。不可四。使邊鎭將帥以和議故，美衣媮食，弛懈兵事。不可五。往時邊卒私通境外，吏率裁禁，今乃導之使與通。不可六。盜賊伏莽，徒懾國威不敢肆耳，今知朝廷畏怯，睥睨之漸必開。不可七。俺答往歲深入，乘我無備故也。備之一歲，以互市終，彼謂國有人乎？不可八。或俺答負約不至；至矣，或陰謀伏兵突入；或今日市，明日復寇；或以下馬索上直。不可九。歲帛數十萬，得馬數萬匹。十年以後，帛將不繼。不可十。

議者曰「吾外爲市以羈縻之，而內修我甲兵」。此一謬也。夫寇欲無厭，其以衅終明甚。苟內修武備，安事羈縻？曰「吾陰市，以益我馬」。此二謬也。夫和則不戰，馬將焉用，且彼寧肯予我良馬哉？曰「市不已，彼且入貢」。此三謬也。夫貢之賞不貲，是名美而實大損也。曰「俺答利我市，必無失信」。此四謬也。吾之市，能盡給其衆乎？能信不給者之無入掠乎？曰「佳兵不祥」。此五謬也。敵加己而應之，何佳也。人身四肢皆癰疽，毒日內攻，而憚用藥石可乎？

夫此十不可、五謬，明顯易見。蓋有爲陛下主其事者，故公卿大夫知而莫爲一言。陛下宜奮獨斷，悉按諸言互市者，發明詔選將練兵。不出十年，臣請爲陛下竿俺答之首於藁街，以示天下萬世。

疏入，帝頗心動，下鸞及成國公朱希忠，大學士嚴嵩、徐階、呂本，兵部尚書趙錦，侍郎聶豹、張時徹議。鸞攘臂詈曰：「豎子目不睹寇，宜其易之。」諸大臣遂言遣官已行，勢難中止。帝尙猶豫，鸞復進密疏。乃下繼盛詔獄，貶狄道典史。其地雜番，俗罕知詩書。繼盛簡子弟秀者百餘人，聘三經師敎之。鬻所乘馬，出婦服裝，市田資諸生。縣有煤山，爲番人所據，民仰薪二百里外。繼盛召番人諭之，咸服曰：「楊公卽須我曹穹帳亦舍之，況煤山耶？」番民信愛之，呼曰「楊父」。

已而俺答數敗約入寇，鸞奸大露，疽發背死，戮其屍。帝乃思繼盛言，稍遷諸城知縣。月餘調南京戶部主事，三日遷刑部員外郎。當是時，嚴嵩最用事。恨鸞凌己，心善繼盛首攻鸞，欲驟貴之，復改兵部武選司。而繼盛惡嵩甚於鸞。且念起謫籍，一歲四遷官，思所以報國。抵任甫一月，草奏劾嵩，齋三日乃上奏曰：

臣孤直罪臣，蒙天地恩，超擢不次。夙夜祇懼，思圖報稱，蓋未有急於請誅賊臣者也。方今外賊惟俺答，內賊惟嚴嵩，未有內賊不去，而可除外賊者。去年春雷久不聲，占曰「大臣專政」。冬日下有赤色，占曰「下有叛臣」。又四方地震，日月交食。臣以爲災皆嵩致，請以嵩十大罪爲陛下陳之。

高皇帝罷丞相，設立殿閣之臣，備顧問視制草而已，嵩乃儼然以丞相自居。凡府部題覆，先面白而後草奏。百官請命，奔走直房如市。無丞相名，而有丞相權。天下知有嵩，不知有陛下。是壞祖宗之成法。大罪一也。

陛下用一人，嵩曰「我薦也」；斥一人，曰「此非我所親，故罷之」。陛下宥一人，嵩曰「我救也」；罰一人，曰「此得罪於我，故報之」。伺陛下喜怒以恣威福。羣臣感嵩甚於感陛下，畏嵩甚於畏陛下。是竊君上之大權。大罪二也。

陛下有善政，嵩必令世蕃告人曰「主上不及此，我議而成之」。又以所進揭帖刊刻行世，名曰嘉靖疏議，欲天下以陛下之善盡歸於嵩。是掩君上之治功。大罪三也。

陛下令嵩司票擬，蓋其職也。嵩何取而令子世蕃代擬，又何取而約諸義子趙文華輩羣聚而代擬。題疏方上，天語已傳。如沈鍊劾嵩疏，陛下以命呂本，本即潛送世蕃所，令其擬上。是嵩以臣而竊君之權，世蕃復以子而盜父之柄，故京師有「大丞相、小丞相」之謠。是縱姦子之僭竊。大罪四也。

嚴效忠、嚴鵠，乳臭子耳，未嘗一涉行伍。嵩先令效忠冒兩廣功，授錦衣所鎭撫矣。效忠以病告，鵠襲兄職。又冒瓊州功，擢千戶。以故總督歐陽必進躐掌工部，總兵陳圭洊統後府，巡按黃如桂亦驟亞太僕。旣藉私黨以官其子孫，又因子孫以拔其私黨。是冒朝廷之軍功。大罪五也。

逆鸞先已下獄論罪，賄世蕃三千金，薦爲大將。鸞冒擒哈舟兒功，〔五〕世蕃亦得增秩。嵩父子自誇能薦鸞矣，及知陛下有疑鸞心，復互相排詆，以泯前迹。鸞勾賊，而嵩、世蕃復勾鸞。是引背逆之姦臣。大罪六也。

前俺答深入，擊其惰歸，此一大機也。兵部尙書丁汝夔問計於嵩，嵩戒無戰。及汝夔逮治，嵩復以論救紿之。汝夔臨死大呼曰：「嵩悞我。」是悞國家之軍機。大罪七也。

郎中徐學詩劾嵩革任矣，復欲斥其兄中書舍人應豐。給事厲汝進劾嵩謫典史矣，復以考察令吏部削其籍。內外之臣，被中傷者何可勝計。是專黜陟之大柄。大罪八也。

凡文武遷擢，不論可否，但衡金之多寡而畀之。將弁惟賄嵩，不得不朘削士卒；有司惟賄嵩，不得不掊剋百姓。士卒失所，百姓流離，毒徧海內。臣恐今日之患不在境外而在域中。是失天下之人心。大罪九也。

自嵩用事，風俗大變。賄賂者薦及盜跖，疏拙者黜逮夷、齊。守法度者爲迂疎，巧彌縫者爲才能。勵節介者爲矯激，善奔走者爲練事。自古風俗之壞，未有甚於今日者。蓋嵩好利，天下皆尚貪。嵩好諛，天下皆尚諂。源之弗潔，流何以澄。是敝天下之風俗。大罪十也。

嵩有是十罪，而又濟之以五奸。知左右侍從之能察意旨也，厚賄結納。凡陛下言動舉措，莫不報嵩。是陛下之左右皆賊嵩之間諜也。以通政司之主出納也，用趙文華爲使。凡有疏至，先送嵩閱竟，然後入御。王宗茂劾嵩之章停五日乃上，故嵩得展轉遮飾。是陛下之喉舌乃賊嵩之鷹犬也。畏廠衞之緝訪也，令子世蕃結爲婚姻。陛下試詰嵩諸孫之婦，皆誰氏乎？是陛下之爪牙皆賊嵩之瓜葛也。畏科道之多言也，進士非其私屬，不得預中書、行人選。推官、知縣非通賄，不得預給事、御史選。既選之後，入則杯酒結歡，出則餽鐀相屬。所有愛憎，授之論刺。歷俸五六年，無所建白，卽擢京卿。諸臣忍負國家，不敢忤權臣。是陛下之耳目皆賊嵩之奴隸也。科道雖入籠絡，而部寺中或有如徐學詩之輩亦可懼也，令子世蕃擇其有才望者，羅置門下。凡有事欲行者，先令報嵩，預爲布置，連絡蟠結，深根固蔕，各部堂司大半皆其羽翼。是陛下之臣工皆賊嵩之心膂也。陛下奈何愛一賊臣，而忍百萬蒼生陷於塗炭哉。

至如大學士徐階蒙陛下特擢，乃亦每事依違，不敢持正，不可不謂之負國也。願陛下聽臣之言，察嵩之奸。或召問裕、景二王，或詢諸閣臣。重則置憲，輕則勒致仕。內賊既去，外賊自除。雖俺答亦必畏陛下聖斷，不戰而喪膽矣。

疏入，帝已怒。嵩見召問二王語，喜謂可指此爲罪，密搆於帝。帝益大怒，下繼盛詔獄，詰何故引二王。繼盛曰：「非二王誰不懾嵩者！」獄上，乃杖之百，令刑部定罪。侍郎王學益，嵩黨也。受嵩屬，欲坐詐傳親王令旨律絞，郎中史朝賓持之。嵩怒，謫之外。於是尚書何鰲不敢違，竟如嵩指成獄，然帝猶未欲殺之也。繫三載，有爲營救於嵩者。其黨胡植、鄢懋卿怵之曰：「公不覩養虎者耶，將自貽患。」嵩頷之。會都御史張經、李天寵坐大辟。嵩揣帝意必殺二人，比秋審，因附繼盛名並奏，得報。其妻張氏伏闕上書，言：「臣夫繼盛誤聞市井之言，尙狃書生之見，遂發狂論。聖明不卽加戮，俾從吏議。兩經奏讞，俱荷寬恩。今忽闌入張經疏尾，奉旨處決。臣仰惟聖德，昆蟲草木皆欲得所，豈惜一迴宸顧，下垂覆盆。倘以罪重，必不可赦，願卽斬臣妾首，以代夫誅。夫雖遠禦魑魅，必能爲疆場效死，以報君父。」嵩屛不奏，遂以三十四年十月朔棄西市，年四十。臨刑賦詩曰：「浩氣還太虛，丹心照千古。生平未報恩，留作忠魂補。」天下相與涕泣傳頌之。

初，繼盛之將杖也，或遺之蚺蛇膽。却之曰：「椒山自有膽，何蚺蛇爲！」椒山，繼盛別號也。及入獄，創甚。夜半而蘇，碎甆盌，手割腐肉。肉盡，筋掛膜，復手截去。獄卒執燈顫欲墜，繼盛意氣自如。朝審時，觀者塞衢，皆歎息，有泣下者。後七年，嵩敗。穆宗立，卹直諫諸臣，以繼盛爲首。贈太常少卿，謚忠愍，予祭葬，任一子官。已，又從御史郝杰言，建祠保定，名旌忠。

後繼盛論馬市得罪者，何光裕、龔愷。光裕，字思問，梓潼人。嘉靖二十年進士。改庶吉士，除刑科給事中。偕同官楊上林、齊譽請召遺佚。帝可之，已而報罷。巡視京營，劾罷尙書路迎。與給事中謝登之、御史曾佩建議節財，冗費大省。邊事迫，命淸理諸陵守衞軍，條上祛弊七事，多報可。

屢遷兵科都給事中。都指揮呂元夤緣得錦衣，總旗王松冒功襲千戶，光裕皆舉奏之。兵部尚書趙錦疏辯，帝斥元，下松都察院獄，而奪錦等俸。

仇鸞之開馬市也，命尚書史道主之。徇俺答請，以粟豆易牛羊。光裕與御史龔愷等劾道：「委靡遷就。馬市既開，復請封號。今其表意在請乞，而道以爲謝恩。況表文非出賊手。道不去，則彼有無厭之求，我無必戰之志，誤國事不小。」時帝方嚮鸞，責光裕等借道論鸞，以探朝廷。杖光裕、愷八十，餘奪俸。光裕不勝杖，卒。隆慶初，贈太常少卿。

愷既杖，官如故。尋列靖江王驕恣狀，疏止大征粤寇。終湖廣副使。愷，字次元，松江華亭人。嘉靖二十六年進士。

楊允繩，字翼少，松江華亭人。嘉靖二十三年進士。授行人。久之，擢兵科給事中。未幾，嚴嵩獨相，有詔廷推閣員。允繩偕同官王德、沈束陳慎簡輔臣、收錄遺佚二事。

奉命會英國公張溶、撫寧侯朱岳、定西侯蔣傳等簡應襲子弟於閱武場。指揮鄭璽忽傳寇至，溶等皆懼走，允繩獨不動，因奏之。褫璽職，奪溶、岳營務，罰傳等俸，由是知名。又劾罷兵部尚書趙廷瑞。

居諫垣未幾，疏屢上。言提學憲臣宜簡行誼，府州縣職宜量地煩簡爲三等，皆報可。俺答入犯，朝議急兵事。允繩請令五軍都督府、府軍前衞及錦衣衞堂上官，每遇考選軍政之歲，各具疏自陳，聽科道官拾遺；騰驤四衞及錦衣衞指揮以下，聽兵部考察。詔皆從之，著爲令。已，又陳禦邊四事，報可。再遷戶科左給事中。謝病歸。久之，起故官。

三十四年九月上疏言倭患，因推弊原，謂：「近者督撫命令不行於有司，非官不尊、權不重也。督撫莅任，例賂權要，名『謝禮』。有所奏請，佐以苞苴，名『候禮』。及俸滿營遷，避難求去，犯罪欲彌縫，失事希芘覆，輸賄載道，爲數不貲。督撫取諸有司，有司取諸小民。有司德色以事上，督撫靦顏以接下。上下相蒙，風俗莫振。不肖吏又乾沒其間，指一科十。才遺待盡之民必將挺而爲盜，隱憂不止海島間也。」

其冬巡視光祿。光祿丞胡膏僞增物直，允繩與同事御史張巽言劾之。下法司按驗。膏窘，言：「玄典隆重，所用品物，不敢徒取充數。允繩憎臣簡別太精，斥言醮齋之用，取具可耳，何必精擇，其欺謗玄修如此。」帝遂大怒，下允繩及膏詔獄。刑部尚書何鰲當允繩儀仗內訴事不實律絞，帝命仍與巽言杖於廷。巽言奪三官，膏調外任。居五年，允繩竟死西市。先是，有馬從謙者，以謗醮齋杖死。穆宗即位，贈允繩光祿少卿，予一子官。天啓初，謚忠恪。膏尋以貪墨被劾，誅。

馬從謙，字益之，溧陽人。嘉靖十年舉順天鄉試第一。越三年成進士，授工部主事。出治二洪，有政績。改官主客，擢尙寶丞，掌內閣制誥。章聖太后崩，勸帝行三年喪，不報。稍進光祿少卿。提督中官杜泰乾沒歲鉅萬，爲從謙奏發，泰因誣從謙誹謗。巡視給事中孫允中、御史狄斯彬劾泰，如從謙言。帝方惡人言醮齋，而從謙奏頗及之，怒下從謙及泰詔獄。所司言誹謗無左証，帝益怒。下從謙法司，以允中、斯彬黨庇，謫邊方雜職。法司擬從謙戍遠邊。帝命廷杖八十，戍烟瘴，竟死杖下。而泰以能發謗臣罪，宥之。時三十一年十二月也。久之，光祿寺災，帝曰：「此馬從謙餘孽所致耳。」隆慶初，卹先朝建言杖死諸臣。中官追恨從謙，沮之。給事中王治、御史龐尙鵬力爭。帝以從謙所犯，比子罵父，終不許。允中，太原人。後屢遷應天府丞。斯彬，從謙同邑人。

贊曰：語有之，「君仁則臣直」。當世宗之代，何直臣多歟！重者顯戮，次乃長繫，最幸者得貶斥，未有苟全者。然主威愈震，而士氣不衰，批鱗碎首者接踵而不可遏。觀其蒙難時，處之泰然，足使頑懦知所興起，斯百餘年培養之效也。

校勘記

〔一〕吏部尚書汪鋐以私憾斥王臣等　王臣，本書卷二〇八戚賢傳作「王存」。

〔二〕賞及方外　方外，原作「外方」。據明史稿傳八八楊爵傳改。

〔三〕二十二年六月　原作「二十三年六月」，據明史稿傳八九周怡傳、世宗實錄卷二七五嘉靖二十二年六月壬寅條改。

〔四〕攬吏部之權　吏部，原作「御史」，據明史稿傳八八沈鍊傳、明經世文編卷二九六頁三一一五沈鍊早正奸臣誤國疏改。

〔五〕纔冒擒哈舟兒功　哈舟兒，原作「哈明兒」，據本書卷三二八朵顏福餘泰寧傳、明經世文編卷二九三頁三〇八八楊繼盛早誅奸險巧佞賊臣疏改。

明史卷二百十

列傳第九十八

桑喬 胡汝霖 謝瑜 王曄 伊敏生 童漢臣等 何維柏

徐學詩 葉經 陳紹 厲汝進 查秉彝等 王宗茂

周冕 趙錦 吳時來 張翀 董傳策

鄒應龍 張檟 林潤

桑喬，字子木，江都人。嘉靖十一年進士。十四年冬，由主事改御史，出按山西。所部頻寇躪，喬奏請盡蠲徭賦，厚恤死者家。參將葉宗等將萬人至荆家莊，陷賊伏中，大潰，賊遂深入。天城、陽和兩月間五遭寇。巡撫樊繼祖、總兵官魯綱以下，皆爲喬劾，副將李懋及宗等六人並逮治。

十六年夏，雷震謹身殿，下詔求言。喬偕同官陳三事，略言營造兩宮山陵，多侵冒，吉囊恣橫，邊備積弛。而末言：「陛下遇災而懼，下詔修省。修省不外人事，人事無過擇官。尙書嚴嵩及林庭棉、張瓚、張雲皆上負國恩，下乖輿望，災變之來，由彼所致。」疏奏，四人皆乞罷。詔庭棉、雲致仕，留嵩、瓚如故。嵩再疏辨，且詆言者。給事中胡汝霖言：「大臣被論，引罪求退而已。嵩負穢行，召物議，逞辭奏辨，陰擠言官，無大臣體。」帝下詔戒飭如汝霖指。時嵩拜尙書甫半歲，方養交遊，揚聲譽，爲進取地，舉朝猶未知其奸，喬獨首發之。

喬尋巡按畿輔，引疾。都御史王廷相以規避劾之，嵩因搆其罪。逮下詔獄，廷杖，戍九江。居戍所二十六年而卒。隆慶初，贈恤如制。

胡汝霖，綿州人。由庶吉士除戶科給事中。二十年四月，九廟災。偕同官聶靜、御史李乘雲劾文武大臣救火緩慢者二十六人，嵩與焉。帝怒所劾不盡，下詔獄訊治，俱鐫級調外。汝霖得太平府經歷。旣謫官，則請解於嵩，反附以進。累遷至右僉都御史，巡撫甘肅。及嵩敗，以嵩黨奪官。

謝瑜，字如卿，上虞人。嘉靖十一年進士。由南京御史改北。十九年正月，禮部尚書嚴嵩屢被彈劾求去，帝慰留。瑜言：「嵩矯飾浮詞，欺罔君上，箝制言官。且援明堂大禮、南巡盛事爲解，而謂諸臣中無爲陛下任事者，欲以激聖怒。奸狀顯然。」帝留疏不下。嵩奏辨，且言「瑜擊臣不已，欲與朝廷爭勝」。帝於是切責瑜，而慰諭嵩甚至。居二歲，竟用嵩爲相。

甫踰月，瑜疏言：「武廟盤遊佚樂，邊防宜壞而未甚壞。今聖明在上，邊防宜固而反大壞者，大臣謀國不忠，而陛下任用失也。自張瓚爲中樞，掌兵而天下無兵，擇將而天下無將。說者謂瓚形貌魁梧，足稱福將。夫誠邊塵不聳，海宇晏然，謂之福可也。今瓚無功而恩廕屢加，有罪而褫奪不及，此其福乃一身之福，非軍國之福也。昔舜誅四凶，萬世稱聖。今瓚與郭勛、嚴嵩、胡守中，聖世之四凶。陛下旬月間已誅其二，天下翕然稱聖，何不並此二凶，放之流之，以全帝舜之功也。大學士翟鑾起廢棄中，授以巡邊之寄，乃優游曼衍，靡費供億。以盛苞苴者爲才，獻淫樂者爲敬，遂使邊軍益瘠，邊備更弛。行邊若此，將焉用之！故不清政本，天下必不治也。不易本兵，武功必不競也。」

疏入，留不下。嵩復疏辯，帝更慰諭，瑜復被譙讓。然是時帝雖嚮嵩，猶未深罪言者，嵩亦以初得政，未敢顯擠陷，故瑜得居職如故。未幾，假他事貶其官。又三載，大計，嵩密諷主者黜之。比疏上，令如貪酷例除名，瑜遂廢棄，終於家。

始瑜之爲御史也，武定侯郭勛陳時政，極詆大小諸臣不足任，請復遣內侍出鎮守。詔從之。瑜抗章奏曰：「勛所論諸事，影響恍惚，而復設鎮守，則其本意所注也。勛交通內侍，代之營求，利他日重賄。其言『官吏貪濁，由陛下無心腹耳目之人在四方』。又曰『文武懷奸避事，許內臣劾奏，則奸貪自息』。果若勛言，則內臣用事莫如正德時，其爲太平極治耶？陛下革鎮守內臣，誠聖明善政，而勛詆以偏私。在朝百官，孰非天子耳目，而勛詆以不足任。欲陛下盡疑天下士大夫，獨倚宦官爲腹心耳目，臣不知勛視陛下爲何如主？」會給事中朱隆禧亦以爲言，勛奏始寢。瑜，隆慶初復官，〔一〕贈太僕少卿。

王曄，字韜孟，金壇人。嘉靖十四年進士。授吉安推官，召拜南京吏科給事中。二十年九月偕同官上言：「外寇陸梁，本兵張瓚及總督尚書樊繼祖、新遷侍郎費宋不堪重寄」。帝下其章於所司。居兩月，復劾瓚，因及禮部尙書嚴嵩、總督侍郎胡守中，與巨奸郭勛相結納。嵩所居第宅，則勛私人代營之。踰月，御史伊敏生、鄭芸、陳策亦云嵩居宅乃勛私人孫澐所居，澐籍沒，嵩第應在籍中。帝怒，奪敏生等俸一級。嵩不問，而守中竟由曄疏獲罪。明年秋，嵩入內閣。吏科都給事中沈良才、御史喻時等交章劾嵩。踰月，山西巡按童漢臣章上。又踰月，曄與同官陳塏、〔二〕御史陳紹等章亦上。大指皆論嵩奸貪，而曄疏並及嵩子世蕃，語尤剴切，帝皆不省。嵩憾甚，未有以中也。久之，爲山東僉事，給由入都，道病後期，嵩遂奪其官。曄在臺，嘗劾罷方面官三十九人，直聲甚著。比歸，環堵蕭然，數年卒。

伊敏生，上元人。鄭芸、陳策，俱莆田人。敏生官至山東參政。策，台州知府。芸，終御史。

沈良才，泰州人。〔三〕起家庶吉士，歷官至兵部侍郎。三十六年大計自陳，已調南京矣，嵩附批南京科道拾遺疏中，落其職。

喻時，光山人。官至南京兵部侍郎。

童漢臣，錢塘人。由魏縣知縣入爲御史。寇大入宣府、大同，總督樊繼祖等掩敗，以捷聞。漢臣等劾之，得罪。其按山西，督諸將擊却俺答之薄太原者，會方劾嵩觸其怒。明年，漢臣與巡撫李珏叙上繼祖等失事狀。章下吏部。漢臣前劾嵩並劾吏部尚書許讚，讚亦憾漢臣。因言漢臣劾遲延，宜並論。嵩遂擬旨鐫珏一階留任，謫漢臣湖廣布政司都事。舉朝皆知爲嵩所中，莫能救也。久之，爲泉州知府。倭賊薄城，有保障功。終江西副使。

陳塏，餘姚人。後爲嵩斥罷。

何維柏，字喬仲，南海人。嘉靖十四年進士。選庶吉士，授御史。雷震謹身殿，維柏言四海困竭，所在流移，而所司議加賦，民不爲盜不止。因請罷沙河行宮、金山功德寺工作，及安南問罪之師。帝頗嘉納。尋引疾歸。久之，起巡按福建。

二十四年五月疏劾大學士嚴嵩奸貪罪，比之李林甫、盧杞。且言嵩進顧可學、盛端明修合方藥，邪媚要寵。帝震怒，遣官逮治。士民遮道號哭，維柏意氣自如。下詔獄，廷杖，除名。家居二十餘年。

隆慶改元，召復官，擢大理少卿。遷左僉都御史。疏請日御便殿，召執政大臣謀政事，並擇大臣有才德者與講讀儒臣更番入直。宮中燕居，愼選謹厚內侍調護聖躬，俾游處有常，幸御有節。非隆冬盛寒，毋輟朝講。報聞。進左副都御史。母憂歸。

萬曆初，還朝。歷吏部左、右侍郎，極論鬻官之害。御史劉臺劾大學士張居正，居正乞罷，維柏倡九卿留之。及居正遭父喪，詔吏部諭留。尙書張瀚叩維柏，維柏曰：「天經地義，何可廢也。」瀚從之而止。居正怒，取旨罷瀚，停維柏俸三月。旋出爲南京禮部尙書。考察自陳，居正從中罷之。卒謚端恪。

徐學詩，字以言，上虞人。嘉靖二十三年進士。授刑部主事，歷郎中。二十九年，俺答薄京師。既退，詔廷臣陳制敵之策。諸臣多摭細事以應。學詩憤然曰：「大奸柄國，亂之本也。亂本不除，能攘外患哉？」即上疏言：

大學士嵩輔政十載，奸貪異甚。內結權貴，外比羣小。文武遷除，率邀厚賄，致此輩掊克軍民，釀成寇患。國事至此，猶敢謬引佳兵不祥之說，以誑清問。近因都城有警，密輸財賄南還。大車數十乘，樓船十餘艘，水陸載道，駭人耳目。又納奪職總兵官李鳳鳴二千金，使鎮薊州，受老廢總兵官郭琮三千金，使督漕運。諸如此比，難可悉數。舉朝莫不歎憤，而無有一人敢牴牾者，誠以內外盤結，上下比周，積久勢成。而其子世蕃又兇狡成性，擅執父權。凡諸司奏請，必先白其父子，然後敢聞於陛下。陛下亦安得而盡悉之乎？

蓋嵩權力足以假手下石，機械足以先發制人，勢利足以廣交自固，文詞便給足以掩罪飾非。而精悍警敏，揣摩巧中，足以趨利避害；彌縫缺失，私交密惠，令色脂言，又足以結人歡心，箝人口舌。故前後論嵩者，嵩雖不能顯禍之於正言之時，莫不假事託人陰中之於遷除考察之際。如前給事中王曄、陳塏，御史謝瑜、童漢臣輩，于時亦蒙寬宥，而今皆安在哉？陛下誠罷嵩父子，別簡忠良代之，外患自無不寧矣。

帝覽奏，頗感動。方士陶仲文密言嵩孤立盡忠，學詩特爲所私修隙耳。帝於是發怒，下之詔獄。嵩不自安，求去，帝優詔慰諭。嵩疏謝，佯爲世蕃乞回籍，帝亦不許。學詩竟削籍。先劾嵩者葉經、謝瑜、陳紹與學詩皆同里，時稱「上虞四諫」。隆慶初，起學詩南京通政參議。未之官，卒。贈大理少卿。

初，學詩族兄應豐以善書擢中書舍人，供事無逸殿，悉嵩所爲。嵩疑學詩疏出應豐指，會考察，屬吏部斥之。應豐詣迎和門辭，特旨留用，嵩恚益甚。居數年以誤寫科書譖於帝，竟杖殺之。

葉經，字叔明。嘉靖十一年進士。除常州推官，擢御史。嵩爲禮部，交城王府輔國將軍表柙謀襲郡王爵，秦府永壽王庶子惟熑與嫡孫懷墡爭襲，〔四〕皆重賄嵩，嵩許之。二十年八月，經指其事劾嵩。嵩懼甚，力彌縫，且疏辯。帝乃付襲爵事於廷議，而置嵩不問。嵩由是憾經。又二年，經按山東監鄉試。試錄上，嵩指發策語爲誹謗，激帝怒。廷杖經八十，斥爲民。創重，卒。提調布政使陳儒及參政張臬，副使談愷、潘恩，皆謫邊方典史，由嵩報復也。穆宗卽位，贈經光祿少卿，任一子官。

陳紹終韶州知府。

厲汝進，字子修，灤州人。嘉靖十一年進士。授池州推官，徵拜吏科給事中。湖廣巡撫陸杰以顯陵工成，召爲工部侍郎。汝進言杰素犯清議，不宜佐司空，並劾尚書甘爲霖、樊繼祖不職。不納。

三遷至戶科都給事中。戶部尚書王杲下獄，汝進與同官海寧查秉彝、馬平徐養正、巴縣劉起宗、章丘劉祿合疏言：「兩淮副使張祿遣使入都，廣通結納。如太常少卿嚴世蕃、府丞胡奎等，皆承賂受囑有證。世蕃竊弄父權，嗜賄張餤。」詞連倉場尚書王暐。嵩上疏自理，且求援於中官以激帝怒。帝責其代杲解釋，命廷杖汝進八十，餘六十，並謫雲南、廣西典史。明年，嵩復假考察，奪汝進職。隆慶初，起故官。未至京，卒。

秉彝由黃州推官歷戶科左給事中。數建白時事。終順天府尹。

養正以庶吉士歷戶科右給事中。隆慶中，官至南京工部尚書。

起宗初除衢州推官。召爲戶科給事中。延綏洊饑，請帑金振救。終遼東苑馬寺卿。

祿以行人司擢戶科給事中。謫後，自免歸。

王宗茂，字時育，京山人。父橋，廣東布政使。從父格，太僕卿。宗茂登嘉靖二十六年進士，授行人。三十一年擢南京御史。時先後劾嚴嵩者皆得禍，沈鍊至謫佃保安。中外懾其威，益箝口。宗茂積不平，甫拜官三月，上疏曰：

嵩本邪諂之徒，寡廉鮮恥。久持國柄，作福作威。薄海內外，罔不怨恨。如吏、兵二部每選，請屬二十人，人索賄數百金，任自擇善地。致文武將吏盡出其門。此嵩負國之罪一也。

任私人萬寀爲考功郎。凡外官遷擢，不察其行能，不計其資歷，唯賄是問。致端方之士不得爲國家用。此嵩負國之罪二也。

往歲遣人論劾，潛輸家資南返，輦載珍寶，不可數計。金銀人物，多高二三尺者。下至溺器，亦金銀爲之。不知陛下宮中亦有此器否耶？此嵩負國之罪三也。

廣布良田，〔三〕遍於江西數郡。又於府第之後積石爲大坎，實以金銀珍玩，爲子孫百世計。而國計民瘼，一不措懷。此嵩負國之罪四也。

畜家奴五百餘人，往來京邸。所至騷擾驛傳，虐害居民，長吏皆怨怒而不敢言。

此嵩負國之罪五也。

陛下所食大官之饌不數品，而嵩則窮極珍錯。殊方異產，莫不畢致。是九州萬國之待嵩有甚於陛下。此嵩負國之罪六也。

往歲寇迫京畿，正上下憂懼之日，而嵩貪肆益甚。致民俗歌謠，遍於京師，達於沙漠。海內百姓，莫不祝天以冀其早亡，嵩尚恬不知止。此嵩負國之罪七也。

募朝士爲乾兒義子至三十餘輩。若尹耕、梁紹儒，早已敗露。此輩實衣冠之盜，而皆爲之爪牙，助其虐焰，致朝廷恩威不出於陛下。此嵩負國之罪八也。

夫天下之所恃以爲安者，財也，兵也。不才之文吏，以賂而出其門，則必剝民之財，去百而求千，去千而求萬，民奈何不困。不才之武將以賂而出其門，則必剋軍之餉，或缺伍而不補，或踰期而不發，兵奈何不疲。邇者，四方地震，其占爲臣下專權。試問今日之專權者，寧有出於嵩右乎？陛下之帑藏不足支諸邊一年之費，而嵩所蓄積可贍儲數年。與其開賣官鬻爵之令以助邊，盍去此蠹國害民之賊，籍其家以紓患也。臣見數年以來，凡論嵩者不死於廷杖，則役於邊塞。臣亦有身家，寧不致惜，而敢犯九重之怒，攖權相之鋒哉？誠念世受國恩，不忍見祖宗天下壞於賊嵩之手也。

疏至，通政司趙文華密以示嵩，留數日始上，由是嵩得預爲地。遂以誣詆大臣，謫平陽縣丞。

方宗茂上疏，自謂必死。及得貶，恬然出都。到官半歲，以母憂歸。嵩無以釋憾，奪其父橋官。橋竟憤悒卒。嵩罷相之日，宗茂亦卒。隆慶初，贈光祿少卿。

周冕，資縣人。嘉靖二十年進士。授太常博士，擢貴州道試御史。重建太廟成，奉安神主，帝將遣官代祭。御史鄢懋卿言其不可。帝怒，降手詔數百言諭廷臣，且言更有脅君取譽者，必罪不宥。舉朝悚息，無敢復言，冕獨抗章爭之。帝震怒，立下冕詔獄搒掠。終以其言直，釋還職。是時太子生十一年矣，猶未出閣講學。冕極言教諭不可緩，〔六〕請早降綸言，愼選侍從。帝又大怒，謫雲南通海縣典史。冕雖遠竄，意慷慨無所屈。

數遷至武選郎中。楊繼盛劾嚴嵩及嚴效忠冒功事，語侵歐陽必進。必進奏辯，章下兵部。冕上言：

臣奉詔檢得二十七年通政司狀，效忠年十六，因武會試未第，咨兩廣軍門聽用。已而必進及總兵官陳圭奏黎賊平，遣效忠報捷，授錦衣試所鎭撫。未踰月，嚴鵠言兄效忠嘗斬首七級，幷功加賞，應得署副千戶。今效忠身抱痼疾，鵠請代職。臣心疑其僞，方將覈實以聞。嵩子世蕃乃自創一藁付臣，屬臣依違題覆。臣觀其藁，率誕謾舛戾，請得一一折之。

如效忠曾中武舉，何初無本籍起送文牒，今又稱民人，而不言武舉？如效忠果鵠之兄，世蕃之子，則世蕃數子俱幼，未有名效忠者。如效忠果斬首七級，則當時狀稱年止十六，豈能赴戰。何軍門諸將俱未聞斬獲功，獨宰相一孫乃驍勇冠三軍？如曰效忠對敵，脛臂受創，計臨陣及差委，相去未一月，何以萬里軍情卽能馳報？如曰效忠到京以創甚疾故，何以鵠代職之日，止告不能受職？如曰效忠鎭撫當代，則奏捷功止及身，例無傳襲。如曰效忠功當幷論，例先奏請，何止用通狀，而逼令司官奉行？

臣悉心廉訪，初未有名效忠者赴軍門聽用，鵠亦非效忠親弟。其姓名乃詭設，首級亦要買，而非有纖毫實蹟也。必進旣嵩鄉曲，圭又世蕃姻親，依阿朋比，共爲欺罔。今嵩臣如不言，陛下何從知其奸。且自累朝以來，未聞有宰相之子孫送軍門報效者。今嵩不唯咨送軍門，而且詭託名姓，破壞祖宗之制，彼蔣應奎、唐國相輩何怪其效尤耶。臣職守攸關，義不敢隱，乞特賜究正，使天下曉然知朝廷有不可幸之功、不可犯之法。臣雖得罪，死無所恨。

疏奏，直聲震朝廷。嵩父子大懼，力事彌縫。帝責冕報復，下詔獄拷訊，斥爲民。冕旣得罪，而尙書覆奏如世蕃指矣。隆慶初，錄先朝直臣，起晁太僕少卿。遭母憂，未任，卒。

趙錦，字元樸，餘姚人。嘉靖二十三年進士。授江陰知縣，徵授南京御史。江洋有警，議設總兵官於鎭江。錦言「小寇剽掠，不足煩重兵。」帝乃罷之。已，疏言「淮、兗數百里，民多流傭，乞寬租徭，簡廷臣督有司拊循。」報可。軍興，民輸粟馬，得官錦衣，錦極陳不可。尋淸軍雲南。

三十二年元旦，日食。錦以爲權奸亂政之應，馳疏劾嚴嵩罪。其略曰：

臣伏見日食元旦，變異非常。又山東、徐、淮仍歲大水，四方頻地震，災不虛生。昔太祖高皇帝罷丞相，散其權於諸司，爲後世慮至深遠矣。今之內閣，無宰相之名，而有其實，非高皇帝本意。頃夏言以貪暴之資，恣睢其間。今大學士嵩又以佞奸之雄，繼之怙寵張威，竊權縱欲，事無鉅細，罔不自專。人有違忤，必中以禍，百司望風惕息。天下事未聞朝廷，先以聞政府。白事之官，班候於其門，請求之賂，輻輳於其室。銓司黜陟，本兵用舍，莫不承意指。邊臣失事，率賄削軍資納賕嵩所，無功可以受賞，有罪可以逭誅。至宗藩勳戚之襲封，文武大臣之贈諡，其遲速予奪，一視賂之厚薄。以至希寵干進之徒，妄自貶損。稱號不倫，廉恥掃地，有臣所不忍言者。

陛下天縱聖神，乾綱獨運。自以予奪由宸斷，題覆在諸司，閣臣擬旨取裁而已。諸司奏稿，并承命於嵩，陛下安得知之。今言誅，而嵩得播惡者，言剛暴而疏淺，惡易見，嵩柔佞而機深，惡難知也。嵩窺伺逢迎之巧，似乎忠勤，諂諛側媚之態，似乎恭順。引植私人，布列要地，伺諸臣之動靜，而先發以制之，故敗露者少。厚賂左右親信之人，凡陛下動靜意向，無不先得，故稱旨者多。或伺聖意所注，因而行之以成其私；或乘事機所會，從而鼓之以肆其毒。使陛下思之，則其端本發於朝廷；使天下指之，則其事不由於政府。幸而洞察於聖心，則諸司代嵩受其罰；不幸而遂傳於後世，則陛下代嵩受其謗。陛下豈誠以嵩爲賢邪？自嵩輔政以來，惟恩怨是酬，惟貨賄是斂。羣臣憚陰中之禍，而忠言不敢直陳；四方習貪墨之風，而閭閻日以愁困。

頃自庚戌之後，外寇陸梁。陛下嘗募天下之武勇以足兵，竭天下之財力以給餉，搜天下之遺逸以任將，行不次之賞，施莫測之威，以風示內外矣。而封疆之臣卒未有爲陛下寬宵旰憂者。蓋緣權臣行私，將吏風靡，以掊克爲務，以營競爲能。致朝廷之上，用者不賢，賢者不用；賞不當功，罰不當罪。陛下欲致太平，則羣臣不足承德於左右；欲遏戎寇，則將士不足禦侮於邊疆。財用已竭，而外患未見底寧；民困已極，而內變又虞將作。陛下躬秉至聖，憂勤萬幾，三十二年於兹矣，而天下之勢其危如此，非嵩之奸邪，何以致之。

臣願陛下覩上天垂象，察祖宗立法之微，念權柄之不可使移，思紀綱之不可使亂，立斥罷嵩，以應天變，則朝廷清明，法紀振飭。寇戎雖横，臣知其不足平矣。

當是時，楊繼盛以劾嵩得重譴，帝方蓄怒以待言者。周冕爭冒功事亦下獄，而錦疏適至。帝震怒，手批其上，謂錦欺天謗君，遣使逮治，復慰諭嵩備至。於是錦萬里就徵，屢墮檻車，瀕死者數矣。既至，下詔獄拷訊，搒四十，斥爲民。父塤，時爲廣西參議，亦投劾罷。

錦家居十五年，穆宗卽位，起故官。擢太常少卿，未上，進光祿卿。江陰歲進子鱭萬斤，奏減其半。隆慶元年以右副都御史巡撫貴州，破擒叛苗龍得鮓等。宣慰安氏素桀驁，畏錦，爲効命。入爲大理卿，歷工部左、右侍郎。嘗署部事，有所爭執。

萬曆二年遷南京右都御史，改刑部尚書。張居正遭喪，南京大臣議疏留。錦及工部尚書費三暘不可而止。移禮部，又移吏部，俱在南京。錦以居正操切，頗訾議之。語聞，居正令給事中費尙伊劾錦講學談禪，妄議朝政，錦遂乞休去。居正死，給事、御史交薦，起故官。十一年召拜左都御史。是時，方籍居正貲產。錦言：「世宗籍嚴嵩家，禍延江西諸府。居正私藏未必逮嚴氏，若加搜索，恐貽害三楚，十倍江西民。且居正誠擅權，非有異志。其翊戴沖聖，夙夜勤勞，中外寧謐，功亦有不容泯者。今其官廕贈謚及諸子官職幷從褫革，已足示懲，乞特哀矜，稍寬其罰。」不納。

二品六年滿，加太子少保，尋加兵部尚書，掌院事如故。錦摘陳御史封事可採者數條，請旨行之。四川巡按雒遵劾錦，假條奏指錦爲奸臣。御史周希旦、給事中陳與郊不直遵，交章論列，遂調遵外任。帝幸山陵，再奉敕居守。其冬，以繼母喪歸。〔七〕十九年召拜刑部尚書。年七十六矣，再辭，不許。次蘇州卒。贈太子太保，謚端肅。

錦始終厲清操，篤信王守仁學，而教人則以躬行爲本。守仁從祀孔廟，錦有力焉。始忤嚴嵩，得重禍。及之官貴州，道嵩里，見嵩葬路旁，惻然憫之，屬有司護視。後忤居正罷官，居正被籍，復爲營救。人以是稱錦長者。

吳時來，字惟修，仙居人。嘉靖三十二年進士。授松江推官，攝府事。倭犯境，鄉民攜妻子趨城，時來悉納之。客兵獷悍好剽掠。時來以恩結其長，犯卽行法，無譁者。賊攻城，驟雨，城壞數丈。時來以勁騎扼其衝，急興版築，三日城復完，賊乃棄去。

擢刑科給事中。劾罷兵部尚書許論、宣大總督楊順及巡按御史路楷。皆嚴嵩私人，嵩疾之甚。會將遣使琉球，遂以命時來。三十七年三月，時來抗章劾嵩曰：「頃陛下赫然震怒，逮治僨事邊臣，人心莫不欣快。邊臣朘軍實、饋執政，罪也。執政受其饋，朋奸罔上，獨得無罪哉？嵩輔政二十年，文武遷除，悉出其手。潛令子世蕃出入禁所，批答章奏。世蕃因招權示威，頤指公卿，奴視將帥，筐篚苞苴，輻輳山積，猶無饜足。用所親萬寀爲文選郎，方祥爲職方郎，每行一事，推一官，必先稟命世蕃而後奏請。陛下但知議出部臣，豈知皆嵩父子私意哉。他不具論。如趙文華、王汝孝、張經、蔡克廉以及楊順、吳嘉會輩，或祈免死，或祈遷官，皆剝民膏以營私利，虛官帑以實權門，陛下已洞見其一二。言官如給事中袁洪愈、張璒，〔八〕御史萬民英亦嘗屢及之。顧多旁指微諷，無直攻嵩父子者。臣竊謂除惡務本。今邊事不振由於軍困，軍困由官邪，官邪由執政之好貨。若不去嵩父子，陛下雖宵旰憂勞，邊事終不可爲也。」

時張翀、董傳策與時來同日劾嵩。而翀及時來皆徐階門生，傳策則階邑子，時來先又官松江，於是嵩疑階主使。密奏三人同日搆陷，必有人主之，且時來乃憚琉球之行，借端自脫。帝入其言，遂下三人詔獄，嚴鞫主謀者。三人瀕死不承，第言「此高廟神靈教臣爲此言耳。」主獄者乃以三人相爲主使讞上。詔皆戍烟瘴，時來得橫州。

隆慶初，召復故官。進工科給事中。條上治河事宜，又薦譚綸、俞大猷、戚繼光宜用之薊鎭，專練邊兵，省諸鎭徵調。帝皆從之。撫治鄖陽。僉都御史劉秉仁被劾且調用，時來言秉仁薦太監李芳，無大臣節，秉仁遂坐罷。帝免喪既久，臨朝未嘗發言，時來上保泰九箚，報聞。尋擢順天府丞。

隆慶二年拜南京右僉都御史提督操江。移巡撫廣東。將行，薦所屬有司至五十九人。給事中光懋等劾其濫舉。會高拱掌吏部，雅不喜時來，貶雲南副使。復爲拱門生給事中韓楫所劾，落職閒住。

萬曆十二年始起湖廣副使。俄擢左通政，歷吏部左侍郎。十五年拜左都御史。誠意伯劉世延怙惡，數抗朝令，時來劾之，下所司訊治。時來初以直竄，聲振朝端。再遭折挫，沈淪十餘年。晚節不能自堅，委蛇執政間。連爲饒伸、薛敷敎、王麟趾、史孟麟、趙南星、王繼光所劾，時來亦連乞休歸。未出都，卒。贈太子太保，謚忠恪。尋爲禮部郎中于孔兼所論，奪謚。

張翀，字子儀，柳州人。嘉靖三十二年進士。授刑部主事。疾嚴嵩父子亂政，抗章劾之。其略曰：

竊見大學士嵩貴則極人臣，富則甲天下。子爲侍郎，孫爲錦衣、中書，賓客滿朝班，親姻盡朱紫。犬馬尙知報主，乃嵩則不然。臣試以邊防、財賦、人才三大政言之。

國家所恃爲屏翰者，邊鎭也。自嵩輔政，文武將吏率由賄進。其始不核名實，但通關節，卽與除授。其後不論功次，但勤問遺，卽被超遷。託名修邊建堡，覆軍者得廕子，濫殺者得轉官。公肆詆欺，交相販鬻。而祖宗二百年防邊之計盡廢壞矣。

戶部歲發邊餉，本以贍軍。自嵩輔政，朝出度支之門，暮入奸臣之府。輸邊者四，餽嵩者六。臣每過長安街，見嵩門下無非邊鎭使人。未見其父，先餽其子。未見其子，先餽家人。家人嚴年富已踰數十萬，嵩家可知。私藏充溢，半屬軍儲。邊卒凍餒，不保朝夕。而祖宗二百年豢養之軍盡耗弱矣。

邊防既隳，邊儲既虛，使人才足供陛下用猶不足憂也。自嵩輔政，藐蔑名器，私營囊橐。世蕃以狙獪資，倚父虎狼之勢，招權罔利，獸攫鳥鈔。〔九〕無恥之徒，絡繹奔走，靡然成風，有如狂易。而祖宗二百年培養之人才盡敗壞矣。

夫嵩險足以傾人，詐足以惑世，辨足以亂政，才足以濟奸。附己者加諸膝，異己者墜之淵。箝天下口使不敢言，而其惡日以恣。此忠義之士，所以搤腕憤激，懷深長之憂者也。陛下誠賜斥譴，以快衆憤，則緣邊將士不戰而氣自倍，百司庶府不令而政自新。

書奏，逮下詔獄拷訊，謫戍都勻。

穆宗嗣位，召爲吏部主事，再遷大理少卿。隆慶二年春，以右僉都御史巡撫南、贛。所部萬羊山跨湖廣、福建、廣東境，故盜藪，四方商民種藍其間。至是，盜出劫，翀遣守備蕫龍剿之。龍聲言搜山，諸藍戶大恐。盜因煽之，嘯聚千餘人。兵部令二鎮撫臣協議撫剿之宜，久乃定。南雄劇盜黃朝祖流劫諸縣，轉掠湖廣，勢甚熾。翀討擒之。移撫湖廣。召拜大理卿，進兵部右侍郎。以侍養歸。

萬曆初，起故官，督漕運。召爲刑部右侍郎，不拜，連章乞休。卒於家。天啓初，贈兵部尚書，謚忠簡。

蕫傳策，字原漢，松江華亭人。嘉靖二十九年進士。除刑部主事。

三十七年抗疏劾大學士嚴嵩，略言：

嵩稔惡悞國，陛下豈不洞燭其奸。特以輔政故，尙爲優容，令自省改。而嵩恬不知戒，負恩愈深。居位一日，天下受一日之害。臣竊痛之。

夫邊疆督撫將帥欲得士卒死力，必資財用。今諸邊軍餉歲費百萬，強半賂嵩。遂令軍士饑疲，寇賊深入。此其壞邊防之罪一也。

吏、兵二部持選簿就嵩塡註。文選郎萬寀、職方郎方祥甘聽指使，不異卒隸。都門諺語至以「文武管家」目之。此其鬻官爵之罪二也。

侍郎劉伯躍以採木行部，擅斂民財及郡縣贓罰，輦輸嵩家，前後不絕。其他有司破冒攘敓，入獻於嵩者更不可數計。嵩家私藏，富於公帑。此其蠹國用之罪三也。

趙文華以罪放逐，嵩沒其囊橐巨萬，而令人護送南還。恐喝州縣，私役民夫，致道路驛騷，公私煩費。此其黨罪人之罪四也。

天下藩臬諸司，歲時問遺，動以千計，勢不得不掊克小民。民財日殫，嵩貲日積。於是水陸舟車載還其鄉，月無虛日。所至要索供億，勢如虎狼。此其騷驛傳之罪五也。

嵩久握重權，炙手而熱。干進無恥之徒，附羶逐穢，麕集其門。致士風日偷，官箴日喪。此其壞人才之罪六也。

嵩以蔽欺行其專權，生死予奪惟意所爲。而世蕃又以無賴之子，竊威助惡。父子肆凶，中外飲憤。有臣如此，非國法可容。臣待罪刑曹，宜詰奸慝。陛下誠不惜嚴氏以謝天下，則臣亦何惜一死以謝權奸。

疏入，下詔獄。謫戍南寧。穆宗立，召復故官。歷郎中。隆慶五年累遷南京大理卿，進工部右侍郎。萬曆元年就改禮部。言官劾傳策受人賄，免歸。繩下過急，竟爲家奴所害。

鄒應龍，字雲卿，長安人。嘉靖三十五年進士。授行人，擢御史。嚴嵩擅政久，廷臣攻之者輒得禍，相戒莫敢言。而應龍知帝眷已潛移，其子世蕃益貪縱，可攻而去也，乃上疏曰：

工部侍郎嚴世蕃憑藉父權，專利無厭。私擅爵賞，廣致賂遺。使選法敗壞，市道公行。羣小競趨，要價轉鉅。刑部主事項治元以萬三千金轉吏部，舉人潘鴻業以二千二百金得知州。夫司屬郡吏賂以千萬，則大而公卿方岳，又安知紀極。

平時交通贓賄，爲之居間者不下百十餘人，而其子錦衣嚴鵠、中書嚴鴻、家人嚴年、幕客中書羅龍文爲甚。年尤桀黠，士大夫無恥者至呼爲鶴山先生。遇嵩生日，年輒獻萬金爲壽。臧獲富侈若是，主人當何如。

嵩父子故籍袁州，乃廣置良田美宅於南京、揚州，無慮數十所，以豪僕嚴冬主之。抑勒侵奪，民怨入骨。外地牟利若是，鄉里又何如。

尤可異者，世蕃喪母，陛下以嵩年高，特留侍養，令鵠扶櫬南還。世蕃乃聚狎客，擁豔姬，恒舞酣歌，人紀滅絕。至鵠之無知，則以祖母喪爲奇貨。所至驛騷，要索百故。諸司承奉，郡邑爲空。

今天下水旱頻仍，南北多警。而世蕃父子方日事掊克，內外百司莫不竭民脂膏，塞彼谿壑。民安得不貧，國安得不病，天人災變安得不迭至也。臣請斬世蕃首懸之於市，以爲人臣凶橫不忠之戒。苟臣一言失實，甘伏顯戮。嵩溺愛惡子，召賂市權，亦宜亟放歸田，用清政本。

帝頗知世蕃居喪淫縱，心惡之。會方士藍道行以扶乩得幸，帝密問輔臣賢否。道行詐爲乩語，具言嵩父子弄權狀，帝由是疏嵩而任徐階。及應龍奏入，遂勒嵩致仕，下世蕃等詔獄，擢應龍通政司參議。然帝雖罷嵩，念其贊修玄功，意忽忽不樂，手札諭階：「嵩已退，其子已伏辜，敢再言者，當幷應龍斬之。」應龍深自危，不敢履任，賴階調護始視事。御史張櫝巡鹽河東，不知帝指，上疏言：「陛下已顯擢應龍，而王宗茂、趙錦輩首發大奸未召，是曲突者不賞也。」帝大怒，立逮至，杖六十，斥爲民。久之，世蕃誅，應龍乃自安。

隆慶初，以副都御史總理江西、江南鹽屯。遷工部右侍郎。鎭守雲南黔國公沐朝弼驕恣，廷議遣大臣有威望者鎭之，乃改應龍兵部侍郎兼右僉都御史巡撫雲南。至則發朝弼罪，朝弼竟被逮。萬曆改元，鐵索箐賊作亂，討平之。已，番人栂𤇈反，合土漢兵進討，斬獲各千餘人。

應龍有才氣，初以劾嚴嵩得名，驟致通顯。及爲太常，省牲北郊，東廠太監馮保傳呼至，導者引入，正面爇香，儼若天子。應龍大駭，劾保僭肆，保深銜之。至是，京察自陳，保修郤，令致仕。臨安土官普崇明、崇新兄弟搆爭。崇明引廣南儂兵爲助，崇新則召交兵。已，交兵退，儂兵尚留，應龍命部將楊守廉往剿。守廉掠村聚，殺人。儂賊乘之，再敗官軍，人以咎應龍。應龍聞罷官，不俟代徑歸。代者王凝欲自以爲功，力排應龍。給事中裴應章遂劾應龍僨事。巡按御史郭廷梧雅不善應龍，劾如凝言。應龍遂削籍，卒於家。

十六年，陝西巡撫王璇言應龍歿後，遺田不及數畝，遺址不過數楹，卹典未被，朝野所恨。帝命復應龍官，予祭葬。

張檟，江西新城人。嘉靖三十八年進士。居臺中，敢言。穆宗初，復官。屢疏抗中官，嘗劾大學士高拱。拱復入閣掌吏部，檟已遷太僕少卿，坐不謹罷歸。萬曆中，累官工部右侍郎。

林潤，字若雨，莆田人。嘉靖三十五年進士。授臨川知縣。以事之南豐，〔一〇〕寇猝至，爲畫計却之。徵授南京御史。嚴世蕃置酒召潤，潤談辨風生，世蕃心憚之。旣罷，屬客謂之曰：「嚴侍郎謝君，無刺當世事。」潤到官，首論祭酒沈坤擅殺人，置之理。已，劾副都御史鄢懋卿五罪，嚴嵩庇之，不問。伊王典楧不道，數遭論列不悛，潤復糾之。典楧累奏辨，詆潤挾私。部科交章論王抗朝命，脅言官。世蕃納其賄，下詔責讓而已。潤因言宗室繁衍，歲祿不繼，請亟議變通。帝爲下所司集議。

會帝用鄒應龍言，戍世蕃雷州，其黨羅龍文潯州。世蕃留家不赴。龍文一詣戍所，卽逃還徽州，數往來江西，與世蕃計事。四十三年冬，潤按視江防，廉得其狀，馳疏言：「臣巡視上江，備訪江洋羣盜，悉竄入逃軍羅龍文、嚴世蕃家。龍文卜築深山，乘軒衣蟒，有負險不臣之心。而世蕃日夜與龍文誹謗時政，搖惑人心。近假名治第，招集勇士至四千餘人。道路恟懼，咸謂變且不測。乞早正刑章，以絕禍本。」帝大怒，卽詔潤逮捕送京師。世蕃子紹庭官錦衣，聞命亟報世蕃，使詣戍所。方二日，潤已馳至。世蕃猝不及赴，乃械以行，龍文亦從梧州捕至。遂盡按二人諸不法事，二人竟伏誅。

潤尋擢南京通政司參議，歷太常寺少卿。隆慶元年以右僉都御史巡撫應天諸府。屬吏懾其威名，咸震慄。潤至，則持寬平，多惠政，吏民皆悅服。居三年，卒官。年甫四十。

潤鄉郡興化陷倭，特疏請蠲復三年，發帑金振䘏。鄉人德之。喪歸，遮道四十里，爲位祭哭凡三日。

贊曰：世宗非庸懦主也。嵩相二十餘年，貪醟盈貫。言者踵至，斥逐罪死，甘之若飴，而不能得君心之一悟。唐德宗言：「人謂盧杞奸邪，朕殊不覺。」各賢其臣，若蹈一轍，可勝歎哉。世蕃之誅，發於鄒應龍，成於林潤。二人之忠，非過於楊繼盛，其言之切直，非過於沈鍊、徐學詩等，而大憝由之授首。蓋惡積滅身，而鄒、林之彈擊適會其時歟。

校勘記

〔一〕隆慶初復官　原脫「官」字，據明史稿傳八九周怡傳附謝瑜傳補。

〔二〕同官陳塏　陳塏，原作「陳瑎」，據本書卷三〇八嚴嵩傳、明進士題名碑錄嘉靖壬辰科改。下同。

〔三〕泰州人　原作「秦州人」，據明史稿傳八九周怡傳、明進士題名碑錄嘉靖乙未年改。

〔四〕秦府永壽王庶子惟𤇍與嫡孫懷墡爭襲　庶子，原作「世子」。據本書卷一〇〇諸王世表改。

明史考證攟逸卷一八：「按懷墡爲永壽共和王庶長子惟焆之子，惟燱乃共和庶六子，不得稱世子。此誤庶爲世。」

〔五〕廣布良田　布，明史稿傳八九王宗茂傳作「市」。

〔六〕冕極言教諭不可緩　教諭，明史稿傳八八周冕傳作「諭教」。

〔七〕以繼母喪歸　繼母，原作「繼父」，據國朝獻徵錄卷四五趙公錦墓志銘改。

〔八〕言官如給事中袁洪愈張墱　袁洪愈，原作「袁洪」，脫「愈」字，據明史稿傳八九吳時來傳補。本書卷二二一有袁洪愈傳。

〔九〕獸攫烏鈔　烏鈔，原作「鳥鈔」。明史稿傳八九張翀傳作「烏鈔」。明史考證攟逸卷一八：「按周禮鄭注『烏鳶喜鈔盜，便汙人』。嘉隆奏議作『烏鈔』，此誤爲『鳥』。」據改。

〔一〇〕以事之南豐　南豐，國朝獻徵錄卷六二林公潤傳作「永豐」，又稱「永豐人爲之刻石紀功。」

明史卷二百十一

列傳第九十九

馬永　梁震 祝雄　王效 劉文　周尚文 趙國忠　馬芳 子林 孫炯 爌 熿 何卿　沈希儀　石邦憲

馬永，字天錫，遷安人。生而魁岸，驍果有謀。習兵法，好左氏春秋。嗣世職爲金吾左衞指揮使。正德時，從陸完擊賊有功，進都指揮同知。江彬練兵西內，永當隸彬，稱疾避之。守備遵化，寇入馬蘭峪，參將陳乾被劾，擢永代。戰柏崖、白羊峪，皆有功。十三年進都督僉事，充總兵官，鎭守薊州。盡汰諸營老弱，聽其農賈，取傭直給健卒，由是永所將獨雄於諸鎭。武宗至喜峰口，欲出塞，永叩馬諫。帝注視久之，笑而止。中路擦崖當敵衝，無城堡，耕牧者輒被掠。永令人持一月糧，營崖表，版築其內。城廨如期立，乃遷軍守之。錄功，進署都督同知。

嘉靖元年，金山礦盜作亂。遣指揮康雄討平之，塞其礦。朶顏把兒孫結諸部邀賞不得，盜邊。永迎擊洪山口，而伏兵斷其後，斬獲過當，進右都督。已，復馘其驍將，把兒孫不敢復擾邊。大同兵變，殺巡撫張文錦，命桂勇爲總兵官往鎭，而議將撫之。永言：「逆賊干紀，朝廷赦其脅從，恩至渥也，顧猶抗命。今不剿，春和北寇南牧，叛卒勾連，禍滋大。宜亟調鄰鎭兵，刻期攻城，曉譬利害，懸破格之賞，令賊自相斬爲功，元凶不難殄也。」乃命永督諸軍與侍郎胡瓚往。會亂平，乃還鎭。

永上書爲陸完請恤典，且乞宥議禮獲罪諸臣。帝大怒，奪永官，寄祿南京後府。巡按御史丘養浩言：「永仁以恤軍，廉以律己，固邊防，却强敵，軍民安堵，賚彼長城。聞永去，遮道乞留，且攜子女欲遂逃移。夫陸完久死炎瘴，非有權勢可託。永徒感國士知，欲效區區之報。不負知己，寧負國家？祈曲賜優容，俾還鎭。」順天巡撫劉澤及給事、御史交章救之，俱被譴。永竟廢不用。永杜門讀書，淸約如寒士。久之，用薦僉書南京前府。大同軍再亂，廷臣交薦。召至，已就撫，復還南京。

十四年，遼東兵變。罷總兵官劉淮，以永代之。大淸堡守將徐顒誘殺泰寧衞九人。〔一〕部長把當孩怒，寇邊，永擊斬之。其族屬把孫借朶顏兵報讐，復爲永所却。已，復入犯。中官王永戰敗，永坐戴罪。

遼東自軍變後，首惡雖誅，漏網者衆。悍卒無所憚，結黨叫呼，動懷不逞。廣寧卒佟伏、張鑑等乘旱饑，倡衆爲亂，諸營軍憚永無應者。伏等登譙樓，鳴鼓大譟，永率家衆仰攻。千戶張斌被殺，永戰益力，盡殲之。事聞，進左都督。

永畜士百餘人，皆西北健兒，驍勇敢戰。遼東變初定，帝問將於李時。時薦永，且曰：「其家衆足用也。」帝曰：「將須文武兼，寧專恃勇乎？」時曰：「遼士新定，須有威力者鎭之。」至是，竟得其力。都御史王廷相言：「永善用兵，且廉潔，宜仍用之薊鎭，作京師藩屏。」未及調，卒。遼人爲罷市。喪過薊州，州人亦灑泣。兩鎭並立祠。

永爲將，厚撫間諜，得敵人情僞，故戰輒勝。雅知人。所拔卒校，後多至大帥。尙書鄭曉稱永與梁震有古良將風。

梁震，新野人。襲榆林衞指揮使。嘉靖七年進署都指揮僉事，協守寧夏興武營。尋充延綏遊擊將軍。廉勇，好讀兵書，善訓士，力挽强命中，數先登。擢延綏副總兵。與總兵官王效却敵鎭遠關，進都督僉事。

吉囊、俺答犯延綏，震敗之黃甫川。尋犯響水、波羅，參將任傑大敗之。吉囊復以十萬騎入寇，震大破之乾溝，獲首功百餘。先後被獎賚。已，增俸一等。乾溝凡三十里，當敵衝。震濬使深廣，築土牆其上，寇不復輕犯。

十四年進都督同知，充陝西總兵官。尋論黃甫川功，進右都督。明年移鎭大同。大同亂兵連殺巡撫張文錦、總兵官李瑾。繼瑾者魯綱，威不振，兵益驕，文武大吏不敢要束。廷議以爲憂，移震往。震素畜健兒五百人，至則下令軍中，申約束。鎭兵素憚震，由是帖服。寇入犯，震破之牛心山，斬級百餘。寇憤，駐近邊伺隙。時車駕祀山陵，震伏將士於諸路。寇果入，大破之宣寧灣，又破之紅崖兒，斬獲甚衆。進左都督，廕一子百戶。震父棟，前陣亡。震辭廕子，乞父祭葬，帝嘉而許之。毛伯溫督師，與震修鎭邊諸堡，不數月工成。卒，贈太子太保，賜其家銀幣，加贈太保，謚武壯。

震有機略，號令明審。前後百十戰，未嘗少挫。時率健兒出塞劫敵營，或議其啓釁。震曰：「凡啓釁者，謂寇不擾邊，我橫挑邀功也。今數深入，乃不思一挫之耶？」震歿，健兒無所歸。守臣以聞，編之伍，邊將猶頗得其力。

代震者遼東祝雄，起家世廕。歷都督僉事。自山西副總兵遷鎭大同。被劾解職，起鎭薊州。善撫士，治軍肅。寇入塞，率子弟爲士卒先。子少却，行法不貸。世宗書其名御屛。

爲將三十年，布袍氈笠，不異卒伍。旣歿，遺貲僅供殮具。薊人祠祀之。

王效，延綏人。讀書能文辭，嫻韜略。騎射絕人，中武會試。嘉靖中，累官都指揮僉事，充延綏右參將。出神木塞，擣寇雙乃山，斬獲多。尋擢延綏副總兵。

十一年冬，進署都督僉事，充總兵官，代周尙文鎭寧夏。吉囊犯鎭遠關，效與梁震敗之柳門。追北蜂窩山，蹙溺之河，斬首百四十有奇。璽書獎賚。

吉囊十萬騎復窺花馬池，效、震拒之不得入，轉犯乾溝。震分兵擊，遂趨固原。總兵官劉文力戰，寇趨青山峴，大掠安定、會寧。效方敗別部於鼠湖，追至沙湖，疾移師往援，破之安定，再破之靈州，先後斬首百五十餘級。總制三邊尙書唐龍以大捷聞，而巡按御史奏諸將失事罪。給事中戚賢往勘，奏：「安、會二縣多殺掠，文當罪。然麾下卒僅八千，倍道蒙險，攖八九萬方張之寇，殊死戰，宜以功贖。震乾溝，效鼠湖、沙湖、安定、靈州之戰，以孤軍八百，當寇萬餘，功俱足錄。龍亦善調度。」詔文奪職，震、效賚銀幣，龍一子入監。是役也功多，執政尼之，故賞薄。御史周鈇以爲言，龍、效、震各加一級，效進都督同知。尋以淸水營功，進右都督。寇以輕騎犯寧夏，效伏兵打鎧口，俟其半入橫擊，敗之，而防河卒復以戰艘邀斬其奔渡者。捷聞，進左都督。寇憤，設伏誘敗之，貶右都督。十六年移鎭宣府。踰年卒，謚武襄。

效言行謹飭，用兵兼謀勇，威名著西陲。與馬永、梁震、周尚文並爲名將。

劉文者，陽和衞人。襲指揮同知。屢遷署都督僉事，涼州右副總兵。嘉靖八年以總兵官鎭陝西。大破洮、岷叛番若籠、板爾諸族，斬首三百六十有奇。十一年，寇西掠還，將犯寧夏河東，文擊破之。積前功，進都督同知。後落職，起鎭延綏，改甘肅。卒，亦謚武襄。

周尚文，字彥章，西安後衞人。幼讀書，粗曉大義。多謀略，精騎射。年十六，襲指揮同知。屢出塞有功，進指揮使。

寘鐇反，遏黃河渡口，獲叛賊丁廣等，推掌衞事。關內回賊四起，倚南山，尚文次第平之。御史劉天和劾中貴廖堂，繫詔獄，事連尚文。拷掠令引天和，終不承，久之始釋。已，守備階州。計擒叛番，進署都指揮僉事，充甘肅遊擊將軍。

嘉靖元年改寧夏參將。尋進都指揮同知，爲涼州副總兵。御史按部莊浪，猝遇寇。尚文亟分軍擁御史，而自引麾下射之，寇乃遁。嘗追寇出塞，寇來益衆。尚文軍半至，麾下皆恐。乃從容下馬，解鞍背崖力戰，所殺傷相當。部將丁杲來援，寇始退。尚文被創甚，乃告歸。尋起故官。吉囊數踏冰入。尚文築牆百二十里，澆以水，冰滑不可上。冰泮則令力士持長竿鐵鉤，鉤殺渡者。

九年擢署都督僉事，充寧夏總兵官。王瓊築邊牆，尚文督其役。且濬渠開屯，軍民利之。寇掠西海，過寧夏，巡撫楊志學議發兵邀。尚文不從，劾解職。久之，起山西副總兵。寇由偏頭關趨岢嵐，尚文轉戰三百里，破之，與子君佐俱傷，賚銀幣。尋以總兵官鎮延綏。寇犯紅山墩，力戰敗之，被賚。吉囊復大掠清平堡，坐奪俸。尚文優將才，負氣桀傲，所至與文吏競。文吏又往往挫折之，以故彌不相得。巡撫賈啓劾尚文老誖，兵部請調之甘肅。帝不從，各奪其俸。巡按張光祖言兩人必不可共處，乃革尚文任，亦貶啓秩。吉囊大入，抵固原。天和時已爲總督，激尚文立功。奮擊之黑水苑，殺其子號小十王者，獲首功百三十餘。乃以爲都督同知。

二十一年用薦爲東官廳聽征總兵官兼僉後府事。嚴嵩爲禮部尚書，子世蕃官後府都事，驕蹇。尚文面叱，將劾奏之，嵩謝得免。調世蕃治中，以避尚文，銜次骨。其秋以總兵官鎮大同，請增餉及馬。兵部言尚文陳請過當，方被詔切責，而尚文與巡撫趙錦不協，乞休，弗允，日相搆。御史王三聘乞移之他鎭。廷議：大同敵衝，尙文假此避，不宜墮其奸謀。乃以錦爲甘肅巡撫。吉囊數萬騎犯前衞。尙文與戰黑山，殺其子滿罕歹，追至涼城。斬獲多，進右都督。已，寇由宣府逼畿甸，出大同塞而北。尙文邀之，稍有俘獲。後寇復大舉，犯鵓鴿谷，將南下。尙文備陽和，遣騎四出邀寇。寇遁，賜敕奬勞之。

總督翁萬達議築邊牆，自宣府西陽和至大同開山口，〔三〕延袤二百餘里，以屬尙文。乃益築陽和以西至山西丫角山，凡四百餘里，敵臺千餘。斥屯田四萬餘頃，益軍萬三千有奇。帝嘉其功，進左都督，加太子太保，永除屯稅。叛人充灼召小王子寇邊，尙文偵得其使者，加太保，廕子錦衣世千戶。終明之世，總兵官加三公者，尙文一人而已。

初，俺答及吉囊諸子盛强，諸邊歲受其患，大同尤甚。自尙文涖鎭，與總督萬達、巡撫詹榮規畫戰守備邊，民息肩者數年。尙文益招叛人，孤敵勢，歸者相屬。二十七年八月，俺答伏兵五堡旁，誘指揮顧相等出，圍之彌陀山。尙文急督副總兵林椿、參將呂勇、遊擊李梅及二子君佐、君仁出塞援，圍始解。相及指揮周奉，千戶呂愷、郝經等已陣歿。尙文轉戰次野口，伏突起。殊死戰，斬其長一人。相持月餘乃引去。尙文設伏，殺其殿卒而還。尙文三子俱罪戍，至是以父功得釋。俺答數萬騎犯宣府，萬達檄尙文大破之曹家莊。錄功，兼太子太傅，賜賚有加。其年卒，年七十五。

尚文清約愛士，得士死力。善用間，知敵中曲折，故戰輒有功。自二十年後，俺答頻擾邊。宿將王效、馬永、梁震皆前死，惟尚文存，威名最盛。嚴嵩父子謀傾陷。功高，帝方籍以抗強敵，讒不得入。暨卒，格恤典不予，給事中沈束以爲言。嵩激帝怒，錮束詔獄。穆宗立，始贈太傅，諡武襄。

趙國忠，字伯進，錦州衞人，嗣指揮職。嘉靖八年舉武會試，進都指揮僉事，守備靉陽。擢錦義右參將。連破敵，增秩，賜金幣，進署都督僉事，爲遼東總兵官。禦敵有功，斬級百七十有奇。進都督同知，賜賚踰等。敵以八百騎從鴉鶻關入。都指揮康雲戰歿，裨將三人亦死，詔國忠戴罪立功。已，坐事被劾，命白衣視事。守備張文瀚禦敵死，國忠坐解任。

尋起西官廳右參將，授都督僉事，提督東官廳。俺答大舉犯宣府，總兵官趙卿不任戰，命國忠代之。至岔道，〔三〕寇已爲周尚文所敗，東走。國忠命參將孫勇率精卒逆擊於大滹沱，敗之。與尚文分道擊，寇盡走，以功受賚。復坐寇入，降俸二等。俺答薄京師，國忠趨入衞，壁沙河北。已，移護諸陵。寇騎至天壽山，見國忠陣紅門前，不敢入。

三十一年再鎭遼東。小王子打來孫以數萬騎寇錦州，國忠禦却之。明年入獅子口，督參將李廣等逐出塞，斬擒五十人。寇屢入榆林堡、高臺、蛤利河。先後掩擊，獲首功百五十有奇，進秩一等。尋被論罷。

國忠善戰，射穿札，爲將有威嚴。歷兩鎮，繕亭障，練士馬，邊防賴之。

馬芳，字德馨，蔚州人。十歲爲北寇所掠，使之牧。芳私以曲木爲弓，剡矢射。俺答獵，虎虓其前，芳一發斃之。乃授以良弓矢、善馬，侍左右。芳陽爲之用，而潛自間道亡歸。周尙文鎮大同，奇之，署爲隊長。數禦寇有功，當得官，以父貧，悉受賞以養。

嘉靖二十九年秋，寇犯懷柔、順義。芳馳斬其將，授陽和衞總旗。寇嘗入威遠，伏驍騎鹽場，而以二十騎挑戰。芳知其詐，用百騎薄伏所，三分其軍銳，以次擊之。奮勇跳盪，敵騎辟易十里，斬首凡九十級。已，復禦之新平。寇營野馬川，刻日戰。芳度寇且遁，急乘之，斬級益多。衆方賀，芳遽策馬曰：「賊至矣。」趣守險，而身斷後。頃之，寇果麕至。芳戰益力，寇乃去。亡何，戰泥河，復大破之。累遷指揮僉事。以功，進都指揮僉事，充宣府遊擊將軍。復以功，超遷都督僉事，隸總督爲參將。戰鎮山墩不利，奪俸。已，襲寇有功，進二秩，爲右都督。尋以功進左，賜蟒袍。偏裨加左都督，自芳始也。

三十六年遷薊鎮副總兵，分守建昌。土蠻十萬騎薄界嶺口，芳與總兵官歐陽安斬首數十，獲驍騎猛克兔等六人。寇不知芳在，芳免胄示之，驚曰：「馬太師也！」遂却。捷聞，廕世總旗。未幾，辛愛、把都兒大入，躪遵化、玉田。芳追戰金山寺有功，而州縣破殘多，總督王忬以下俱獲罪，芳亦貶都督僉事。

尋移守宣府。寇大入山西，芳一日夜馳五百里及之，七戰皆捷。已，復爲左都督，就擢總兵官，以功進二秩。寇薄通州，芳入衞，令專護京師。寇退，再進一秩。尋與故總兵劉漢出北沙灘，搗寇巢。已，坐寇入，令戴罪。

四十五年七月，辛愛以十萬騎入西路，芳迎之馬蓮堡。堡圮，衆請塞之，不可。請登臺，亦不可。開堡四門，偃旗鼓，寂若無人。比暮，野燒燭天，囂呼達旦。芳臥，日中不起，敵騎窺者相屬，莫測所爲。明日，芳蹶然起，乘城，指示衆曰：「彼軍多反顧，且走。」勒兵追擊，大破之。隆慶初，或爲辛愛謀，以五萬騎犯蔚州，誘芳出，而以五萬騎襲宣府城，可得志。芳豫伐木環城，寇至不可上，遂解去。頃之，率參將劉潭等出獨石塞外二百里，襲其帳於長水海。還至塞，追者及鞍子山。迎戰，又大敗之。廕子千戶。

芳有膽智，諳敵情，所至先士卒。一歲數出師搗巢，或躬督戰，或遣裨將。家蓄健兒，得其死力。嘗命三十人出塞四百里，多所斬獲，寇大震。芳乃帥師至大松林，頓舊興和衞，登高四望，耀兵而還。

時大同被寇，視宣府尤甚。總督陳其學恐擾畿輔，令總兵官趙岢扼紫荊關。寇乃縱掠懷仁、山陰間，岢坐貶三秩，遂調芳與易鎮。俺答轉犯威遠幾破，會其學率胡鎮等救，而芳軍亦至，相拒十餘日，乃走。芳謂諸將曰：「大同非宣府比，與我間一牆耳。寇不時至，非大創之不可。」乃將兵出右衞，戰威寧海子，破之。其年，俺答就撫，塞上遂無事。

萬曆元年，〔四〕閱視侍郎吳百朋發芳行賄事，勒閒住。已，起僉書前軍都督府。順義王要賞，聲言渝盟，復用芳鎮宣府。七年以疾乞歸。又二年卒。

芳起行伍，十餘年爲大帥。戰膳房堡、朔州、登鷹巢、鴿子堂、龍門、萬全右衞、東嶺、孤山、土木、乾莊、岔道、張家堡、得勝堡、大沙灘，大小百十接，身被數十創，以少擊衆，未嘗不大捷。擒部長數十人，斬馘無算，威名震邊陲，爲一時將帥冠。石州城陷，副將田世威、參將劉寶論死，芳乞寢己廕子，贖二將罪，爲御史所劾，敕戒諭。後世威復爲將，遇芳薄，芳不與校，識者多之。

二子，棟、林。棟官至都督，無所見。林，由父廕累官大同參將。萬曆二十年，順義王撦力克縶獻史、車二部長，林以制敵功，進副總兵。二十七年擢署都督僉事，爲遼東總兵官。林雅好文學，能詩，工書，交遊多名士，時譽籍甚，自許亦甚高。嘗陳邊務十策，語多觸文吏，寢不行。稅使高淮橫恣，林力與抗。淮劾奏之，坐奪職。給事中侯先春論救，改林戍烟瘴，先春亦左遷二官。久之，遇赦免。

遼左用兵，詔林以故官從征。楊鎬之四路出師也，令林將一軍由開原出三岔口，而以遊擊竇永澄監北關軍並進。林軍至尙間崖結營浚壕，嚴斥堠自衞。及聞杜松軍敗，方移營，而大清兵已逼。乃還兵，別立營，浚壕三周，列火器壕外，更布騎兵於火器外，他士卒皆下馬，結方陣壕內。又一軍西營飛芬山。杜松軍旣覆，大清兵乘銳薄林軍。見林壕內軍已與壕外合而陳，縱精騎直前衝之。林軍不能支，遂大敗。副將麻巖戰死，林僅以數騎免。死者彌山谷，血流尙間崖下，水爲之赤。大清遂移兵擊飛芬山。僉事潘宗顏等一軍亦覆。北關兵聞之，遂不敢進。林旣喪師，謫充爲事官，俾守開原。時蒙古宰賽、煖兎許助林兵，林與結約，恃此不設備。其年六月，大清兵忽臨城。林列衆城外，分少兵登陴。大清兵設楯梯進攻，而別以精騎擊破林軍之營東門外者。軍士爭門入，遂乘勢奪門，攻城兵亦踰城入。林城外軍望見盡奔。大清兵據城邀擊，壕不得渡，悉殲之。林及副將于化龍、參將高貞、遊擊于守志、守備何懋官等，皆死焉。尋贈都督同知，進世廕二秩。林雖更歷邊鎭，然未經强敵，無大將才。當事以虛名用之，故敗。

林五子，燃、熠、炯、爌、颸。燃、熠，戰死尙間崖。炯，天啓中湖廣總兵官。協討貴州叛賊，從王三善至大方，數戰皆捷。已，大敗，三善自殺，炯潰歸。得疾而卒。

爌幼習兵略，天啓中爲遼東遊擊。督師閣部孫承宗以其父死王事，奬用之，命代王楹守中右所。及巡撫袁崇煥更營制，以故官掌前鋒左營。數有功，屢遷至副總兵，守徐州。崇禎八年正月，賊陷鳳陽，大掠而去。爌及守備駱舉率兵入，以恢復告，遂留戍其地。八月，賊擾河南。總督朱大典命移駐潁、亳。事定，還徐州。十年，賊犯桐城，爌赴救，破之羅唱河。尋以護陵功，增秩一級。歸德、徐州間有地曰朱家廠，土寇據之，時出掠。爌剿滅之。賊犯固始，大典檄爌及遊擊張士儀等分戍霍丘西南，扼賊東下，賊遂走六安。大典又移爌等駐壽州東，兼護二陵。當是時，長、淮南北，專以陵寢爲重。爌馳驅數年，幸無失事。

十二年六月擢總兵官，鎭守天津。久之，移鎭甘肅。十五年督三協副將王世寵、王加春、魯胤昌等討破叛番，斬首七百餘級，撫安三十八族而還。其冬，督師孫傳庭檄召不至，疏劾之。帝令察爌堪辦賊，許戴罪圖功，否卽以賜劍從事。及爌至軍，傳庭貸其罪。已，復以逗遛淫掠被劾，帝仍令戴罪自効。明年秋，傳庭將出關。有傳賊自內鄉窺商、雒者，檄爌移商州扼其北犯。已而傳庭師覆，爌遂還鎭。未幾，賊陷延綏、寧夏，遂陷蘭州，渡河抵甘州環攻之。爌與巡撫林日瑞竭力固守。賊乘雪夜坎而登。士卒寒甚，不能戰，城遂陷。

爌、日瑞及中軍哈維新、姚世儒皆死焉。弟飈爲沔陽州同知，城陷，亦死之。爌父子兄弟並死國難。

何卿，成都衞人。有志操，習武事。正德中，嗣世職爲指揮僉事。以能，擢筠連守備。從巡撫盛應期擊斬叛賊謝文禮、文義。世宗立，論功，進署都指揮僉事，充左參將，協守松潘。

嘉靖初，芒部土舍隴政、土婦支祿等叛。卿討之，斬首二百餘級，降其衆數百人。政奔烏撒，卿檄土官安寧擒以獻。寧佯諾，而匿政不出。巡撫湯沐言狀，帝奪卿冠帶。川、貴兵合討，賊始滅，還冠帶如初。五年春擢卿副總兵，仍鎭松潘。隴氏已絕，改芒部爲鎭雄府，設流官。未幾，政遺黨沙保復叛。卿偕參將魏武、參議姚汝皐等並進，斬保等賊首七人，餘盡殄。錄功，武最，卿次之，賜賚有差。黑虎五砦番反，圍長安諸堡，烏都、鵓鴿諸番亦繼叛。卿皆破平之，就進都督僉事。威茂番十餘砦連兵劫軍饟，且攻茂州及長寧諸堡，要撫賞。卿與副使朱紈築茂州外城以困之。旋以計殘其衆，戰屢捷，遂攻深溝，焚其碉砦。諸番窘，請贖罪。卿責獻首惡，番不應。復分剿淺溝、渾水二砦殲之。諸番乃爭獻首惡，插血斷指耳，誓不復叛。卿乃與刻木爲約，分處其曹，畫疆守，松潘路復通。巡撫潘鑑等上二人功，詔賚銀幣，進署都督同知，鎭守如故。久之，以疾致仕。

二十三年，塞上多警。召卿，以疾辭。帝怒，奪其都督，命以都指揮使詣部聽調。未幾，寇逼畿輔，命營盧溝橋。松潘副總兵李爵爲巡撫丘養浩劾罷，詔以卿代。給事中許天倫言卿賄養浩劾爵，自爲地。帝怒，褫卿及養浩官，令巡按冉崇禮覈實。時兵事棘，翁萬達復薦卿，還其都督僉事，督東官廳軍馬。已而崇禮具言爵貪汚，「卿鎭松潘十七年，爲蜀保障，軍民頌德，且貧，安所得賄」。帝意乃解。四川白草番爲亂，副總兵高岡鳳被劾。兵部尙書路迎奏卿代之。卿再涖松潘，將士咸喜。乃會巡撫張時徹討擒渠惡數人，俘斬九百七十有奇，克營砦四十七，毀碉房四千八百，獲馬牛器械儲積各萬計。進署都督同知。卿素有威望，爲番人所憚。自威茂迄松潘、龍安夾道築牆數百里，行旅往來，無剽奪患。先後涖鎭二十四年，軍民戴之若慈母。再以疾歸。

三十三年，倭寇海上。詔卿與沈希儀各率家衆赴蘇、松軍門。明年充副總兵，總理浙江及蘇、松海防。卿，蜀中名將，不諳海道，年已老，兵與將不習，竟不能有所爲。爲巡按御史周如斗劾罷，卒。

沈希儀，字唐佐，貴縣人。嗣世職爲奉議衞指揮使。機警有膽勇，智計過絕於人。正德十二年調征永安。以數百人擣陳村砦，馬陷淖中，騰而上，連馘三酋，破其餘衆。進署都指揮僉事。義寧賊寇臨桂，還巢，希儀追之。巢有兩隘，賊伏兵其一，使熟猺紿官兵入。希儀策其詐，急從別隘直抵賊巢。賊倉卒還救，遂大破之。荔浦賊八千渡江東掠，希儀率五百人駐白面砦，待其歸。砦去蛟龍、滑石兩灘各數里。希儀以滑石灘狹，雖衆可薄，蛟龍灘廣，濟則難圖，欲誘致之滑石。乃樹旗百蛟龍灘，守以羸卒，然柴以疑之。賊果趨滑石。希儀預以小艦載勁卒伏葭葦中。賊渡且半，乘瀧急衝之，兩岸軍譟而前，賊衆多墜水死，收所掠而還。從副總兵張祐連破臨桂、灌陽、古田賊。進署都指揮同知，掌都司事。

嘉靖五年，總督姚鏌將討田州岑猛。用希儀計，間猛婦翁歸順土酋岑璋，使圖猛，而分兵五哨進。希儀將中哨，當工堯。工堯，賊要地，聚衆守之。希儀夜遣軍三百人，緣山上，繞出其背。比明合戰，則所遣軍已立幟山巔，賊大潰敗。猛走歸順，爲璋所執，田州平。希儀功最，鏌抑之，止受賚。鏌議設流官，希儀曰：「思恩以流官故，亂至今未已。田州復然，兩賊且合從起。」鏌不從。以希儀爲右參將，分守思、田。希儀請還鄉治裝，以參將張經代守甫一月，田州復叛，鏌罷歸。王守仁代，多用希儀計，思、田復定。

改右江柳慶參將，駐柳州。象州、武宣、融縣瑤反，討破之。謝病歸，頃之還故任。柳在萬山中，城外五里卽賊巢，軍民至無地可田，而官軍素罷不任戰。又賊耳目徧官府，閭動靜無不知。希儀謂欲大破賊，非狼兵不可，請於制府。調那地狼兵二千來，戍兵稍振。乃求得與瑤通販易者數十人，持其罪而厚撫之，使詗賊。賊動靜，希儀亦無不知。希儀每出兵，雖肘腋親近不得聞。至期鳴號，則諸軍咸集。令一人挾旗引諸軍行，不測所往。及駐軍設伏，賊必至，遇伏輒奔。官軍擊之，無不如志。已，賊寇他所，官軍又先至。遠村僻聚，賊度官軍所不逮者，往寇之，官軍又未嘗不在，賊驚以爲神。希儀得賊巢婦女畜產，果鄰巢者悉還之，惟取陰助賊者。諸瑤盡讋伏，無敢嚮賊。

希儀初至，令熟瑤得出入城中，無所禁。因厚賞其黠者，使爲諜。後漸令瑤婦入見其妻，賚以酒食繒帛。其夫常以賊情告者，則陰厚之。諸瑤婦利賞，爭勸其夫輸賊情，或自入府言之。以故，賊益無所匿形。希儀每於風雨晦冥夜，偵賊所止宿，分遣人齎銃潛伏舍旁。中夜銃舉，賊大駭曰：「老沈來矣！」咸挈妻子匍匐上山。兒啼女號，或寒凍觸厓石死，爭怨悔作賊非計。至曉下山，則寂無人聲。他巢亦然，衆愈益驚。潛遣人入城偵之，則希儀故居城中不出也。賊膽落，多易面爲熟瑤。

韋扶諫者，馬平瑤魁也，累捕不得。有報扶諫逃鄰賊三層巢者，希儀潛率兵剿之，則又與三層賊往劫他所。希儀盡俘三層巢妻子歸。希儀俘賊妻子盡以畀狼兵，至是獨閉之空舍，飲食之。使熟瑤往語其夫曰：「得韋扶諫，還矣。」諸瑤聞，悉來謁希儀。令入室視之，妻子固無恙。乃共誘扶諫出巢，縛以獻，易妻子還。希儀剜扶諫目，支解之，懸諸城門。諸瑤服希儀威信，益不敢爲盜。自是，柳城四旁數百里，無敢攘奪者。

希儀嘗上書於朝，言狼兵亦瑤、僮耳。瑤、僮所在爲賊，而狼兵死不敢爲非，非狼兵順而瑤、僮逆也。狼兵隸土官，瑤、僮隸流官。土官令嚴足以制狼兵，流官勢輕不能制瑤、僮。若割瑤、僮分隸之旁近土官，土官世世富貴，不敢有他望。以國家之力制土官，以土官之力制瑤、僮，皆爲狼兵，兩廣世世無患矣。時不能用。至十六年而有思恩岑金之變。

初，思恩土官岑濬既誅，改設流官，以其酋二人韋貴、徐五爲土巡檢，分掌其兵各萬餘。夷民不樂漢法，凡數叛。鎮安有男子名金，自言濬子。鎮安土官乃潛召其舊部酋長，出金而與之盟曰：「若小主也。」諸酋羅拜，擁金歸，聚兵五千，將攻城，復故地，遠近洶洶。濬誅時，其酋楊留者無所歸，率黨千餘人詣賓州，應募爲打手。希儀在賓，留入言，欲往見小主人。希儀故患金，及聞留言，益大駭。因好謂留曰：「是岑濬第九子耶？我向征田州固聞之。」因自語「岑氏其復乎？」欲以深動留，留果喜。已，召留密室，言：「予我重賂，即爲金復官。」且出，復呼入曰：「韋貴、徐五今分將思恩兵，必讐金，善防之。」留益大信。金遂從五千人因留以見。門者奔告，請無納。希儀罵曰：「金，土官子，非賊，奈何不納。」引入，厚結之，又引以詣兵備副使，隨以計漸散其五千人。卒縛金，留亦自恨死，思恩復寧。已，從總督張經大破斷藤峽、弩灘賊，受賚歸。

希儀鎮柳、慶久，渠魁宿猾捕誅殆盡。先後擣巢，斬馘積五千餘級，未嘗悉奏功，故多不敍。十九年復謝病，柳人祀之山雲祠。旋起四川左參將，分守敍、瀘及貴州迤西諸處。其冬，擢署都督僉事，充總兵官，鎮貴州。復謝病歸。塞上多警，召天下名將至京師，希儀在召中。希儀鎮柳、慶，每戰必先登，身數被創，陰雨輒痛劇，故數謝病。至京，亦以病辭。帝疑其規避，褫都督官，令赴部候用。翁萬達薦其才。會江、淮多盜，議設督捕總兵官，乃復希儀署都督僉事以往。

二十六年以爲廣東副總兵。命自今將領至自川、廣、雲、貴者，毋推京營及西北邊，著爲令。從總督張岳大破賀縣賊倪仲亮等，予實授，仍賚銀幣。瓊州五指山熟黎素畏法，供徭賦，知州邵濬虐取之。其酋那燕遂結崖州、感恩、昌化諸黎爲亂。總督歐陽必進議幷萬州、陵水黎討之，分兵五道。希儀適病，最後至，謂必進曰：「萬州、陵水黎未有黨惡之實，奈何幷誅，益樹敵。莫若止三道。」必進從之。希儀乃偕參將武鸞、俞大猷等直入五指山下，斬那燕及其黨五千四百有奇，俘獲者五之一，招降三千七百人。捷聞，進都督同知，改貴州總兵官。復從岳平銅仁叛苗龍許保、吳黑苗。又以病歸。倭寇海上，命督川、廣兵赴勦。無功，爲周如斗劾罷。

希儀爲人坦率，居恒詼笑，洞見肺腑。及臨敵，應變出奇，人莫測。尤善撫士卒。常染危病，卒多自殎以禱於神。最後一人，至以箭穿其喉。其得士心如此。

石邦憲，字希尹，貴州清平衞人。嘉靖七年嗣世職爲指揮使。累功，進署都指揮僉事，充銅仁參將。苗龍許保、吳黑苗叛，總督張岳議征之，而賊陷印江、石阡，邦憲坐逮問。岳以銅仁賊巢穴，而邦憲有謀勇，乃奏留之。邦憲遂與川、湖兵進貴州，破苗砦十有五。竄山箐者，搜戮殆盡。上功，邦憲第一。未及敍，而許保等突入思州，執知府李允簡以去。邦憲急邀，奪之歸。坐是停俸戴罪。賊既破思州，復糾餘黨，與湖廣蜡爾山苗合，欲攻石阡。邦不克，還過省溪。千戶安大朝等邀之，斬獲大半，盡奪其輜重，賊不能軍。邦憲乃使使購老傭、老侔等執許保送軍門，而黑苗竄如故。復以計購烏朗土官田興邦等斬黑苗，賊盡平。遂進署都督僉事，充總兵官，代沈希儀鎮貴州。

臺黎砦苗關保倡亂，四川容山、廣西洪江諸苗應之。遠近騷然，撫剿莫能定。邦憲與湖廣兵分道討破之，傳檄十八砦，許執首惡贖罪。諸苗聽撫，設盟受約而還。

播州宣慰楊烈殺長官王黼，〔五〕黼黨李保等治兵相攻且十年，總督馮岳與邦憲討平之。眞州苗盧阿項爲亂，〔六〕邦憲以兵七千編筏渡江，直抵磨子崖。策賊必夜襲，先設備。賊至，擊敗之。賊求援於播州吳鯤。諸將懼，邦憲曰：「水西宣慰安萬銓，播州所畏也。吾調水西兵攻烏江，聲楊烈縱鯤助逆罪，烈奚暇救人乎？」已，水西兵至。邦憲進逼其巢，乘風縱火，斬關而登，賊大奔潰，擒賊首父子，斬獲四百七十餘人。進署都督同知。

破地隆阡叛苗四砦，又破答千諸砦，擒其渠魁。地隆阡遺賊龍老三、龍得奎結龍停苗老夭、扳凳苗石章保等縱兵掠，執石耶洞土官妻冉氏以歸，攻梅平砦。官軍要擒老三。得奎走免，復與老夭等攻破平南營囤。邦憲偵冉氏在老夭所，陽議贖，而潛擊殺老夭。官軍遂入龍停砦，并執扳凳砦苗龍老丙，令執獻章保。於是諸苗悉降。白洗、養鵝諸苗叛，討擒其魁，降百餘砦。

湖廣溆浦瑤沈亞當等爲亂，總督石勇檄邦憲討之，生擒亞當，斬獲二百有奇。浦甫溆平，銅仁、都勻苗相煽叛。邦憲亟馳還，率守備安大朝進剿。先破彪山砦賊，乘勝略定諸砦。獲賊首龍老羅、王三等，餘黨盡平。又與總督黃光昇，修湖北墩臺、烽堠百十所，招降冷水溪諸洞苗二十八砦。

播州容山副長官土舍韓甸與正長官土舍張問相攻，甸屢勝，遂糾生苗剽湖、貴境，垂二十年。問亦糾黨自助。邦憲討之，斬百餘人。問潛出，被獲。官軍乘勝入甸巢。會暮，大雨，迷失道。守備葉勛、百戶魏國相等陷伏中，死焉。邦憲奪圍出，還軍鎮遠。再征之，賊沿江守。邦憲佯與爭，而別自上流三十里編竹以渡。水陸並進，大破之。斬甸，容山平。進右都督。

尋與巡撫吳維嶽招降平州叛酋楊珂，剿平龍里衞賊阿利等。當是時，水西宣慰安國亨恃衆跋扈，謁上官，辭色不善，輒鼓衆讙譟而出。邦憲召責之曰：「爾欲反耶？吾視爾釜中魚爾。爾兵孰與雲、貴、川、湖多？爾四十八酋長，吾鑄四十八印畀之。朝下令，夕滅爾矣。」國亨叩頭謝，爲斂戢。隆慶元年剿平鎮遠苗。已，又破誅白泥土官楊贇及苗酋龍力水等。部內帖然。

邦憲生長黔土，熟苗情。善用兵，大小數十百戰，無不摧破。前後進秩者四，賚銀幣十有三。所得俸賜，悉以饗士，家無贏貲。爲總兵官十七年，威鎮蠻中。與四川何卿、廣西沈希儀並稱一時名將。明年卒官。贈左都督。

贊曰：嗚呼，明至中葉，曷嘗無邊材哉！如馬永、梁震、周尚文、沈希儀之徒，出奇制勝，得士卒死力，雖古名將何以加焉。然功高賞薄，起蹶靡常。此無異故，其抗懷奮激，無以結歡在朝柄政重人，宜其齟齬不相入也。馬芳三代爲將，父子兄弟先後殉國，偉矣哉！

校勘記

〔一〕大清堡守將徐顒誘殺泰寧衞九人　大清堡，原作「太清堡」，泰寧衞，原作「大寧衞」，據本書卷三二八及明史稿傳二〇一朶顏福餘泰寧傳改。按明會典卷一三三遼東邊圖有「大清堡」，在廣寧鎮城北。又洪武間，先后置大寧左右中前后五衞，屬北平行都司。永樂初，徙行都司於保定，遂盡遺大寧地與朶顏福餘泰寧。見本書卷四〇地理志、卷九〇兵志及卷三二八朶顏福餘泰寧傳。嘉靖十四年大寧衞在保定府境內，徐顒所誘殺者當非內地大寧衞人，而是泰寧衞人。

〔二〕自宣府西陽和至大同開山口　開山口，原作「闕山口」，據本書卷一九八及明史稿傳七四翁萬達傳改正。

〔三〕至岔道　岔道，原作「坌道」。據明史稿傳九〇周尚文傳改。按讀史方輿紀要卷一八宣府衞棒槌峪注稱：「舊有邊牆，東達大小紅門、岔道諸處，謂之南山口，宣鎮之內阻也。」作「岔道」是下同。

〔四〕萬曆元年　原脫「萬曆」兩字。按上文稱「其年，俺答就撫」。本書卷一九穆宗紀，俺答就撫在隆慶五年三月，下一個元年即萬曆元年，據補。

〔五〕播州宣慰楊烈殺長官王黼　王黼，本書卷三一二、明史稿傳一八六播州宣慰司傳及世宗實錄卷四二四嘉靖三十四年七月己酉條都作「王黻」。

〔六〕眞州苗盧阿項爲亂　眞州，原作「播州」。本書卷三一二、明史稿一八六播州宣慰司傳並作「眞州」。按下文稱「賊（指盧阿項等）求援於播州吳鯤」，播州宣慰司傳稱阿盧項等被討平爲「眞州盜平」，此應作「眞州」，今改正。

明史卷二百十二

列傳第一百

俞大猷 盧鏜 湯克寬 戚繼光 弟繼美 朱先 劉顯 郭成

李錫 黃應甲 尹鳳 張元勳

俞大猷，字志輔，晉江人。少好讀書。受易於王宣、林福，得蔡清之傳。又聞趙本學以易推衍兵家奇正虛實之權，復從受其業。嘗謂兵法之數起五，猶一人之身有五體，雖將百萬，可使合爲一人也。已，又從李良欽學劍。家貧屢空，意嘗豁如。父歿，棄諸生，嗣世職百戶。

舉嘉靖十四年武會試。除千戶，守禦金門。軍民囂訟難治，大猷導以禮讓，訟爲衰止。海寇頻發，上書監司論其事。監司怒曰：「小校安得上書。」杖之，奪其職。尙書毛伯溫征安南，復上書陳方略，請從軍。伯溫奇之。會兵罷，不果用。

二十一年，俺答大入山西，詔天下舉武勇士。大猷詣巡按御史自薦，御史上其名兵部。會伯溫爲尚書，送之宣大總督翟鵬所。召見論兵事，大猷屢折鵬。鵬謝曰：「吾不當以武人待子。」下堂禮之，驚一軍，然亦不能用。大猷辭歸，伯溫用爲汀漳守備。涖武平，作讀易軒，與諸生爲文會，而日教武士擊劍。連破海賊康老，俘斬三百餘人。擢署都指揮僉事，僉書廣東都司。新興恩平峒賊譚元清等屢叛，總督歐陽必進以屬大猷。乃令良民自爲守，而親率數人徧詣賊峒，曉以禍福，且教之擊劍，賊駭服。有蘇青蛇者，力格猛虎，大猷紿斬之，賊益驚。乃詣何老猫峒，令歸民侵田，而招降渠魁數輩。二邑以寧。

二十八年，朱紈巡視福建，薦爲備倭都指揮。會安南入寇，必進奏留之。先是，安南都統使莫福海卒，子宏瀷幼。其大臣阮敬謀立其壻莫敬典，范子儀謀立其黨莫正中，互讐殺。正中敗，挈百餘人來歸。子儀收殘卒遁海東。至是妄言宏瀷死，迎正中歸立。剽掠欽、廉等州，嶺海騷動。必進檄大猷討之。馳至廉州，賊攻城方急。大猷以舟師未集，遣數騎諭降，且聲言大兵至。賊不測，果解去。無何，舟師至，設伏冠頭嶺。賊犯欽州，大猷遮奪其舟。追戰數日，生擒子儀弟子流，斬首千二百級。窮追至海東雲屯，檄宏瀷殺子儀函首來獻。事平，嚴嵩抑其功不敍，但賚銀五十兩而已。

是年，瓊州五指山黎那燕搆感恩、昌化諸黎共反，必進復檄大猷討。而朝議設參將於崖州，即以大猷任之。乃會廣西副將沈希儀諸軍，擒斬賊五千三百有奇，招降者三千七百。大猷言於必進曰：「黎亦人也，率數年一反一征，豈上天生人意。宜建城設市，用漢法雜治之。」必進納其言。大猷乃單騎入峒，與黎定要約，海南遂安。

三十一年，倭賊大擾浙東。詔移大猷寧、台諸郡參將。會賊破寧波昌國衞，大猷擊卻之。復攻陷紹興臨山衞，轉掠至松陽。知縣羅拱辰力禦賊，而大猷邀諸海，斬獲多，竟坐失事停俸。未幾，逐賊海中，焚其船五十餘，予俸如故。越二年，賊據寧波普陀。大猷率將士攻之，半登，賊突出，殺武舉火斌等三百人，坐戴罪辦賊。俄敗賊吳淞所，詔除前罪，仍賚銀幣。賊自健跳所入掠，大猷連戰破之。旋代湯克寬爲蘇松副總兵。所將卒不三百人，徵諸道兵未集，賊犯金山，大猷戰失利。時倭屯松江柘林者盈二萬，總督張經趣之戰，大猷固不可。及永順、保靖兵稍至，乃從經大破賊於王江涇，功爲趙文華、胡宗憲所攘，不敍。坐金山失律，謫充爲事官。

柘林倭雖敗，而新倭三十餘艘突青村所，與南沙、小烏口、浪港諸賊合，犯蘇州陸涇壩，直抵婁門，敗南京都督周于德兵。賊復分爲二，北掠滸墅，南掠橫塘，延蔓常熟、江陰、無錫之境，出入太湖。大猷偕副使任環大敗賊陸涇壩，焚舟三十餘。又遮擊其自三丈浦出海者，沉七艘，賊乃退泊三板沙。頃之，他倭犯吳江。大猷及環又邀破之鶯脰湖，賊走嘉興。

三板沙賊掠民舟將遁，大猷追擊於馬蹟山，擒其魁。金涇、許浦、白茅港賊俱出海，大猷追擊於茶山，焚五舟。賊走保馬蹟山、三板沙，將士復追及，壞其三舟。江陰蔡港倭亦去，官兵分擊於馬蹟、馬圖、寶山。值颶風作，賊舟多覆。柘林倭亦爲官兵所擊沉二十餘舟，餘賊退登陸。已，復泛舟出海。大猷及僉事董邦政分擊，獲九舟。而賊又遭風壞三舟，餘三百人登岸，走據華亭陶宅鎮，屢敗趙文華等大軍。夜屯周浦永定寺，官兵四集進圍之。而柘林失風賊九舟巢於川沙窪，糾合至四十餘艘，勢猶未已。巡撫曹邦輔劾大猷縱賊，帝怒，奪其世廕，責取死罪招，立功自贖。時周浦賊圍急，乘夜東北奔，爲遊擊曹克新所邀，斬首百三十，遂與川沙窪賊合。諸軍日夜擊，賊焚巢出海。大猷偕副使王崇古入洋追之，及於老鸛觜，焚巨艦八，斬獲無算。餘賊奔上海浦東。

初，以倭患急，特命都督劉遠爲浙江總兵官，兼轄蘇、松諸郡，數月無所爲。廷臣爭言大猷才。三十五年三月遂罷遠，以大猷代。賊犯西庵、沈莊及淸水窪。大猷偕邦政擊敗之，賊走陶山，詔還世廕。賊自黃浦遁出海，大猷追敗之。其年冬，以與平徐海功，加都督僉事。海旣平，浙西倭悉靖。獨寧波舟山倭負險，官兵環守不能克。是時土兵狼兵悉已遣歸，而川、貴所調麻寮、大剌、鎭溪、桑植兵六千始至。大猷乘大雪，四面攻之。賊死戰，殺土官一人。諸軍益競，進焚其柵，賊多死，其逸出者復殪，賊盡平。加大猷署都督同知。

明年，胡宗憲方圖汪直，用盧鏜言將與通市，大猷力爭不可。及直誘入下吏，其黨毛海峯等遂據舟山，阻岑港自守。大猷環攻之，時小勝。然苦仰攻，將士先登多死，新倭又大至。朝廷趣宗憲甚急，宗憲謾爲大言以對。廷臣競詆宗憲，並劾大猷。乃奪大猷及參將戚繼光職，期一月內平賊。大猷等懼，攻益力，賊益死守。三十七年七月乃自岑港移柯梅，造舟成，泛海去。大猷等橫擊之，沈其一舟，餘賊遂揚帆而南，流劫閩、廣。大猷先後殺倭四五千，賊幾平。而官軍圍賊已一年，宗憲亦利其去，陰縱之，不督諸將邀擊。比爲御史李瑚所劾，則委罪大猷縱賊以自解。帝怒，逮繫詔獄，再奪世廕。

陸炳與大猷善，密以己貲投嚴世蕃解其獄，令立功塞上。大同巡撫李文進習其才，與籌軍事。乃造獨輪車拒敵馬。嘗以車百輛，步騎三千，大挫敵安銀堡。文進上其制於朝，遂置兵車營。京營有兵車，自此始也。文進將襲板升，謀之大猷，果大獲，詔還世廕。寇掠廣武，大猷拒却之。先論平汪直功，許除罪錄用。及是，鎮筸有警。川湖總督黃光昇薦大猷，即用爲鎮筸參將。

廣東饒平賊張璉數攻陷城邑，積年不能平。四十年七月詔移大猷南贛，合閩、廣兵討之。時宗憲兼制江西，知璉遠出，檄大猷急擊。大猷謂「宜以潛師搗其巢，攻其必救，奈何以數萬衆從一夫浪走哉？」乃疾引萬五千人登柏嵩嶺，俯瞰賊巢。璉果還救，大猷連破之，斬首千二百餘級。賊懼，不出。用間誘賊出戰，從陣後執之，并執賊魁蕭雪峯。廣人攘其功，大猷不與較。散餘黨二萬，不戮一人。擢副總兵，協守南、贛、汀、漳、惠、潮諸郡。遂乘勝征程鄉盜，走梁寧，擒徐東洲。林朝曦者，獨約黃積山大舉。官軍攻斬積山，朝曦遁，後亦為徐甫宰所滅。大猷尋擢福建總兵官，與戚繼光復興化城，共破海倭。詳繼光傳。繼光先登，受上賞，大猷但賚銀幣。

四十二年十月徙鎮南贛。明年改廣東。潮州倭二萬與大盜吳平相犄角，而諸峒藍松三、伍端、溫七、葉丹樓輩日掠惠、潮間。閩則程紹祿亂延平，梁道輝擾汀州。大猷以威名懾羣盜，單騎入紹祿營，督使歸峒，因令驅道輝歸，兩人卒為他將所滅。惠州參將謝敕與伍端、溫七戰，失利。以「俞家軍」至，恐之，端乃驅諸酋以歸。無何，大猷果至，七被擒。端自縛，乞殺倭自効。大猷使先驅，官軍繼之，圍倭鄒塘，一日夜克三巢，焚斬四百有奇，又大破之海豐。倭悉奔崎沙、甲子諸澳，奪漁舟入海。舟多沒於風，脫者二千餘人，還保海豐金錫都。大猷圍之兩月，賊食盡，欲走。副將湯克寬設伏邀之，手斬其梟將三人。參將王詔等繼至，賊遂大潰。乃移師潮州，以次降藍松三、葉丹樓。遂使招降吳平，居之梅嶺。平未幾復叛，造戰艦數百，聚衆萬餘，築三城守之，行劫濱海諸郡縣。福建總兵官戚繼光襲平，平遁保南澳。四十四年秋入犯福建，把總朱璣等戰沒於海中。大猷將水兵，繼光將陸兵，夾擊平南澳，大破之。平僅以身免，奔據饒平鳳凰山。繼光留南澳。大猷部將湯克寬、李超等躡賊後，連戰不利，平遂掠民舟出海。閩廣巡按御史交章論之，大猷坐奪職。平卒爲克寬所追擊，遠遁以免，不敢入犯矣。

河源、翁源賊李亞元等猖獗。總督吳桂芳留大猷討之，徵兵十萬，分五哨進。大猷使間攜賊黨而親擣其巢，生擒亞元，俘斬一萬四百，奪還男婦八萬餘人。乃還大猷職，以爲廣西總兵官。故事，以勳臣總兩廣兵，與總督同鎭梧州。帝用給事中歐陽一敬議，兩廣各置大帥，罷勳臣。乃召恭順侯吳繼爵還京，以大猷代，予平蠻將軍印。而以劉顯鎭廣東。兩廣並置帥，自大猷及顯始也。伍端死，其黨王世橋復叛，〔一〕劫執同知郭文通。大猷連敗之，其部下執以獻。進署都督同知。

海賊曾一本者，吳平黨也。既降復叛，執澄海知縣，敗官軍，守備李茂才中礮死。詔大猷暫督廣東兵協討。隆慶二年，一本犯廣州，尋犯福建。大猷合郭成、李錫軍擒滅之。錄功，進右都督。

廣西古田僮黃朝猛、韋銀豹等，嘉靖末嘗再劫會城庫，殺參政黎民表。〔二〕巡撫殷正茂徵兵十四萬，屬大猷討之。分七道進，連破數十巢。賊保潮水，巢極巓，攻十餘日未下。大猷佯分兵擊馬浪賊，而密令參將王世科乘雨夜登山設伏。黎明礮發，賊大驚。諸軍攀援上，賊盡死。馬浪諸巢相繼下。斬獲八千四百有奇，擒朝猛、銀豹，百年積寇盡除。進世蔭爲指揮僉事。

大猷爲將廉，馭下有恩。數建大功，威名震南服。而巡按李良臣劾其奸貪，兵部力持之，詔還籍候調。起南京右府僉書。未任，以都督僉事爲福建總兵官。萬曆元年秋，海寇突閩峽澳，坐失利奪職。復以署都督僉事起後府僉書，領車營訓練。三疏乞歸。卒，贈左都督，謚武襄。

大猷負奇節，以古賢豪自期。其用兵，先計後戰，不貪近功。忠誠許國，老而彌篤，所在有大勳。武平、崖州、饒平皆爲祠祀。譚綸嘗與書曰：「節制精明，公不如綸。信賞必罰，公不如戚。精悍馳騁，公不如劉。然此皆小知，而公則堪大受。」戚謂戚繼光，劉謂劉顯也。

子咨皐，福建總兵官。

盧鏜，汝寧衞人。嘉靖時由世廕歷福建都指揮僉事，爲都御史朱紈所任。紈自殺，鏜亦論死。尋赦免，以故官備倭福建。遷都指揮。擊賊嘉興，敗，責戴罪。尋擢參將，分守浙東濱海諸郡，與副將大猷大破賊王江涇。旋督保靖土兵及蜀將陳正元兵擊賊張莊，焚其壘。追擊之後港，爲賊所敗。賊出沒台州外海，都指揮王沛敗之大陳山。賊登山，官軍焚其舟。鏜會剿，擒其酋林碧川等，餘倭盡滅。別賊掠諸縣，指揮閔溶等敗死，鏜奪職戴罪。

旋以薦擢協守江浙副總兵。賊陷仙居，趨台州，鏜破之彭溪，乃與胡宗憲共謀滅徐海。宗憲招汪直，鏜亦說日本使善妙令擒直。直與日本貳，卒伏誅。倭犯江北，鏜馳援破之，又敗北洋倭二十餘艘。賊斂舟三沙，復流劫江北。巡撫李遂劾鏜縱賊，鏜已擢都督僉事，爲江南、浙江總兵官，奪職視事。以通政唐順之薦，復職如初。尋以誅汪直功，進都督同知。倭復犯浙東。水陸十餘戰，斬首千四百有奇。總督宗憲以蕩平聞，鏜復增俸賚金。鏜擢用由宗憲，宗憲敗，給事中丘橓劾鏜八罪。逮治，免歸。

鏜有將略。倭難初興，諸將悉望風潰敗，獨鏜與湯克寬敢戰，名亞俞、戚云。

克寬，邳州衛人。父慶，嘉靖中江防總兵官。克寬承世廕，歷官都指揮僉事，充浙江參將。倭犯溫州，克寬擊敗之。別賊寇嘉興屬邑，克寬至海鹽被圍。偕參政潘恩等拒守，賊不能克，乃焚掠而去。無何，陷乍浦城，轉掠奉化、寧海。克寬追圍於獨山民家，火焚之。賊半死，餘奪圍遁。

時濱海多被倭患，而將士無紀律，賊至輒奔，議設大將統制江淮。乃命克寬爲副總兵，駐金山衛，提督海防諸軍。倭三百人泊崇明南沙。克寬偕僉事任環攻之，敗績。賊移舟寶山，克寬追敗之南家嶴。賊乃轉寇嘉定、上海間，被劾奪官從軍。倭二千餘分掠蘇、松。克寬逆戰採淘港，斬首八百餘級。都御史王忬薦爲浙西參將。遇賊嘉、湖，復失利，詔以白衣辦賊。總督張經議擣賊柘林，令克寬將廣西士兵屯乍浦，與副將大猷等相犄角。大戰王江涇，斬級二千。會趙文華劾經惑克寬言縱倭飽颺，遂併逮問，論死。久之，赦免。

廣東用兵，命赴軍前自効。從大猷大破倭海豐，還世廕。俄以爲惠、潮參將，復從大猷破吳平。平未幾復振，克寬已擢狼山副總兵，命留討賊。俄敗之陽江烏猪洋。平竄，奔安南。都御史吳桂芳檄安南協討，遣克寬以舟師會，夾擊平萬橋山下。焚其舟，擒斬四百人，平遠竄。乃進克寬署都督僉事，爲廣東總兵官。曾一本突海豐、惠來間，克寬倡議撫之，令居潮陽下澮地。未幾，激民變，一本亦反，詔逮克寬訊治。尋赦免，赴蘇鎭立功。萬曆四年，炒蠻入掠古北口。克寬偕參將苑宗儒追出塞，遇伏，戰死。

戚繼光，字元敬，世登州衞指揮僉事。父景通，歷官都指揮，署大寧都司，入爲神機坐營，有操行。繼光幼倜儻負奇氣。家貧，好讀書，通經史大義。嘉靖中嗣職，用薦擢署都指揮僉事，備倭山東。改僉浙江都司，充參將，分部寧、紹、台三郡。

三十六年，倭犯樂清、瑞安、臨海，繼光援不及，以道阻不罪。尋會俞大猷兵，圍汪直餘黨於岑港。久不克，坐免官，戴罪辦賊。已而倭遁，他倭復焚掠台州。給事中羅嘉賓等劾繼光無功，且通番。方按問，旋以平汪直功復官，改守台、金、嚴三郡。

繼光至浙時，見衞所軍不習戰，而金華、義烏俗稱慓悍，請召募三千人，教以擊刺法，長短兵迭用，由是繼光一軍特精。又以南方多藪澤，不利馳逐，乃因地形制陣法，審步伐便利，一切戰艦、火器、兵械精求而更置之。「戚家軍」名聞天下。

四十年，倭大掠桃渚、圻頭。繼光急趨寧海，扼桃渚，敗之龍山，追至雁門嶺。賊遁去，乘虛襲台州。繼光手殲其魁，蹙餘賊瓜陵江盡死。而圻頭倭復趨台州，繼光邀擊之仙居，道無脫者。先後九戰皆捷，俘馘一千有奇，焚溺死者無算。總兵官盧鏜、參將牛天錫又破賊寧波、溫州。浙東平，繼光進秩三等。閩、廣賊流入江西。總督胡宗憲檄繼光援。擊破之上坊巢，賊奔建寧。繼光還浙江。

明年，倭大舉犯福建。自溫州來者，合福寧、連江諸倭攻陷壽寧、政和、寧德。自廣東南澳來者，合福清、長樂諸倭攻陷玄鍾所，延及龍巖、松溪、大田、古田、莆田。是時寧德已屢陷。距城十里有橫嶼，四面皆水路險隘，賊結大營其中。官軍不敢擊，相守踰年。其新至者營牛田，而酋長營興化，東南互爲聲援。閩中連告急，宗憲復檄繼光剿之。先擊橫嶼賊。人持草一束，塡壕進。大破其巢，斬首二千六百。乘勝至福清，擣敗牛田賊，覆其巢，餘賊走興化。急追之，夜四鼓抵賊柵。連克六十營，斬首千數百級。平明入城，興化人始知，牛酒勞不絕。繼光乃旋師。抵福清，遇倭自東營澳登陸，擊斬二百人。而劉顯亦屢破賊。閩宿寇幾盡。於是繼光至福州飲至，勒石平遠臺。

及繼光還浙後，新倭至者日益衆，圍興化城匝月。會顯遣卒八人齎書城中，衣刺「天兵」二字。賊殺而衣其衣，紿守將得入，夜斬關延賊。副使翁時器、〔三〕參將畢高走免，通判奚世亮攝府事，〔四〕遇害，焚掠一空。留兩月，破平海衞，據之。初，興化告急，時帝已命俞大猷爲福建總兵官，繼光副之。及城陷，劉顯軍少，壁城下不敢擊。大猷亦不欲攻，需大軍合以困之。四十二年四月，繼光將浙兵至。於是巡撫譚綸令將中軍，顯左，大猷右，合攻賊於平海。繼光先登，左右軍繼之，斬級二千二百，還被掠者三千人。綸上功，繼光首，顯、大猷次之。帝爲告謝郊廟，大行敍賚。繼光先以橫嶼功，進署都督僉事，及是進都督同知，世廕千戶，遂代大猷爲總兵官。

明年二月，倭餘黨復糾新倭萬餘，圍仙遊三日。繼光擊敗之城下，又追敗之王倉坪，斬首數百級，餘多墜崖谷死，存者數千奔據漳浦蔡丕嶺。繼光分五哨，身持短兵緣崖上，俘斬數百人，餘賊遂掠漁舟出海去。久之，倭自浙犯福寧，繼光督參將李超等擊敗之。乘勝追永寧賊，斬馘三百有奇。尋與大猷擊走吳平於南澳，遂擊平餘孽之未下者。

繼光爲將號令嚴，賞罰信，士無敢不用命。與大猷均爲名將。操行不如，而果毅過之。大猷老將務持重，繼光則飆發電舉，屢摧大寇，名更出大猷上。

隆慶初，給事中吳時來以薊門多警，請召大猷、繼光專訓邊卒。部議獨用繼光，乃召爲神機營副將。會譚綸督師遼、薊，乃集步兵三萬，徵浙兵三千，請專屬繼光訓練。帝可之。二年五月命以都督同知總理薊州、昌平、保定三鎭練兵事，總兵官以下悉受節制。至鎭，上疏言：

薊門之兵，雖多亦少。其原有七。營軍不習戎事，而好末技，壯者役將門，老弱僅充伍，一也。邊塞逶迤，絕鮮郵置，使客絡繹，日事將迎，參游爲驛使，營壘皆傳舍，二也。寇至，則調遣無法，遠道赴期，卒斃馬僵，三也。守塞之卒約束不明，行伍不整，四也。臨陣馬軍不用馬，而反用步，五也。家丁盛而軍心離，六也。乘障卒不擇衝緩，備多力分，七也。七害不除，邊備曷修。

而又有士卒不練之失六，雖練無益之弊四。何謂不練？夫邊所藉惟兵，兵所藉惟將；今恩威號令不足服其心，分數形名不足齊其力，緩急難使，一也。有火器不能用，二也。棄土著不練，三也。諸鎭入衞之兵，嫌非統屬，漫無紀律，四也。班軍民兵數盈四萬，人各一心，五也。練兵之要在先練將。今注意武科，多方保舉似矣，但此選將之事，非練將之道，六也。何謂雖練無益？今一營之卒，爲礮手者常十也。不知兵法五兵迭用，當長以衞短，短以救長，一也。三軍之士各專其藝，金鼓旗幟，何所不蓄，今皆置不用，二也。弓矢之力不强於寇，而欲藉以制勝，三也。敎練之法，自有正門。美觀則不實用，實用則不美觀，而今悉無其實，四也。

臣又聞兵形象水，水因地而制流，兵因地而制勝。薊之地有三。平原廣陌，內地百里以南之形也。半險半易，近邊之形也。山谷仄隘，林薄蓊翳，邊外之形也。寇入平原，利車戰。在近邊，利馬戰。在邊外，利步戰。三者迭用，乃可制勝。今邊兵惟習馬耳，未嫺山戰、林戰、谷戰之道也，惟浙兵能之。願更予臣浙東殺手、礮手各三千，再募西北壯士，足馬軍五枝，步軍十枝，專聽臣訓練，軍中所需，隨宜取給，臣不勝至願。

又言：「臣官爲創設，諸將視爲綴疣，臣安從展布。」章下兵部，言薊鎭既有總兵，又設總理，事權分，諸將多觀望，宜召還總兵郭琥，專任繼光。乃命繼光爲總兵官，鎭守薊州、永平、山海諸處，而浙兵止弗調。錄破吳平功，進右都督。寇入青山口，拒却之。

自嘉靖以來，邊牆雖修，墩臺未建。繼光巡行塞上，議建敵臺。略言：「薊鎭邊垣，延袤二千里，一瑕則百堅皆瑕。比來歲修歲圮，徒費無益。請跨牆爲臺，睥睨四達。臺高五丈，虛中爲三層，臺宿百人，鎧仗糗糧具備。令戍卒畫地受工，先建千二百座。然邊卒木强，律以軍法將不堪，請募浙人爲一軍，用倡勇敢。」督撫上其議，許之。浙兵三千至，陳郊外。天大雨，自朝至日昃，植立不動。邊軍大駭，自是始知軍令。五年秋，臺功成。精堅雄壯，二千里聲勢聯接。詔予世廕，賚銀幣。

繼光乃議立車營。車一輛用四人推輓，戰則結方陣，而馬步軍處其中。又製拒馬器，體輕便利，遏寇騎衝突。寇至，火器先發，稍近則步軍持拒馬器排列而前，間以長鎗、筤筅。寇奔，則騎軍逐北。又置輜重營隨其後，而以南兵爲選鋒，入衞兵主策應，本鎮兵專戍守。節制精明，器械犀利，薊門軍容遂爲諸邊冠。

當是時，俺答已通貢，宣、大以西，烽火寂然。獨小王子後土蠻徙居插漢地，控弦十餘萬，常爲薊門憂。而朶顏董狐狸及其兄子長昂交通土蠻，時叛時服。萬曆元年春，二寇謀入犯。馳喜峯口，索賞不得，則肆殺掠，獵傍塞，以誘官軍。繼光掩擊，幾獲狐狸。其夏，復犯桃林，不得志去。長昂亦犯界嶺。官軍斬獲多，邊吏諷之降，狐狸乃款關請貢。廷議給以歲賞。明年春，長昂復窺諸口不得入，則與狐狸共逼長禿令入寇。繼光逐得之以歸。長禿者，狐狸之弟，長昂叔父也。於是二寇率部長親族三百人，叩關請死罪，狐狸服素衣叩頭乞赦長禿。繼光及總督劉應節等議，遣副將史宸、羅端詣喜峯口受其降。皆羅拜，獻還所掠邊人，攢刀設誓。乃釋長禿，許通貢如故。終繼光在鎮，二寇不敢犯薊門。

尋以守邊勞，進左都督。已，增建敵臺，分所部十二區爲三協，協置副將一人，分練士馬。炒蠻入犯，湯克寬戰死，繼光被劾，不罪。久之，炒蠻偕妻大嬖只襲掠邊卒，官軍追破之。土蠻犯遼東，繼光急赴，偕遼東軍拒退之。繼光已加太子太保，錄功加少保。

自順義受封，朝廷以八事課邊臣：曰積錢穀、修險隘、練兵馬、整器械、開屯田、理鹽法、收塞馬、散叛黨。三歲則遣大臣閱視，而殿最之。繼光用是頻廕賚。南北名將馬芳、俞大猷前卒，獨繼光與遼東李成梁在。然薊門守甚固，敵無由入，盡轉而之遼，故成梁擅戰功。

自嘉靖庚戌俺答犯京師，邊防獨重薊。增兵益餉，騷動天下。復置昌平鎮，設大將，與薊相脣齒。猶時躪內地，總督王忬、楊選並坐失律誅。十七年間，易大將十人，率以罪去。繼光在鎮十六年，邊備修飭，薊門宴然。繼之者，踵其成法，數十年得無事。亦賴當國大臣徐階、高拱、張居正先後倚任之。居正尤事與商確，欲爲繼光難者，輒徙之去。諸督撫大臣如譚綸、劉應節、梁夢龍輩咸與善，動無掣肘，故繼光益發舒。

居正歿半歲，給事中張鼎思言繼光不宜於北，當國者遽改之廣東。繼光悒悒不得志，强一赴，踰年卽謝病。給事中張希皐等復劾之，竟罷歸。居三年，御史傅光宅疏薦，反奪俸。繼光亦遂卒。

繼光更歷南北，並著聲。在南方戰功特盛，北則專主守。所著紀效新書、練兵紀實，〔五〕談兵者遵用焉。

弟繼美，亦爲貴州總兵官。

有朱先者，嘉興人。當繼光時，爲薊鎮南兵營參將，遷副總兵。後數爲廣東、福建總兵官。

初起家武舉，募海濱鹽徒爲一軍。自胡宗憲爲御史至總督，皆倚任。先大小數十戰，皆先登，殺倭甚衆。以功授都司。宗憲被逮，先解官護行。宗憲釋還，先乃歸。御史按福建，巡撫王詢侵軍費，檄先證之。先曰：「先，王公部將也，不敢誣府主。」御史怒，坐先萬金，論死繫獄，閱八年始白。萬曆初，用薦起圜山把總。歷登閫帥，以年老謝事歸。復起，辭不赴。先爲將有胆智，砥節首公。其處宗憲、詢二事，時論以爲有國士風。

劉顯，南昌人。生而膂力絕倫，稍通文義。家貧落魄，之叢祠欲自經，神護之不死。間行入蜀，爲童子師。已，冒籍爲武生。

嘉靖三十四年，宜賓苗亂，巡撫張臬討之。顯從軍陷陣，手格殺五十餘人，擒首惡三人。諸軍繼進，賊盡平。顯由是知名。官副千戶，輸貲爲指揮僉事。

南京振武營初設，用兵部尚書張鏊薦，召令訓練。擢署都指揮僉事，僉書浙江都司。遷參將，分守蘇、松。倭犯江北，逼泗州，鏊檄顯防浦口。顯測賊將遁，追擊至安東。方暑，披單衣，率四騎誘賊，伏精甲岡下。賊出，斬一人。所乘馬中矢，下拔其鏃，射殺追者。誘至岡下，大敗之去。賊出所俘女子蠱將士，顯悉送有司。明日伺賊出，潛燬其舟。賊敗走舟，舟已焚，死者無算。顯進秩三等。尋遷副總兵，協守江、浙。

三沙倭復劫江北，被圍於劉家莊。顯以銳卒數千至，巡撫李遂令盡護江北軍。顯率所部直入，諸營繼之，自辰迄酉。賊巢破，逐北至白駒場、茅花墩，斬首六百有奇，賊盡殄。而遂謂賊由三沙來，實盧鏜及顯罪。顯坐停俸。已，應天巡撫翁大立薦顯驍勇，請久任，帝可之。振武營兵變後，諸將務姑息，兵益驕。給事中魏元吉薦顯署都督僉事，節制其軍。顯挈蜀卒五百人往，一軍帖然。閩賊流入江西，大掠石城、臨川、東鄉、金谿，殺吏民萬計。詔顯赴剿，擊敗之陽湖，賊乃遁。

四十一年五月，廣東賊大起。詔顯充總兵官鎮守。會福建倭患棘，顯赴援。與參將戚繼光連破賊，賊略盡。而新倭大至，攻陷興化城。顯以兵少，逼城未敢戰，被劾，戴罪。賊以間攻據平海衞。他倭劫福清，謀與平海倭合。顯及俞大猷合於遮浪，盡殲之。平海倭欲遁，爲把總許朝光所邀敗。乃盡焚其舟，退還舊屯。戚繼光亦至，顯與大猷共助擊之，遂復興化。錄功，進先所廕世職二秩。江北倭未平，廷議設總兵官於狼山，統制大江南北，改顯任之。顯行部通州，以敕書許節制知府以下，而同知王汝言不爲禮，劾奏，鐫其秩。已，移鎮浙江。

顯有將略，居官不守法度。巡按御史劾之，革任候勘。用巡撫劉畿薦，命充爲事官，鎮守如故。隆慶改元，以軍政拾遺被劾，貶秩視事。用巡撫谷中虛薦，還故官，移鎮貴州。廣西僮賊者念父子僭稱王，攻剽安順。巡撫阮文中檄顯剿，俘斬五百餘人。四川巡撫曾省吾議征都掌蠻，令顯移鎮其地。復被劾罷，省吾奏留之。

都掌蠻者，居敍州戎縣，介高、珙、筠連、長寧、江安、納溪六縣間，古瀘戎也。〔六〕成化初爲亂，程信討平之。正德中，普法惡復爲亂，馬昊討平之。至是，其酋阿大、阿二、方三等據九絲山，剽遠近。其山修廣，而四隅峭仄。東北則雞冠嶺、都都寨、凌霄峯三岡，峻壁數千仞。有阿苟者，居凌霄峯，爲賊耳目，威儀出入如王者。省吾議討之，屬顯軍事。起故將郭成、安大朝爲佐，調諸土兵，合官軍凡十四萬人。萬曆改元三月，畢集敍州，誘執阿苟，攻拔淩霄，進逼都都寨。三酋遣其黨阿墨固守。官軍頓匝月，鑿灘以通漕，擊斬阿墨，拔其寨。阿大自守雞冠。顯令人誘以官，而分五哨盡壁九絲城下。乘無備，夜半腰絙上，斬關入。遲明，諸將畢至。阿二、方三走保牡猪寨。郭成破雞冠，獲阿大。諸軍攻牡猪，擒方三。阿二走，追獲於貴州大盤山。克寨六十餘，獲賊魁三十六，俘斬四千六百，拓地四百餘里，得諸葛銅鼓九十三，銅鐵鍋各一。阿大泣曰：「鼓聲宏者爲上，可易千牛，次者七八百。得鼓二三，便可僭號稱王。鼓山顚，羣蠻畢集，今已矣。」鍋狀如鼎，大可函牛，刻畫有文彩。相傳諸葛亮以鼓鎭蠻。鼓失，則蠻運終矣。錄功，進顯都督同知。已而剿餘孽，復俘斬千一百有奇。

都掌蠻旣滅，顯引疾求去，而以有司阻撓爲言。詔聽顯節制，顯益行其志。擊西川番沒舌、丢骨、人荒諸砦，斬其首惡，撫餘衆而還。建昌傀厦、洗馬諸番，咸獻首惡。西陲以寧。九年冬卒官。子綖，自有傳。

郭成，四川敍南衞人。由世職歷官蘇松參將，進副總兵。倭犯通州，爲守將李錫所敗，轉掠崇明三沙。成擊沈其舟，斬首百三十餘級。隆慶元年冬，擢署都督僉事，爲廣東總兵官。渡海追會一本大獲，進署都督同知。叛將周雲翔等殺參將耿宗元，亡入賊中。屯平山大安峒，將寇海豐。成偕南贛軍夾擊之，斬首千三百餘級，獲被掠通判潘槐而下六百餘人，生縶雲翔。潮州諸屬邑，賊巢以百數。郭明據林樟，胡一化據北山洋，陳一義據馬湖，剽劫二十載。成督諸軍擊殺明等，俘斬千三百有奇。四川都掌蠻爲亂，詔成移鎮。尋被劾，罷歸。

萬曆改元，命劉顯大征，詔成充爲事官，爲之副。先登九絲山，生縶阿大。初，成父爲蠻殺，乃以所斬首級及生擒諸蠻置父墓前，剖心致祭，鄉人壯之。尋僉書南京後府，出爲貴州總兵官，鎮守銅仁。成有膽智。每苗出掠，潛遣壯士入其砦，斬馘而出。嘗挺身入林箐察賊。苗一日數驚，曰：「郭將軍至矣。」相戒莫敢犯。復被劾，罷歸。

起四川總兵官。永寧宣撫奢效忠卒，其妻奢世統無子，妾奢世續子崇周幼。前總兵劉顯因命世續署宣撫印。世統怒，攻奪其落紅寨。世續奔永寧。成遣義兒郭天心偕指揮禹嘉績按問。〔七〕天心遂據世續永寧私第，罄取其資，而成亦入落紅，盡掠奢氏九世之積。效忠弟沙卜遂拒殺裨將三人，執天心等。撫、按交章劾成，下吏，遣戍雲南。會有松茂之役，薦從軍。成乃將七千人，直抵黃沙。屢破賊，與總兵官李應祥盡平河東西諸巢，以功授參將。復偕應祥大破膩乃諸賊，增世職二級。膩乃黨楊九乍復出爲亂，成討平之。火落亦擾西寧，四川巡撫李尚思以地近松潘，檄成軍松林，游擊萬鏊軍漳臘。寇不敢逼，西陲獲安。楊應龍叛，成進討，無功，戴罪辦理。尋卒於官。

李錫，歙人。世新安衞千戶。倭警，數有功，爲通州守備。屢擢揚州參將，江北副總兵。隆慶元年冬，以署都督僉事爲福建總兵官。

海寇曾一本橫行閩、廣間，俞大猷將赴廣西，總督劉燾令會閩師夾擊。一本至閩，錫出海禦之，與大猷遇賊柘林澳，三戰皆捷。賊遁馬耳澳復戰。會廣東總兵官郭成率參將王詔等以師會，次萊蕪澳，分三哨進。一本駕大舟力戰，諸將連破之，燬其舟。詔生擒一本及其妻，斬首七百餘，死水火者萬計。時廣寇惟一本最强，錫、大猷、成共平之，而錫功最鉅。其後一本餘黨梁本豪復亂，爲黃應甲所擒，然視錫時力較易。錫論功，加署都督同知。倭入寇，擊却之。

六年春，以征蠻將軍代大猷鎭廣西平樂。府江者，桂林抵梧州驛道也。南北亙五百里，兩岸崇山深箐，賊巢盤亙。自嘉靖間張岳破平後，至是復猖獗。嘗執知州邀重賄。道路梗塞，城門晝閉。大猷議討之，會罷官去。巡撫郭應聘與錫計，徵兵六萬，令參將錢鳳翔、王世科，都指揮王承恩、董龍各將一軍，以副使鄭茂、金柱，僉事夏道南監之，錫居中節制。破賊巢數十，斬馘五千有奇，僮酋楊錢甫等悉授首。錄功，進世職二等。

柳州懷遠，瑤、僮、伶、侗環居之，瑤尤獷悍。侵據縣治久，吏民率寓郡城。隆慶時大征古田，諸瑤懼而聽命。知縣馬希武之官，〔八〕繕城塹，程役過嚴，諸瑤殺希武及經歷等五人，復反。巡撫應聘與總督殷正茂議征之。萬曆元年正月，錫進次長安鎮。會連雨雪，乃退師。益徵浙東鳥銃手、湖廣永順鉤刀手及狼兵十萬人，令參將鳳翔、世科，都指揮楊照、戚繼美，故參將亦孔昭、魯國賢，六道並進，監以副使沈子木。錫自統水師，次羅江，獨當其衝。時賊屯板江大洲，累石樹柵，潛以舟來襲。錫伏舟敗之，水陸並進。會鳳翔等亦至，賊悉舟西遁。追擊，連破數巢。賊據楓木大山，前阻隄澗，鼓譟出。諸軍奮擊，而別以奇兵繞其後。賊大奔，保天鵝嶺。錫以水軍截潯江，督諸將攻斬渠魁二人。乘勝復破數巢，直抵清州界。賊奔大巢，亙數里，崖壁峭絕，爲重柵拒官軍，鏢弩矢石雨下。婦人裸體揚箕，擲牛羊犬首爲厭勝。諸軍大呼直上，四面舉火，賊盡殲。先後破巢一百四十，獻馘三千五百有奇，俘獲撫降者無算。

永福、永寧、柳城幷以賊告，洛容僮又殺典史。錫令王瑞討永寧，〔九〕楊照討柳城，〔一〇〕參將門崇文討永福，亦孔昭討洛容，己帥舟師屯理定江，節制諸軍。甫二旬，四道並捷。斬首四千五百有奇，洛容賊首陶浪金等俱伏誅。錫以功進秩二等。巡按御史唐鍊〔二〕言錫一年內破賊二百一十四巢，獲首功一萬二千餘級，宜久其任。帝可之。尋從凌雲翼大破羅旁賊，授世廕百戶。六年，卒官。

黃應甲者，不知何許人。隆慶中，以潯梧左參將從俞大猷討平韋銀豹，進秩二等。萬曆五年屢遷浙江總兵官。改鎮廣東。龍川鮑時秀者，妻杜氏，有妖術。乃據義都繚嶺，立二十四方大總，自號無敵峒王，既降復反。應甲討平之。蜑戶蘇觀陞、周才雄招亡命數千人，縱掠雷、廉間，殺斷州千戶田治。應甲率五軍並進，生擒觀陞、才雄，斬首四百餘級，其黨縛酋長陳泉以降。

未幾，梁本豪亂。本豪，故會一本黨，亦蜑戶也。一本誅，竄海中，習水戰，遠通西洋。且結倭兵爲助，殺千戶，掠通判以去。十年六月，總督陳瑞與應甲謀，分水軍二，南駐老萬山備倭，東駐虎門備蜑，別以兩軍備外海，兩軍扼要害。水軍沈蜑舟二十，生擒本豪。諸軍競進，大破之石茅洲。賊復奔潭洲沙灣，聚舟二百，及倭舟十，相掎角。諸將合追，先後俘斬千六百有奇，沈其舟二百餘，撫降者二千五百。帝爲告郊廟，大行敍賚，應甲等進秩有差。他倭寇瓊崖，應甲斬首二百餘，奪其舟。再賜金。旋入僉左軍府。罷歸，卒。

尹鳳，字德輝，南京人。錫總兵福建時部將也，〔一三〕世府軍後衞指揮同知。鳳早孤。讀書，嫺騎射。嘉靖中舉武科，鄉、會試皆第一。擢署都指揮僉事，備倭福建。徙僉浙江都司，進福建參將。倭陷福清、南安，連艅出海。鳳邀擊，沈其七舟。追至外洋，連戰湑嶼、東洛、七礁，擒斬二百人。擊倭梅花洋走之，追至横山，擒斬二百六十。大小凡十數戰，內地賴以稍寧。改掌浙江都司，謝病歸。隆慶初，以故官涖福建，從錫平曾一本。萬曆初，累官署都督僉事，提督京城巡捕。未幾，謝事歸。

張元勳，字世臣，浙江太平人。嗣世職爲海門衞新河所百戶。沈毅有謀。值倭警，隸戚繼光麾下。有功，進千戶。從破横嶼諸賊，屢進署都指揮僉事，充福建游擊將軍。隆慶初，破倭福安，改南路參將。從李錫破曾一本，進副總兵。

五年春，擢署都督僉事，代郭成爲總兵官，鎭守廣東。惠州河源賊唐亞六、廣州從化賊萬尚欽、韶州英德賊張廷光劫掠郡縣，莫能制。明年，元勳進剿。斬馘六百有奇，亞六等授首，餘黨悉平。肇慶恩平十三村賊陳金鶯等，與鄰邑苔村三巢賊羅紹清、林翠蘭、譚權伯，藤峒、九逕十寨賊黃飛鷩、丘勝富、黃高暉、諸可行、黃朝富等，相煽爲亂。故事，兩粵惟大征得敍功，鵰勦不敍，故諸將不樂鵰勦。總督殷正茂與元勳計，令鵰勦得論功，諸軍爭奮。正茂又密遣副將梁守愚、游擊王瑞等屯恩平，若常戍者，掩不備，斬翠蘭等，生擒紹淸、權伯以獻。其諸路鵰勦者，效首功二千四百有奇，還被掠子女千三百餘人，生得金鷩，惟高暉等亡去。元勳逐北至藤峒，〔一三〕又生獲勝富、可行、朝富等八十人。部將鄧子龍等亦獲高暉、飛鷩。三巢、十寨、十三村諸賊盡平，餘悉就撫。

惠、潮地相接，山險木深。賊首藍一淸、賴元爵與其黨馬祖昌、黃民太、曾廷鳳、黃鳴時、曾萬璋、李仲山、卓子望、葉景淸、曾仕龍等各據險結砦，連地八百餘里，黨數萬人。正茂議大征。會金鷩等已滅，諸賊頗懼。廷鳳、萬璋並遣子入學，祖昌、景淸亦佯乞降。正茂知其詐，徵兵四萬，令參將李誠立、沈思學、王詔，游擊王瑞等分將之，元勳居中節制，監司陳奎、唐九德、顧養謙、吳一介監其軍，數道並進。賊敗，乃憑險自守。官軍遍搜深箐邃谷間。而元勳偕九德，追亡至南嶺。一日夜馳至養謙所，擊破李坑，生得子望等。明年破烏禽嶂。仕龍阻高山，元勳佯飲酒高會，忽進兵擊擒之。先後獲大賊首六十一人，次賊首六百餘人，破大小巢七百餘所，擒斬一萬二千有奇。帝爲宣捷，告郊廟，進元勳署都督同知，世廕百戶。元勳復討斬餘賊千三百有奇，撫定降者。巨寇皆靖。

潮州賊林道乾之黨諸良寶旣撫復叛，襲殺官軍，掠六百人入海。再犯陽江，敗走。乃據潮故巢，居高山巔，不出戰。官軍營淤泥中。副將李誠立挑戰，墜馬傷足，死者二百人。賊出掠而敗，走巢固守。元勳積草土與賊壘平，用火攻之，斬首千一百餘級。時萬曆二年三月也。捷聞，進世廕一級。遺孽魏朝義等四巢亦降。尋與胡宗仁共平良寶黨林鳳。惠、潮遂無賊。其冬，倭陷銅鼓石、雙魚城。元勳大破之儒峒，俘斬八百餘級。進秩爲眞。五年，從總督淩雲翼大征羅旁賊，斬首萬六千餘級。進都督，改廕錦衣。尋以疾致仕，卒於家。

元勳起小校。大小百十戰，威名震嶺南。與廣西李錫並稱良將。

贊曰：世宗朝，老成宿將以俞大猷爲稱首，而數奇屢躓。以內外諸臣攘敓，而掩遏其功者衆也。戚繼光用兵，威名震寰宇。然當張居正、譚綸任國事則成，厥後張鼎思、張希皋等居言路則廢。任將之道，亦可知矣。劉顯平蠻引疾，而以有司阻撓爲辭，有以夫。李錫、張元勳首功甚盛，而不蒙殊賞，武功所由不競也。

校勘記

〔一〕其黨王世橋復叛　王世橋，本書卷二二二明史稿傳一〇一吳桂芳傳並作「王西橋」。

〔二〕殺參政黎民表　參政，原作「參將」，據本書卷二二二及明史稿傳一〇〇殷正茂傳改。黎民表，世宗實錄卷五四一嘉靖四十三年十二月壬辰條同，本書及明史稿殷正茂傳、本書卷三一七及明史稿傳一九一桂林傳、國榷卷六四頁四〇〇八作「黎民衷」。

〔三〕副使翁時器　副使，世宗實錄卷五一五嘉靖四十一年十一月己酉條、國榷卷六三頁三九八五作「參政」。

〔四〕通判奚世亮攝府事　通判，世宗實錄卷五一五嘉靖四十一年十一月己酉條作「同知」，國榷卷六三頁三九八五作「署印同知」。

〔五〕練兵紀實　原作「練兵事實」，據本書卷九八藝文志、千頃堂書目卷一三、四庫全書總目卷一〇〇改。

〔六〕古瀘戎也　原作「古瀘賊也」，據明史稿傳九一劉顯傳改。

〔七〕成遺義兒郭天心偕指揮禹嘉績按問　禹嘉績，原作「禹嘉續」，據明史稿傳九一劉顯傳附郭成傳改。

〔八〕知縣馬希武之官　馬希武，明史稿傳九一李錫傳及萬曆武功錄頁三五二懷遠諸瑤僮列傳並同。

而神宗實録卷六隆慶六年十月庚申條及國榷卷六八頁四二〇八作「馮希武」。

〔九〕錫令王瑞討永寧　王瑞，原作「王端」。本書卷二一二張元勳傳作「王端」又作「王瑞」，按本書卷三一七及明史稿傳一九一柳州傳，萬曆武功録頁三六〇永寧洛容諸僮列傳都作「王瑞」，據改。下同。

〔一〇〕楊照討柳城　楊照，原作「柳照」，據本傳上文及萬曆武功録卷四永寧洛容諸僮列傳改。

〔一一〕巡按御史唐鍊　唐鍊，原作「唐諫」，據明史稿傳九一李錫傳、萬曆武功録頁三六〇永寧洛容諸僮列傳改。

〔一二〕錫總兵福建時部將也　部將，原作「步將」，據明史稿傳九一李錫傳附尹鳳傳改。

〔一三〕元勳逐北至藤峒　藤峒，原作「滕峒」，據明史稿傳九一張元勳傳改。